Dennis Rodman

Der Abräumer
Bad As I Wanna Be

Dennis

Rodman

Mit Tim Keown

Der Abräumer

Bad As I Wanna Be

Deutsch von
Hans M. Herzog

dtv
Premium

Deutsche Erstausgabe
September 1996
2. Auflage November 1996
Deutscher Taschenbuch Verlag GmbH & Co. KG, München

Titel der amerikanischen Originalausgabe: Bad As I Wanna Be
Delacorte Press, New York 1996
ISBN 0-385-31639-9

Umschlaggestaltung: Balk&Brumshagen
Umschlagfoto: John W. Mc Donough
Gedruckt auf säurefreiem, chlorfrei gebleichtem Papier
Druck und Bindung: Kösel, Kempten
Printed in Germany · ISBN 3-423-15110-2

Inhalt

DANKSAGUNGEN

Mein tiefempfundener Dank gilt:
Gott — ohne Dich wäre gar nichts.
Alexis — meine Tochter, hoffentlich hilft dir dieses Buch eines Tages dabei, deinen Daddy zu verstehen. Du gibst meinem Leben einen Sinn, und ich liebe dich mehr als das Leben.
Bryne Rich — dafür, daß du in mein Leben getreten bist. Du bist mein bester Freund, und ich liebe dich.
Steve Ross — der mit seiner Weitsicht und Hingabe dafür gesorgt hat, daß dieses Buch Wirklichkeit wurde.
Howard Stern — dafür, daß er einfach dieser coole Typ ist, der sein Leben lebt.
Mike Silver — weil er der Welt als erster gezeigt hat, wer Dennis Rodman wirklich ist.
Tim Keown — der mir geholfen hat, allen zu erzählen, was mich bewegt und was mir klarer ist als je zuvor.
Richard Howell — Anwalt der Stars. Danke, daß du mich unter deine Fittiche genommen hast.
Den Chicago Bulls — daß sie mich akzeptiert haben und mich einfach nur meinen Job machen lassen.
Chuck Daly — weil er derjenige war, der mir gezeigt hat, wie man in der NBA zum Mann wird.
James Rich — der mir gezeigt hat, worauf es bei Charakter und Aufrichtigkeit wirklich ankommt.
Mom, Debra und Kim — ich liebe euch alle.
John Gianopolis — schön, daß es dich gibt.
Pearl Jam — ihr seid die Größten. Eure Musik baut mich immer wieder auf.
Tammy Rodriquez — weil du soviel dazu beigetragen hast, daß ich gut aussehe.
Dwight — Danke, daß du ein wahrer Freund bist. Ich weiß, daß ich mich nicht oft bedanke, aber du hast so viel dazu beigetragen, daß mein Leben eine neue Richtung genommen hat. Danke, danke, danke.

Is something wrong she said Of course there is You're still alive She said Do I deserve to be Is that the question And if so ... if so Who answers? Who answers?

Pearl Jam, "Alive"

EINS

NEU UND BESSER

Eine Nacht, eine Knarre, eine Entscheidung

Eines Aprilabends im Jahr 1993 saß ich vorne in meinem Pickup Truck, auf dem Schoß ein Gewehr, und überlegte, ob ich mich umbringen soll. Mein Wagen stand auf dem Parkplatz der Basketballarena "The Palace" in Auburn Hills, der Stätte einiger meiner größten Augenblicke als Profi-Basketballer der Detroit Pistons. Als ich da in meinem Truck saß und über den endlosen Asphalt auf das riesige leere Gebäude schaute, merkte ich, daß ich bereit war, mich von diesem Leben zu verabschieden, wenn mich das davon abhalten würde, der Mensch zu sein, der ich dabei war zu werden.

Ich hatte zwei Meisterschaftsringe und stand kurz vor meinem zweiten Titel als bester Rebounder der Liga. Ich hatte an zwei All-Star-Spielen teilgenommen und war zweimal zum Abwehrspieler des Jahres der amerikanischen Profi-Basketballiga NBA gewählt worden. Ich war in Detroit unglaublich beliebt, der Malocher in einer Malocherstadt. Ich war der Typ an der Front, der für die Truppe die Kugeln abkriegt, der aufräumt, damit alle anderen den Ruhm einheimsen. Mir gefiel diese Rolle, und den Leuten gefiel es, wie ich diese Rolle spielte.

Materiell hatte ich alles, was jeder sich so wünscht: ein großes Haus, einen Ferrari, einen bekannten Namen. Mein Leben war eine enorme Erfolgsgeschichte, ein fleischgewordener Mehrteiler im Fernsehen. Ich hatte eine harte Kindheit, eine schlechte Schulbildung, Konflikte mit dem Gesetz und eine Phase als Obdachloser hinter mir. Ich war ein schwarzer Knabe aus der Sozialsiedlung Oak Cliff in Dallas, dem eine weiße Farmerfamilie in Oklahoma während seiner Collegezeit eine andere Seite des Lebens gezeigt hatte. Meine Geschichte klang wie ein Roman.

Von außen betrachtet hatte ich alles, was ich mir nur wünschen konnte. Von innen betrachtet hatte ich nichts weiter als eine leere Seele und eine Knarre auf dem Schoß.

Kurz vorher hatte ich einem Freund von mir, Sheldon Steele, in ein paar Zeilen mitgeteilt, wie ich mich gerade fühlte. Ich fuhr nachts an seinem Haus vorbei, warf das Briefchen ein und weiter zur Halle.

Genau weiß ich nicht mehr, was in dem Brief stand, jedenfalls ließ ich ihn wissen, daß ich wohl kaum so weitermachen konnte wie bisher. Es war ein sehr privates Schreiben, aber nicht als Selbstmordankündigung gedacht. Später wurde es so interpretiert, aber das war nicht meine Absicht, als ich mich hinsetzte und zu schreiben anfing.

Die restliche Nacht lebt in meiner Erinnerung kristallklar fort, und das wird auch immer so bleiben.

Für mich war es nichts Ungewöhnliches, an Abenden, an denen wir kein Spiel hatten, zur Arena rauszufahren. Sie liegt am Ende der Welt, dazu gehört ein riesiger, scheinbar endloser Parkplatz. Manchmal fuhr ich nachts oder frühmorgens raus und übte Korbwürfe. Dann wieder fuhr ich raus und trainierte mit Gewichten.

Ich lasse mir mein Leben von keiner fremden Uhr diktieren. Wenn mir der Sinn nach etwas steht, mache ich es einfach, ganz gleich, wie spät es ist. Wenn ich nicht unbedingt irgendwo sein muß, spielt Zeit für mich keine große Rolle. Ich trage keine Armbanduhr, die Uhrzeit ist mir egal, und schlafen halte ich für Zeitverschwendung. Ich weiß, ob gerade Tag oder Nacht ist, und damit hat sich's. Als ich vor Sheldons Haus abfuhr, war es spät, vielleicht zwei oder drei Uhr morgens, und ich beschloß, zum "Palace" rauszufahren und 'ne Runde zu trainieren. Ich dachte, ich könne ein wenig Kummer und Schmerzen aus meinem Körper vertreiben, wenn ich ein paar Gewichte bearbeite und Pearl Jam aufdrehe.

Das war gegen Ende meiner siebten und letzten Spielzeit bei den Detroit Pistons, und mit der Mannschaft ging es rapide bergab. In dieser Spielzeit waren wir am Schluß der regulären Saison sechste in unserer Division, mit 40 Siegen und 42 Niederlagen, und wir schafften es nicht mal bis in die Playoffs, die Meisterrunde. Das ist echt erbärmlich, wenn man bedenkt, daß wir drei Jahre zuvor noch Meister waren. Unser großartiges Team wurde Stück für Stück zerlegt, und **ICH HATTE DAS GEFÜHL, ALS ZERLEGTE MAN MICH GLEICH MIT.**

Als ich zur Arena kam, war niemand da, und ich schloß mir selbst auf. Ich trainierte hart. Ich belastete meinen Körper schwer, stemmte Gewichte und hörte Musik von Pearl Jam. Keiner war da, nur ich, die Gewichte und die Musik. Die Bude war wie ein verdammtes Grab. Ich wollte die

Gewichte nehmen und ihnen die ganze Last aufbürden, den ganzen Kummer und alle Schmerzen, die meinen Körper belasteten.

Wenn ich Pearl Jam höre, setzt ihre Musik all das frei, was sich in mir angestaut hat. Ich kann's nur schwer erklären, aber ihre Musik ist so echt, daß ich dabei über alles nachdenken muß, was in meinem Leben passiert. Damals mußte ich nicht groß ermutigt werden. Ich dachte sowieso schon genug nach.

Ich dachte 'ne Menge über mein verkorkstes Leben nach, über den ganzen Mist, den ich gerade durchmachte, und **ICH FRAGTE MICH, WIEVIEL MEHR ICH NOCH AUSHIELT.** Ich hatte mich bestimmt zwei Stunden lang intensiv im Trainingsraum gequält, ehe ich, völlig erschöpft, den Laden abschloß und zu meinem Pickup zurückging.

Doch auf dem Weg dorthin dachte ich: Scheiß drauf. Die Kanone liegt im Wagen. So einfach war das. Die ganze Zeit über dachte ich, ich sollte das nicht tun. Ich sollte nicht hier sein. Ich sollte kein NBA-Basketballer sein. Das Ganze ist so 'ne Art Traumwelt, und ich hab kein Recht, in ihr zu leben. Ich war nichts weiter als ein Junge aus der elenden Sozialsiedlung, der immer zu mager war oder zu merkwürdig aussah, um ernstgenommen zu werden. Ich war der Knabe, den sie "Worm", den Wurm nannten, weil ich beim Flipperspielen immer so zuckte. Jetzt führte ich dieses Leben, mit Frauen, Geld und Aufmerksamkeit von allen Seiten? Das kam mir unecht vor.

Die Flinte lag im Pickup, unter dem Sitz. Ich drehte Pearl Jam auf volle Lautstärke, griff unter den Sitz, schnappte mir die Waffe und fragte mich, ob ich das wohl fertigbrachte. Ich konnte es, das war mir sofort klar; ich konnte das Gewehr nehmen und meine Scheißbirne wegpusten. Weil ich so furchtbar litt. Das Leben, das von außen vielleicht großartig aussah, fiel in sich zusammen, **weil ich nicht weiter-**

hin der Mensch sein konnte, als den mich alle sehen wollten.

Ich konnte nicht so sein, wie die Gesellschaft einen Sportler haben will. Ich konnte nicht der gute Soldat, der fröhliche Mannschaftskamerad und der gute Mensch außerhalb des Spielfelds sein. **Ich hab's probiert und bin gescheitert.** Meiner Tochter zuliebe versuchte ich es mit der Ehe, und das ging voll in die Hose. Ich versuchte, zu meinem Team und meinen Mannschaftskameraden zu halten, was in die Binsen ging, als die Mannschaft nach und nach auseinandergerissen wurde. Ich gab mir Mühe, wollte alles richtig machen, doch der Dank dafür waren bloß Kummer und Leid.

Alle waren weg. Meine Mannschaftskameraden waren weg. Mein Kind war weg. Mein Trainer war weg. **Ich war allein, Mann, ganz allein.** Ich war da draußen, verwundbar und verletzt. Man sollte meinen, das wäre der Tiefpunkt meines Lebens gewesen, doch mir kam es eigentlich nicht so vor. Mir kam es so vor, als sei ich zum Stillstand gekommen. Ich fühlte mich wie eingeklemmt, gelähmt. Klar, Ruhm und Geld konnte ich einsacken, aber wie lernt man, mit all dem Scheiß umzugehen, der einfach dazugehört? So was bringen sie einem nicht bei. Das muß man allein rausfinden, und das versuchte ich damals.

Ne Menge Leute sagen, sie wären am liebsten tot, aber wie viele von denen glauben das wirklich? Meistens sind die Leute auf Mitleid oder Mitgefühl aus. Darauf konnte ich verzichten. Ich hätte nicht um drei Uhr morgens mitten auf einem riesigen leeren Parkplatz gehockt, wenn ich auf Aufmerksamkeit aus gewesen wäre. Wenn ich irgendwo keine Aufmerksamkeit kriegen würde, dann dort.

Ich wollte niemanden in meiner Nähe haben. Diesen Kampf trug ich mit mir selbst aus. Da waren alle anderen unwichtig. Ich dachte immer bloß: *Das bin nicht ich. Das ist nicht Dennis Rodman. Du hast einen Typ vor dir, der das Leben eines anderen führt.* Da saß ich nun und wünschte, ich könnte einschlafen und zu Hause in Dallas wieder aufwachen — ein normaler, schwer arbeitender Malocher, genauso wie früher, bevor der Blitz in mein Leben einschlug. Ich brannte ein Riesenloch in meine Seele, und warum das Ganze? Ich hatte zwar alles, was ich wollte, ich wollte aber jemand sein, der ich gar nicht war.

DAS LEBEN, DAS ICH FÜHRTE, HATTE MICH IN EINEN MENSCHEN VERWANDELT, DEN ICH NICHT EINMAL KANNTE.

Als ich so dasaß, dachte ich über mein gesamtes Leben nach und daß ich bereit war, den Löffel abzugeben. **Drück einfach ab, Mann,** und gib es an irgendeinen anderen ab. Gib all diese Probleme ab. Ich litt, und nicht zu knapp. Ich wußte weder wer ich war noch wohin ich ging, doch außer mir begriff das anscheinend keiner.

Ich dachte an meinen Vater — mit dem schönen Namen Philander Rodman —, der uns verließ, als ich drei war, und nie zurückkam. Meine Mutter sagt, nachdem er abgehauen war, lief ich durchs Haus und fragte, wann Daddy wieder heimkäme. Sie kannte die Antwort — nie —, wollte aber nicht zulassen, daß ich unter dieser Wahrheit litt.

Ich dachte an meine Mutter Shirley, die mich und meine beiden jüngeren Schwestern ganz allein in der Sozialsiedlung Oak Cliff in Dallas großgezogen hatte. Es gab Zeiten, da waren wir hungrig, und zwar oft, aber sie arbeitete in zwei, manchmal drei Jobs, damit es weiterging.

Ich dachte an Lorita Westbrook, ein Mädchen aus Dallas, Freundin meiner Schwestern, die mich überredete, an einem Probetraining für die Basketballmannschaft am Cooke County Junior College teilzunehmen. Damals war ich einundzwanzig und hatte einen Teilzeitjob als Autowäscher bei einem Oldsmobilehändler. Ein halbes Jahr zuvor hatte mich der Flughafen Dallas-Fort Worth gefeuert, weil ich nachts als Putzmann aus einem Geschenkeladen im Flughafengebäude fünfzig Armbanduhren geklaut hatte. **Ich war ein Niemand, lungerte bloß mit ein paar Freunden, kleinen Gaunern, herum. Manchmal lief ich die ganze Nacht lang durch die Straßen, weil ich keine Unterkunft hatte**. Ich an einem Probetraining teilnehmen? Kam nicht in Frage. Was sollte ich auf'm College?

Aber es gingen Dinge mit mir vor. SELTSAME DINGE. Die nur mir passierten. Ich war gerade mächtig in die Höhe geschossen — und zwar dreiundzwanzig Zentimeter in den zwei Jahren, seit ich die High School beendet hatte —, aber für einen Basketballspieler hielt ich mich immer noch nicht.

Ich machte einen Schuß von ein Meter achtzig auf zwei Meter drei, und je mehr Basketball ich spielte, desto mehr ging mir das Spiel in Fleisch und Blut über. Noch nie hatte ich bei etwas so viel Selbstvertrauen empfunden ... nicht in der Schule, nicht bei Mädchen, in keinem anderen Sport. Auf einmal konnte ich auf dem Spielfeld Dinge, von denen ich nicht mal zu träumen gewagt hatte. Meine Schwestern waren immer die begabten Basketballerinnen gewesen: Debra spielte bei Louisiana Tech und war "All-American", also als eine der besten Collegespielerinnen ausgezeichnet worden, Kim war All-American auf der Stephen F. Austin State University. Ich war der Wicht der Familie, lebte im Schatten der beiden, latschte hinter ihnen her, bis meine Hormone verrückt spielten. Es war, als hätte ich einen neuen Körper bekommen, der all das konnte, was der alte nicht gekonnt hatte.

In meiner Kindheit hatte ich eine Menge zu erdulden und zu erleiden, doch wenn ich mich abends in Oak Cliff in mein Bett legte, ging mir immer derselbe Gedanke durch den

Kopf: **Auf DENNIS RODMAN wartet etwas Großes da draußen.** Mit logischen Gedankengängen hatte das nichts zu tun. Ich war ein linkisches Kind und so schüchtern, daß ich mich manchmal im Kaufladen hinter meiner Mutter versteckte. Man hatte nicht den Eindruck, mit mir würde je irgendwas Bedeutendes passieren, aber ich glaube nicht, daß ich mir etwas vormachte. Das waren meiner Meinung nach keine kindlichen Spinnereien. Ich klammerte die Vernunft aus und glaubte felsenfest, ich würde eines Tages berühmt sein.

Aber ich hätte nie gedacht, daß Basketball mein Ding sein könnte, bis ich anfing zu wachsen und Lorita Westbrook mich spielen sah und das Probetraining in dem kleinen College in Gainesville, Texas, arrangierte, das etwa eine Stunde Autofahrt von unserer Siedlung entfernt lag. Lorita hatte mich spielen sehen, und sie hatte selbst in Cooke gespielt. Sie hat sich als verdammt gute Talentsucherin entpuppt.

Irgend etwas ließ mich zu diesem Probetraining gehen. Vielleicht hatte es mit den Träumen meiner Kindheit zu tun, jedenfalls zog mich etwas zu dem College hin. Ich weiß nicht warum, aber ich glaubte ihr. In meinem tiefsten Inneren steckte vermutlich ein Teil von mir, der an mich glaubte. Und von da an legte ich los, mit ein paar Hürden dazwischen, und machte einen Profi-Basketballer aus mir. Ich kann ehrlich sagen, daß man mir auf meinem Weg in die NBA nie irgendwelche Geschenke gemacht hat. **ICH KAM AUS DEM NICHTS, SO WIE ICH ZU EINEM REBOUND ANGEFLOGEN KOMME.** Mich hat niemand gemacht; ich habe mich selbst gemacht.

Doch als ich damals in dem Pickup saß, war mein Selbstvertrauen weg. Jede Gewißheit war verschwunden. Ich war ein Typ mit 'ner Knarre auf einem leeren Parkplatz. Ich dachte viel darüber nach, wie ich dahin gekommen war, wo ich war, und daß es mir nichts ausmachen würde, wieder zurückzugehen. Ich wollte normal sein. Das Leben in der NBA — Starkult, Geld und Frauen — laugte mich aus. Zu diesem Zeitpunkt hätte ich auf Ruhm und Geld verzichten können. Als ich in dem Pickup saß, glaubte ich allen Ernstes, in dem Scheißflughafen, wo ich für sechs Dollar fünfzig einen Besen geschwungen hatte, wäre ich glücklicher gewesen.

Ich hatte eine wunderschöne Tochter, die damals vier Jahre alt war … und die ich kaum sah, weil sich die Lage nach der Scheidung von meiner Exfrau Annie echt finster entwickelt hatte. Die Ehe war von vornherein zum Scheitern verurteilt gewesen; sie dauerte nur zweiundachtzig Tage und verursachte viel Leid und Schmerzen, was ich immer noch spüre. **Das hat mich mitgenommen, und zwar gewaltig.**

Beim Basketball konnte ich diesen Problemen immer entfliehen. Zwei Jahre in Folge gewannen wir mit den Detroit Pistons die NBA Finalspiele, und nach unserem zweiten Titel waren wir noch eine ziemlich junge Mannschaft. Man nannte uns die "Bad Boys", und wir machten unserem Spitznamen alle Ehre. Einige wurden älter, aber der harte Kern — Isiah Thomas, Joe Dumars, Bill Laimbeer, John Salley und ich — war noch jung genug, so daß wir noch ein paar gute gemeinsame Jahre vor uns hatten. Ich dachte, wir wären noch für eine ganze Weile eine feste Einheit — eigentlich hatte ich geglaubt, während meiner gesamten aktiven Laufbahn in Detroit bleiben zu können —, doch das hielt leider nicht lange vor. Als erster ging Rick Mahorn. Dann waren Vinnie Johnson, James Edwards und Salley an der Reihe. Laimbeer wurde kaum mehr eingesetzt, und auf einmal fiel das Team auseinander, und es waren nicht mehr genug da, um den Laden auf Vordermann zu bringen. Ich sah mich um und dachte: *Alles klar, ich gehe wohl als nächster* — und ich hatte recht. Zu diesem Zeitpunkt waren die "Bad Boys" nur noch 'ne Episode aus dem Geschichtsbuch.

Als wir Meister wurden, hat uns Chuck Daly manchmal erzählt: **"Vergeßt diese Zeiten nicht. So gut wie jetzt wird's nie wieder."** Recht hatte er. O Mann, und wie recht er hatte. Dieses Team besaß alles: Kraft, Finesse, Köpfchen. Wir konnten die andere Mannschaft echt übel fertigmachen oder elegant und nach allen Regeln der Kunst. Es war egal, Mann: Sucht euch aus, wie ihr verlieren wollt, denn uns war's schnurzegal, wie wir euch schlugen.

Diese Zeiten waren aus und vorbei. Als Daly nach der Spielzeit 1991/92 ging, ging mit ihm das Herz der Mannschaft. Dieser Mann hat mir mehr als jeder andere über Basketball beigebracht, und was nötig ist, um in der NBA zu siegen. Als er Detroit verließ, war es, als hätten sie meinen Anker aus dem Wasser gezogen.

All das ging mir durch den Kopf ... persönliche Probleme, berufliche Probleme, alles. **Ich war zwei Menschen: INNERLICH DER EINE MENSCH, äußerlich ein anderer.** Umbringen wollte ich den Menschen, der ich nach außen hin war. Der Mensch in meinem Inneren war in Ordnung, er kam bloß kaum mehr raus. Der Mensch in meinem Inneren war normal, auch wenn er 'ne Menge Kohle hatte und berühmt war. Der Typ, der ich nach außen hin war, war völlig daneben, hatte keine Ahnung, was er wollte.

Mir kam der Gedanke: *Scheiß auf die Knarre. Warum bringst du nicht nur den äußeren Typen um und läßt den inneren leben?* Ich wußte ja schon, daß ich abdrücken konnte, wenn ich nur wollte. Wenn das so was wie ein Test war, hatte ich ihn im Kopf schon bestanden. Jetzt mußte ich noch mit der Person klarkommen, die ich nicht sein wollte. Die wollte ich aus meinem Leben verbannen und die andere rauslassen, damit sie Luft zum Atmen bekam.

Wenn ich aber dieses Leben loswurde, welche Möglichkeiten blieben mir dann? Ich hätte einen regulären Job annehmen, von neun bis fünf ackern können, dann wäre ich glücklicher gewesen und hätte weniger Probleme gehabt. Mein Konto hätte zwar gelitten, doch ich hätte als normaler Mensch durch die Straßen gehen können. Mehr wollte ich gar nicht. Die andere Variante hieß, so weiterzumachen wie bisher und nach außen hin so zu tun, als sei ich jemand, der ich gar nicht bin.

Dann fiel mir eine dritte Variante ein: Führe ein normales Leben, bleib dir selbst treu und bleib genau da, wo du bist.

Ich saß in dem Pickup und lieferte mir ein Duell mit mir selber. Dazu brauchte ich keine Waffe; das spielte sich alles in meinem Kopf ab. Ich ging in die eine und dann in die andere Richtung. **Nach zehn Schritten drehte ich mich um und erschoß den Schwindler.** Ich brachte den Dennis Rodman um, der sich mit den Erwartungen der anderen arrangieren wollte.

Ich hatte die Wahl: Will ich wie fast alle anderen in der NBA sein und mich als ein Produkt benutzen und behandeln lassen, das für den Profit und das Vergnügen anderer Leute da ist? Oder will ich ich selbst sein, mir selber treu, und dem Menschen in meinem Inneren überlassen, das zu tun, was er will, ganz egal, was alle anderen sagen oder tun?

Damals auf dem Parkplatz ist mir klar geworden, daß ich beides zugleich tun kann. Ich kann erfolgreich und ein prominenter Basketballer sein und mir selbst treu bleiben. Das war ein gewaltiger Wendepunkt in meinem Leben. Zu diesem Zeitpunkt hätte ich es beenden können. Ich hätte abdrücken können, aber das wäre zu einfach, zu billig gewesen. Statt dessen nahm ich mich der Sache an und löste das Problem.

Als mir klar wurde, daß ich auf alles pfeifen konnte, was meine Mannschaftskameraden und die Trainer sagen, was die Gesellschaft sagt, fühlte ich mich frei; als wäre ich aus dem Wasser aufgetaucht und hätte tief durchgeatmet.

Danach schlief ich ein. Was dann passierte, ist irgendwie alles verschwommen. **ICH WACHTE AUF, UND AN MEINEM FENSTER STANDEN ZWEI POLIZISTEN;** Sheldon hatte die Polizei verständigt, weil er dachte, ich wollte wirklich Selbstmord begehen. Die beiden fragten sich, was da eigentlich verdammt noch mal Sache war. Neben mir auf dem Sitz lag die Flinte, und ich schlief wie ein müder Hund.

Sobald es ausgestanden war, war die ganze Angelegenheit für mich nicht mehr wichtig. Ich hatte meine Krise gehabt, meine Entschlüsse gefaßt, und war eingeschlafen. Doch die Pistons waren anderer Ansicht. **Sie wollten mich in eine Klinik einweisen.** Sie wollten mich eine Weile beurlauben. Sie fanden, ich sei viel zu weit gegangen.

Als sie mir das mit der Klinik vorschlugen, sagte ich: "Nee. Alles in Butter, Mann. War nicht der Rede wert."

Weil sie darauf bestanden, ich sollte wenigstens einen Psychiater aufsuchen, tat ich das. Gleich am selben Morgen. Wir unterhielten uns über das, was ich getan hatte und warum ich es getan hatte. Wir unterhielten uns über das, was mir so durch den Kopf ging und weshalb ich dachte, daß mich dieses Leben zerreißt. Ich erzählte ihm die ganze Story und wie ich sie bewältigt hatte.

Das dauerte eine Weile, und am Ende sah mich der Psychiater an und sagte: "Ihnen fehlt nichts."

"Das weiß ich", sagte ich. **"Mir fehlt absolut gar nichts."**

Über den Tod habe ich schon immer viel nachgedacht. Ich habe daran gedacht, mich selbst umzubringen, und manchmal denke ich, irgendein anderer könnte mich umbringen. Das gehört nun mal zum Ruhm — man muß lernen, damit umzugehen, daß jemand einen genug verabscheut, um einen zu erledigen. Das ist zwar eine abgefahrene Vorstellung, ich glaube aber, daß sich jeder Mensch in meiner Position mehr oder weniger mit diesem Gedanken befassen muß. Für mich spielt das eine größere Rolle, weil ich so intensiv lebe und so sehr in der Öffentlichkeit stehe. Was ich in meiner Freizeit treibe — irgendwelche Clubs aufsuchen, mein Motorrad fahren, mit meinem Powerboot rausfahren —, werde ich nicht deshalb einstellen, weil damit ein Risiko verbunden sein könnte.

Doch ich weiß, was passiert wäre, wenn ich mich damals tatsächlich umgebracht hätte. Die Leute hätten geglaubt, ich hätte jede Menge Warnsignale abgegeben, daß ich gestört war und Hilfe gebraucht hätte. Sie hätten behauptet, das wär ja einem Blinden mit'm Krückstock aufgefallen, ich sei nichts weiter gewesen als eine Basketball spielende Zeitbombe. Man hätte spekuliert, daß ich Drogen genommen hätte, obwohl ich der strikteste Anti-Drogen-Typ bin, der je ein NBA-Spielfeld betreten hat.

Wenn ein so öffentlicher Mensch wie ich so lebt wie ich, immer auf der Suche nach einer neuen Erfahrung oder einer neuen Herausforderung, dann glaubt jeder, dieser Mensch sei dazu bestimmt, jung zu sterben.

Was ich damals nachts auf dem Parkplatz des Palace tat — die Entscheidung, die ich traf, und wie ich sie traf —, half mir dabei, mich selbst zu befreien und zu dem Menschen zu werden, der ich heute bin. In dieser Nacht traf ich die Entscheidung: *Gehorche deinem eigenen Kopf.* Dank dieser Nacht ist der Dennis Rodman, den ihr heute seht, ein Prototyp. **ER IST DER, DEN IHR SCHON IMMER HÄTTEN SEHEN SOLLEN.**

ZWEI

EIN NIEMAND AUS NIRGENDWO

Ein Putzmann kommt groß raus

Die Texas State Fair, ein Jahrmarkt, findet in Dallas statt, und zwar etwa acht Kilometer von der Sozialsiedlung Oak Cliff entfernt, wo ich aufwuchs. Keiner der Jugendlichen, mit denen ich mich herumtrieb, hatte genug Knete, um das Eintrittsgeld zu löhnen, aber wir gingen jedes Jahr wieder hin.

Es gibt einen unterirdischen Abwasserkanal, der direkt hinführt. Wir stiegen immer durch einen Kanaldeckel in unserer Siedlung ein, und dann ging's los. Bei den Kids in Oak Cliff hatte der Tunnel Kultstatus; ich glaube, jeder, der dort aufgewachsen ist, ist irgendwann mal durch ihn zum Jahrmarkt gekrochen. Meine Freunde und ich nahmen diesen Weg zum erstenmal, als ich dreizehn oder vierzehn war.

An den meisten Stellen war der Tunnel ziemlich breit, aber es stank bestialisch. Das Abwasser stand vielleicht dreißig Zentimeter hoch, wir mußten also drumherum laufen, sozusagen seitlich an der Tunnelwand. Es war dunkel und unheimlich, weshalb wir Taschenlampen mitnahmen, um den Mist umgehen zu können, außerdem folgten wir den Strichen, mit denen Jahre zuvor irgendwer den richtigen Weg markiert hatte.

Wenn ich daran zurückdenke, muß ich unwillkürlich den Kopf schütteln. **Acht Kilometer durch einen Abwasserkanal zum Rummel? Was sollte dieser verrückte Scheiß?** Andere Kinder fuhren in den elterlichen Autos vor, bekamen garantiert Unmengen Geld für Achterbahnen und Zuckerwatte. Wir hingegen mußten der Scheiße ausweichen, hielten uns die Nasen zu und versuchten, im Schein einer Taschenlampe die aufgemalten Pfeile zu finden. Es war Sommer in Dallas und höllisch heiß. An manchen Stellen

Ich (Mitte), sechs Jahre alt, mit meinen Vettern Dwight und Reggie

wurde der Tunnel schmaler, und wir mußten eine Zeitlang kriechen, das Abwasser direkt vor der Nase. Da drin war es stockfinster, und wenn man nicht selbst die Taschenlampe hielt, stieß man womöglich mit den Händen oder der Nase in etwas, worauf man ganz gern verzichtet hätte.

Der Tunnel brachte uns direkt auf den Jahrmarkt. Mitten drin war ein Kanalisationsdeckel. Ich frage mich, was in dem Typ vorging, der als erster durch die Unterwelt kroch und rausfand, wo er wieder rauskam. Was ging dem wohl durch den Kopf? Ihr hättet sehen sollen, wie die Leute geguckt haben, als wir die Sprossen hochkletterten und den Kanalisationsdeckel anhoben. Wie Murmeltiere streckten wir die Köpfe raus und blinzelten in die Sonne. Wir haben aber nie Schwierigkeiten bekommen; wahrscheinlich dachten die Leute, wer sich durch so viel Scheiße quält, hat ein bißchen Spaß verdient.

Das mußten wir für unseren Spaß tun: acht Kilometer weit durch einen kleinen Abwasserbach gehen und kriechen. Manchmal denke ich an solche Zeiten zurück, und mir wird klar, wie einfach jetzt alles für mich ist. **ICH GLAUBE, DESHALB MACHE ICH MIR JETZT MEIN LEBEN MÖGLICHST SCHWER. DASS ES SO ANGENEHM IST, IST MIR NICHT ANGENEHM.** Was habe ich mich abstrampeln müssen, um meinen Weg zu machen, und jetzt denke ich zurück und sage: "Scheiße, war das schwierig, aber wißt ihr was? Es hat verdammt Spaß gemacht." Heute lasse ich mich total in diese Zeit zurückfallen und versuche, diese Stimmung wieder einzufangen. **ICH KANN KEINEN AUF GLAMOUR MACHEN UND SO TUN, ALS OB ICH WAS BESSERES WÄR.** Das ist nicht mein Ding.

Ich beschreibe mein Leben gern als ein schwarzes Loch, und draußen scheint ein wenig Licht. Dieses Licht versuche ich zu erreichen, so wie wir damals das Licht erreichen wollten, das uns auf den Rummel brachte. Dieses Licht ist immer in Bewegung und bedeutet neue Herausforderungen.

Jeder muß den richtigen Tunnel finden. Mir ist das nicht leichtgefallen. Ich bin durch viele Tunnel gelaufen und oft genug falsch abgebogen, bevor ich an die richtige Stelle kam. In mancher Hinsicht bin ich immer noch derselbe kleine Junge, der auf dem Weg zum Jahrmarkt durch den Tunnel kriecht.

Meinen Vater, Philander Rodman, hab ich nie richtig gekannt. Er war in New Jersey, wo ich geboren wurde, bei der Air Force, und als ich drei war, packten wir unsere Sachen und zogen nach Dallas, wo meine Mutter herkam. Das machten wir, als mein Vater nicht mehr nach Hause kam.

Als ich drei war, kam mein Vater nicht mehr nach Hause

Mein Vater spielt in meinem Leben keine Rolle. Ich hab ihn seit über dreißig Jahren nicht mehr gesehen, wie könnte er mir also fehlen? Ich seh das so: Irgendein Mann hat mich in diese Welt gebracht. Was nicht bedeutet, daß ich einen Vater hätte; ich habe keinen. Zwar könnte ich sagen: "Das ist mein Vater. Das ist mein Dad", aber irgendwie klingt das falsch. Ich bin mit meiner Mutter und meinen beiden jüngeren Schwestern Debra und Kim aufgewachsen. In meinem Leben gab es erst ein männliches Vorbild, als ich aufs College kam und mich am Riemen riß.

Immer wieder fragt jemand einen NBA-Spieler, was er wohl wäre, wenn man ihn nicht fürs Basketballspielen bezahlte. Und ziemlich oft heißt die Antwort: **TOT ODER IM KNAST**. Die meisten von uns kommen aus miesen Verhältnissen ... Sozialsiedlungen, Gettos, kein Geld, keinen Vater, keine Hoffnung. Das ist wohl einer der Hauptgründe, warum es viele schaffen — sie entkommen den Verhältnissen dank Basketball. Manche sagen "Tot oder im Knast", weil es sich gut anhört und sie dadurch härter wirken als sie sind. Aber für mich gilt das wohl nicht ... und ich kann's beweisen.

Ich war etwa ein halbes Jahr lang obdachlos, mit neunzehn, zu der Zeit, als ich wie Unkraut in die Höhe schoß. Ich lebte damals in Dallas, ging nicht aufs College, fing mit meinem Leben eigentlich gar nichts an. Meiner Mutter fiel es schwer, für alle zu sorgen, und da saß dieser total kaputte neunzehnjährige Sohn im Haus rum und rührte keinen Finger. Meine Schwestern waren siebzehn und achtzehn und mit ihrem Basketball und ihren Colleges sowieso der Stolz der Familie, also war ich eigentlich bloß im Weg.

Damals hatten meine Schwestern ein Talent — nämlich Basketball —, das bei mir erst später entdeckt wurde. Auf unserer High School, South Oak Cliff, waren beide Stars, und auf dem College wurden beide All-Americans, beste Amateurspielerinnen. Sie waren groß und stark — Debra einen Meter achtundachtzig, Kim einsdreiundachtzig. Ich unterstützte sie bei ihrem Sport, blieb aber sozusagen im Hintergrund und wurde deswegen verarscht. Jetzt hat sich die Lage um hundertachtzig Grad gedreht; sie sind über das, was ich erreicht habe, völlig von den Socken. Für sie bin ich bloß ihr verrückter Bruder, aber wißt ihr was? Meine Schwester Debra, die zweitälteste, hat drei Tätowierungen. Früher hatte sie keine.

Debbie (10), Kim (9) und ich (11) mit Mom

Meine Mutter wollte mich zwar nicht aus dem Haus werfen, aber ich merkte, daß sie mich da auch nicht herumhängen haben wollte. Sie fand, es sei an der Zeit, daß ich mein Leben in den Griff kriege, und damit hatte sie recht. Man könnte meinen, wir hätten beide gleichzeitig dieselbe Entscheidung getroffen: Es wurde Zeit, daß ich auszog. Ich war damals eine echte Belastung für meine Familie. Ich arbeitete selten, klaute aber auch nicht besonders viel. Das kam später.

Das Problem war, daß ich nicht wußte, wo ich hingehen sollte. Ich trieb mich auf den Straßen herum, hing bloß rum. Ich zog von Haus zu Haus, wohnte bei Freunden, schlief vielleicht auf dem Fußboden oder auf'm Sofa. Oft genug machte ich einfach die ganze Nacht durch, durchstreifte die Straßen von Oak Cliff wie eine verlorene Seele. Dann wieder begleiteten mich meine Freunde; drei oder vier von uns trieben sich einfach die ganze Nacht herum, tagsüber pennten wir dann. In manchen Nächten schlief ich einfach auf der Straße.

Ich hab in unserem Viertel 'ne Menge Scheiße erlebt. Das gehört in dieser Siedlung einfach dazu. Man geht spät aus, amüsiert sich, tut, wozu man gerade Lust hat. Als ich da lebte, war Oak Cliff wie ein großes Kaff, wo alle versuchten, sich um alle anderen zu kümmern. Ich glaube, inzwischen hat das ein bißchen nachgelassen, aber damals wußten die Leute, was los war, wenn sie jemanden aus den Augen verloren. Und dann war er für immer verloren, von der Straße verschluckt.

Weil ich mal obdachlos war, kann ich die Leute da draußen verstehen, denen es gerade dreckig geht. Deshalb gehe ich manchmal in irgend'ne fiese Gegend einer Stadt und unterhalte mich mit jemandem, der an der Ecke steht und bettelt. Darum sehen mich die Leute als einen Menschen aus Fleisch und Blut und nicht als irgendein Image, das sich jemand in der NBA-Zentrale ausgedacht hat. **Ich bin obdachlos gewesen. Ich habe in 'nem 7-Eleven-Supermarkt gearbeitet.** Ich bin ein echter Mensch mit echten Erfahrungen, und ich weiß, wie leicht man plötzlich ohne alles dastehen kann. Wer weiß ... manchmal glaub ich, **es könnte mir eines Tages wieder passieren**.

Als ich damals auf der Straße hauste, fiel mir auf, wie ich in die Höhe schoß. Es war unfaßbar. Als ich meinen High-School-Abschluß machte, war ich vielleicht einsachtzig groß. Ich war wie alle jungen Leute, ich maß mich an der Küchenwand und sagte andauernd: **"MANN, ICH WÜNSCHTE, ICH WÄR GRÖSSER."** Besonders weil meine Schwestern so verflucht groß waren. Ich fragte mich, wann ich endlich an der Reihe war. Dann beendete ich die High School — da wächst normalerweise keiner mehr — und spürte es. Ich hatte das Gefühl, als würde ich jeden Tag ein Stück größer. Ich dachte: **Moment mal**. Ich hatte keine Ahnung, was da abging. Anscheinend passierte bei mir urplötzlich alles auf einmal. Ich war verwirrt und wußte nicht recht, was mit meinem Körper verdammt noch mal Sache war. Es hing wohl mit dem zusammen, was ich immer geglaubt hatte: Irgendwo wartet noch etwas auf Dennis Rodman. Damals wußte ich nicht, was es war. Ich fand es eher zufällig raus.

Ich beschloß, ich müßte mir 'n Job suchen und es zu etwas bringen. Ich war zwanzig Jahre alt, und in meinem Leben spielte sich rein gar nichts ab. Ich suchte mir auf dem Flughafen Dallas-Fort Worth eine Stellung als Reingungskraft in der Nachtschicht. In der Rodman-Legende spielt dieser Job mittlerweile eine große Rolle. Kaum zu glauben, wie oft er erwähnt wird, bloß weil es was völlig anderes ist als das, was die meisten NBA-Spieler so gemacht haben. Damals fand ich es nicht besonders erwähnenswert. Ich schob 'n Besen oder wischte die Böden, für sechs Dollar fünfzig die Stunde, was für mich damals ganz gutes Geld war. Ich arbeitete bloß, so wie alle anderen Menschen auf der Welt. Ich hatte keinen Grund zu glauben, daß ich je etwas anderes machen würde.

ICH HABE EINE ZEITLANG SACHEN GEKLAUT. Kleinigkeiten. Ein billiges Portemonnaie hier, ein paar Dollar da, vielleicht irgendwas aus'm Supermarkt. Doch als ich eines Nachts wieder den Besen durch die Gegend schob, fand ich raus, daß ich aus einem verschlossenen Geschenkeladen Armbanduhren klauen konnte, indem ich den Besenstiel durch die Metallstäbe in der Ladentür steckte. Da niemand in der Nähe war, machte ich es einfach. Es war aufregend, eine Herausforderung, und noch ehe ich fertig war, **STECKTEN FÜNFZIG BESCHISSENE ARMBANDUHREN IN MEINEN HOSENTASCHEN**.

Fünzig Uhren. Keine Ahnung, was für'n Scheiß ich mir dabei gedacht habe, Mann. Ein paar davon waren billig, aber andere waren um die fünfzig Dollar wert. Es war ein Witz, so leicht ging es. Jetzt war ich ein schwerer Junge. Ich hatte diese Uhren, und keiner würde je dahinterkommen.

Ich wollte diese Armbanduhren nicht haben. Die Uhren waren mir schnurzegal. Wenn ich etwas für mich selbst klauen wollte, dann verdammt noch mal bloß nichts, womit man die Zeit mißt. Ich nahm sie einfach nur, um sie zu nehmen —

der einzige Grund war der Nervenkitzel beim Stehlen —, und beschloß dann, sie meinen Freunden zu schenken. **Sie sollten glauben, ich sei 'ne echt große Nummer.** Sie sollten herumlaufen und erzählen: "Verdammte Axt, der Typ kommt an alles ran, was er will."

Sie sollten wissen, wenn sie mal irgendwas brauchten, mußten sie nur Dennis fragen. Damals wurde ich **von den Leuten eigentlich gar nicht akzeptiert**. Das sollte meine neue Rolle werden, meine Nische. Manchmal hatte ich das Gefühl, mit so 'ner Herkunft wurde von einem regelrecht erwartet, daß man mal irgendein krummes Ding dreht. Alle machten es, warum nicht ich? Man machte einfach, was andere vormachten. Ich gab nach und wurde zum Dieb, um akzeptiert zu werden. Dadurch wollte ich mich aus dem ganzen Sumpf rausholen.

Ich wußte nicht, daß sie in dem verdammten Geschenkeladen Kameras versteckt hatten. Ich zog einfach los und verschenkte sämtliche Armbanduhren. Ich schenkte sie meinen Freunden, meiner Mutter, meinen Schwestern ... sogar einigen Leuten, die ich gar nicht besonders gut kannte. Ich verteilte sie einfach so. Offenbar wunderte sich niemand, was zum Teufel das sollte. Alle sagten bloß: "Eine neue Uhr? Cool." Ich kam mir wie was Besonderes vor.

Dann tauchte die Flughafenpolizei im Haus meiner Mutter auf und teilte ihr mit, daß sie mich suchten. Sie hatten sich die Filme angesehen und mich auf Anhieb identifiziert. Ich wurde festgenommen und in die Zelle auf dem Flughafen gesteckt.

Im Knast war ich genau wie jeder andere. Ich hockte da, BETETE, kam mir vor wie in einem Käfig. Ich ließ nichts aus: Gott, ich will so was nie wieder tun; wenn ich nach Hause darf, werd ich sauber und komm nie wieder hierher. Das gleiche Ritual bringen alle hinter sich, wenn sie in Schwierigkeiten kommen, den gleichen erbärmlichen Scheiß.

Ich hockte da und war ehrlich zu mir: "Das ist kein Leben. Es muß was geschehen." Vermutlich traf ich da die Entscheidung, so nicht weiterleben zu können. Es war wohl an der Zeit herauszufinden, ob meine kindlichen Phantasien, mal ganz groß rauszukommen, stimmten, oder ob sie bloß Selbsttäuschung waren.

Meine Mutter beschloß, mich die Nacht über in der Zelle schmoren zu lassen, um mir eine Lehre zu erteilen. Es war eine schlimme Nacht. Am nächsten Tag ertrug ich es nicht länger, genausowenig wie sie, und sie bezahlte die Kaution für mich. Ich nannte der Polizei die Namen sämtlicher Leute, die Uhren hatten, und die Polizisten liefen herum und sammelten die geklauten Armbanduhren ein. Sie bekamen wirklich alle zurück.

Sie gingen zu jemandem und fragten: "Hat Ihnen Dennis Rodman diese Uhr gegeben?"

"Yeah."

"Hat er sie Ihnen verkauft?"

"Nee, er hat sie mir einfach geschenkt."

Die Cops haben sich bestimmt gefragt, Scheiße, was ist eigentlich mit dem los? Was für ein Krimineller ist das denn? Ich habe an den Uhren keinen Cent verdient. Ich hab sie einfach verteilt, **wollte akzeptiert werden**, wollte in unserem Viertel den dicken Max markieren.

Sobald sie alle Uhren wieder hatten, ließen sie die Anklage fallen. Ich ging die Treppe zum Gericht hoch, saumäßig nervös, als mein Anwalt rauskam und mir sagte, ich solle nach Hause gehen und die Sache vergessen. Keiner, der eine Uhr bekommen hatte, hatte sich geweigert, sie wieder rauszurücken — die Leute lachten nur und händigten sie aus. Sobald die Besitzer des Geschenkeladens alle Uhren wiederhatten, ließen sie mich in Ruhe. In dieser Hinsicht waren sie cool, doch zwei Wochen später ließ man mich kommen, und ich war den Job los.

Es hieß, wenn sie nicht alle Uhren zurückbekommen hätten, **WÄRE ICH EIN HALBES JAHR LANG IN DEN KNAST GEWANDERT.**

In Oak Cliff und ähnlichen Wohngegenden sind Stehlen und Dealen die Fahrkarten nach draußen. So wird man cool und fällt auf. Es gab niemand, zu dem man aufsehen konnte, denn sobald jemand es zu etwas bringt, zieht er weg.

Nachdem ich beim Uhrenklauen erwischt worden war, spielte ich ernsthafter Basketball. Ich spielte gerade mit Freunden in einer Turnhalle, als mich Lorita Westbrook entdeckte. Es waren irgendwelche Spätabendspiele, oder ich durfte mitspielen, wenn jemand fehlte; die meiste Zeit über lungerte ich einfach bloß in der Halle rum, wie ein Kind, das ein neues Spielzeug hat. Ich war inzwischen um die zwei Meter groß, und obwohl ich mager war und mir der Wachstumsschub ein wenig peinlich war, schien es, als hätte ich einen neuen Körper. **Mir gelangen auf dem Spielfeld Sachen, an die ich vorher nicht mal gedacht hatte.**

Nur ein einziges Mal hatte ich unter Anleitung Basketball gespielt, nämlich in meinem zweiten Jahr auf der High School, als ich es mit Ach und Krach in die Junioren-Schulmannschaft schaffte und es nach der halben Spielzeit wieder steckte. Ich war bloß ein ängstlicher kleiner Bursche, der nie so richtig ins Spiel kam, und damit konnte ich nicht umgehen. Genau wie heute war ich viel zu energiegeladen, um auf der Bank zu sitzen.

Ich weiß zwar nicht, was aus Lorita Westbrook geworden ist, wette aber, sie erzählt jedem, daß sie Dennis Rodman entdeckt hat. Ich ging zu dem Probetraining im Cooke County Junior College, und nach vielleicht fünfzehn Minuten nahmen sie mich beiseite und sagten zu mir, sie hätten ein Stipendium für mich. Das alles ging viel zu schnell. Ich habe keine Ahnung, ob ich bereit war, mit einundzwanzig eine Basketballkarriere einzuschlagen, aber es passierte nun mal. Zu der Zeit **HATTE ICH WOHL ÜBER DIE GANZE ANGELEGENHEIT KEINE KONTROLLE MEHR.**

Ich bestritt nur fünfzehn Spiele für Cooke County. Nach einem Semester fiel ich durch die Prüfungen und dachte mir, das Ganze sei doch bloß Zeitverschwendung. Ich hätte die Arbeit nachholen können, verzichtete aber darauf. Auf Cooke machte ich im Durchschnitt siebzehn Punkte und dreizehn Rebounds ... nicht schlecht für jemanden, der nie unter Anleitung Basketball gespielt hatte. Das Talent war zwar da, aber das war erst die halbe Miete.

Ich hing nun wieder in Dallas rum. Ich war zwar mit denselben Typen zusammen wie früher, aber meine kriminelle Karriere beschränkte sich auf den einen oder anderen kleinen Diebstahl. Ein Freund von mir war ein großer Drogendealer, und einige der anderen Typen arbeiteten für ihn. Ich wechselte wieder zwischen dem Haus meiner Mutter und der Straße hin und her, brachte nichts auf die Reihe. Die gleiche alte Scheiße.

Lonn Reisman, ein Assistenztrainer an der Southeastern Oklahoma University — die der NAIA-College-Basketballiga gehörte —, hatte mich für Cooke spielen sehen und war davon überzeugt, ich könnte es packen. Er redete mit dem Cheftrainer Jack Hedden, und beide beschlossen, mich zu rekrutieren. Und sie waren wild entschlossen, denn eigentlich wollte ich nach diesem einen Semester nichts mehr mit Colleges zu tun haben. Wenn Trainer bei meiner Mutter zu Hause anriefen, ging ich einfach nicht ans Telefon. Ich wollte nicht hören, was sie zu sagen hatten. Mit Hedden und Reisman redete ich nur, weil **sie eines Tages vor dem Haus standen und ich zufällig die Tür aufmachte**.

Genau weiß ich es nicht, aber ich nehme nicht an, daß

Shaquille O'Neal so fürs College angeworben wurde. Auch nicht Michael Jordan oder sonstwer in der ganzen NBA. Wenn ihr euch anseht, wie ich dazu kam, das zu tun, was ich getan habe — wie mich das Mädchen zum Probetraining überredete, wie alle die Uhren zurückgaben, wie ich dann die Tür aufmachte und die beiden Coaches davorstanden —, seid ihr vermutlich meiner Meinung, **daß jemand seine Hand über mich gehalten hat**. Ich weiß zwar nicht wer, und ich weiß nicht warum, aber jemand hat es getan.

Diese Trainer überzeugten mich davon, daß ich nach Oklahoma gehen und es zu etwas bringen konnte. Vermutlich hatte ich mir schon selbst eins klargemacht: Ich mußte raus aus Dallas, und zwar endgültig. Der ganze Straßenscheiß mußte der Vergangenheit angehören, und mein Leben mußte eine andere Richtung nehmen. **Ich kam nämlich nirgendwohin, und zwar SCHNELLER ALS MIR LIEB WAR.**

Southeastern Oklahoma University liegt in Durant, Oklahoma, einer Stadt mit etwa sechstausend Einwohnern. Verglichen mit dem, was ich gewöhnt war, war Durant eine andere Welt, Mann. Eine völlig andere Welt.

Es war nicht leicht für einen wie mich, der nichts kannte außer der Stadt. Ich hatte nie was anderes erlebt als die Stadt und die Sozialsiedlungen, so daß ich nicht auf das vorbereitet war, was mich in dieser Kleinstadt erwartete.

Der Unterschied fiel mir sofort auf. Kurz nachdem ich dort ankam, ging ich in eine Lehrveranstaltung, als irgendein Arsch den Kopf aus seinem Autofenster steckt und ruft: "Geh doch nach Hause, du schwarzer Drecksack." **Das kam häufig vor. Sie sagten mir Sachen wie: "Schaff deinen schwarzen Arsch hier**

raus", oder: "Geh zurück nach Afrika, Nigger."

Oft genug wollte ich es solchen Leuten heimzahlen, auf die einzige mir bekannte Art: Mit Gewalt.

Doch das tat ich nicht. Ich tat es nicht, weil mir ein kleiner Junge sagte, ich sollte es lassen.

Der kleine Junge hieß Bryne Rich. Bryne hatte ich im Basketball-Camp von Southeastern kennengelernt, bevor ich mich dort einschrieb. Er war dreizehn und ich zweiundzwanzig. Ich weiß noch, daß er mich komisch anguckte, was nichts Ungewöhnliches war; damals **LIEF ICH GELEGENTLICH MIT VIERTELDOLLARMÜNZEN IN DEN OHREN HERUM**. Keine Ahnung, warum ... wahrscheinlich bloß, **DAMIT MICH DIE LEUTE FÜR VERRÜCKT HIELTEN.** Jedenfalls wurden Bryne und ich Freunde ... die allerbesten.

Bryne verliebte sich regelrecht in mich. Er lud mich zum Essen zu sich nach Hause ein, und ich kam. Es war abgefahren. Ich weiß noch, wie ich sagte: **"Warum liebt mich der Knabe so? Warum liebt er mich so sehr?"**

Die Familie Rich wohnte in Bokchito, knapp fünfundzwanzig Kilometer außerhalb von Durant. Nicht lange, und ich wohnte auch da. Bokchito ist winzig, Mann, viel kleiner als Durant. Da gibt es kaum was, nur Feldwege und ein paar Farmen. Die Riches hatten eine Farm, und Brynes Vater James arbeitete außerdem für die Post. Ich hatte zwar ein Zimmer auf dem Campus, zog aber bei ihnen ein, weil Bryne und ich uns gleich so prima verstanden. Es bot sich irgendwie an.

Bryne und ich hatten von Anfang an etwas gemeinsam, so seltsam es auch klingt. **Wir hatten beide einiges DURCHGEMACHT, und wir waren beide durcheinander wegen etwas, was in unseren**

Leben vorgefallen war. Ich versuchte zu entscheiden, was aus meinem Leben werden sollte, und Bryne versuchte damit fertigzuwerden, daß er ein Jahr zuvor bei einem Jagdunfall seinen besten Freund erschossen hatte. Seinen Eltern erzählte Bryne, er wünsche sich einen kleinen Bruder. Statt dessen bekam er mich.

Ich schätze, als wir uns kennenlernten, war das für beide der richtige Zeitpunkt. Es war eine echt rührende Story. Ich mußte da draußen gegen 'nen Haufen rassistischer Anmache ankämpfen, und die Familie half mir dabei. Das muß man sich mal vorstellen: **Ich**, der nie etwas anderes gekannt hatte als Sozialsiedlungen, wohnte bei einer weißen Familie und **stand um fünf Uhr morgens auf, um Kühe zu melken oder irgendwelche anderen Arbeiten zu erledigen.**

Diese Leute hatten noch nie was mit einem Schwarzen zu tun gehabt, und es fiel ihnen nicht ganz leicht. Das galt besonders für Pat, Brynes Mom. Sie ging auch auf die Southeastern und versteckte sich vor mir, wenn ich sie suchte, damit sie mich mit zurück zur Farm nahm. **SIE MACHTE SICH SORGEN, WAS DIE LEUTE DENKEN** oder sagen würden, wenn sie sie mit diesem großen schwarzen Mann sähen. Manchmal fuhr sie über Umwege nach Hause, nahm ausschließlich Nebenstraßen, damit mich keiner bei ihr im Auto sah.

Ich zog sie deswegen auf, sagte beispielsweise: "Mrs. Rich, warum fahren Sie denn da entlang?" Ich wußte ganz gut, warum sie es tat, stellte mich aber dumm. Und doch fühlte ich mich wegen so was bei den Riches nicht weniger willkommen. Es hatte allein etwas mit dem Image in einem kleinen Ort zu tun. Die Leute dachten allen Ernstes, ich würde mit ihr schlafen.

Sie dachten: *Warum treibt er sich mit der Mutter von dem Jungen herum?*

Diese Leute hatten keine Ahnung von Schwarzen, deshalb konnten sie sich nichts anderes vorstellen als das Schlimmste.

Manche hielten Bryne für meinen Sohn.

Ich glaube, diese Erfahrung gab mir neue Kraft. Ich habe viel gelernt, was ich auf meinen Streifzügen durch die Straßen von Dallas nicht gelernt hätte. Und ihr habe ich wohl auch eine Seite des Lebens gezeigt, die sie sonst nie kennengelernt hätte. Nach einigen Jahren wurde ihr klar, was es mit mir auf sich hatte. Sie akzeptierte mich als Familienmitglied und behandelte mich auch so.

Es liegt vor allem an dieser Familie, daß aus mir etwas geworden ist. Keine Ahnung, was passiert wäre, wenn ich mich allein mit dem ganzen Scheiß dort hätte auseinandersetzen müssen.

Häufig genug hatte ich eine Schußwaffe in der Hand — oder beinahe —, wenn mich wieder mal jemand einen Nigger nannte oder sagte, ich sollte zurück nach Afrika. Wie oft hätte ich am liebsten jemanden erschossen. Im Auto, das mich die Riches benutzen ließen, hatte ich eine Schippe liegen, und einmal war ich kurz davor, sie rauszuholen und einem Typ über den Schädel zu ziehen, als der mir irgendwelchen Scheiß zurief. Ich hätte allerhand tun können, aber mein kleiner Freund war dagegen.

Bryne sagte nein. Einiges hätte verhindern können, daß Dennis Rodman wurde, was er heute ist, und das war so etwas. Wäre Bryne nicht bei vielen dieser Gelegenheiten dabeigewesen, wär ich wahrscheinlich im Knast gelandet. Wahrscheinlich hätte ich diesem Typ die Schippe über den Schädel gezogen. Ich wußte nicht, wie man anders mit so was umgeht.

Am einfachsten ist es, wenn man das Naheliegendste macht und die schlimmste Lösung wählt, die es auf der Welt gibt. Dann braucht man sich keine Sorgen mehr zu machen, ob man erfolgreich werden könnte. Für mich wäre es damals am einfachsten gewesen, die Schippe oder die Kanone zu benutzen. Das wäre das Naheliegendste gewesen. Dann hätte ich versagt und eine Entschuldigung dafür gehabt.

Bryne ist immer noch mein bester Freund. Er ist an der Leitung meines Bauunternehmens beteiligt — Rodman Excavation in Frisco, Texas —, und wir reden sehr viel miteinander. Wir haben beide gemeinsam eine Menge durchgemacht, und das verbindet.

Als ich bei den Riches wohnte, mußte ich für alles arbeiten. Ich mußte um fünf Uhr früh aufstehen und Kühe füttern, kranke Kühe zurück in den Stall bringen ... was auf 'ner Farm so anfällt. Es war egal, ob ich am selben Abend ein Spiel hatte oder nicht.

Ich war nicht auf einer dieser Unis, wo man Sportler auf Händen trägt. Mein Notendurchschnitt war eine C, ich bekam aber keine Extrawürste gebraten. Für Leistungssportler gab es die eine oder andere Vergünstigung, die sich aber nicht auf das Studium auswirkten. Wenn ich durchfiel, fiel ich durch. Ich bekam keine Gefälligkeitsnoten, kein Geld und auch kein Auto gestellt.

Seht euch dagegen mal Jungs wie Chris Washburn oder William Bedford an, in der NBA hochbegehrte Jungprofis, die auf die Schnauze fielen, weil sie die Finger nicht von Drogen lassen konnten. Solche Typen kriegen ziemlich schnell in der Liga Schwierigkeiten, weil sie nicht gewohnt sind, auf eigenen Füßen zu stehen. Als ich in die Liga kam, hatte ich so meine eigenen Probleme — die damit zusammenhingen, daß ich plötzlich so viel bekam, nachdem ich so wenig gehabt hatte —, aber durch die viele schwere Arbeit war ich hart im Nehmen geworden.

Schließlich wurde ich von der Gemeinschaft an der Southeastern akzeptiert, weil ich Basketball spielen konnte. Da erlebte ich auch zum erstenmal die Macht und den Scheiß, der damit einhergeht, wenn man ein wenig berühmt-berüchtigt ist. Ich war der beste Spieler, den sie in der Gegend je erleben werden — drei Jahre in Folge wurde ich von den NAIA-Basketballern zum All-American gewählt, erzielte während meiner gesamten Collegelaufbahn 25 Punkte und fünfzehn Rebounds pro Spiel, war zweimal führender Rebounder der NAIA-Liga und führte das Team in meinem zweiten Jahr zur NAIA-Meisterschaft —, daher ließen sie es mir durchgehen.

Damals durchschaute ich die Leute zum erstenmal, erkannte, was sie wirklich dachten. **Wenn ich nicht Basketball gespielt hätte, wäre ich bloß irgendein Nigger gewesen.** Um das nicht zu merken, hätte man schon tot sein müssen.

Im Grunde sagten sie folgendes: "Wir haben nichts dagegen, daß du ein Schwarzer bist, solange du gut Basketball spielst."

Inzwischen können viele Weiße mit mir etwas anfangen, sie akzeptieren mich heute, aber den problematischen Jugendlichen, der ich früher war, hätten sie nicht akzeptiert. Sie hätten weder den Typen akzeptiert, der durch die Straßen zog, noch den Typen, der die Armbanduhren klaute oder den,

Drei Jahre in Folge All-American der College-Liga NAIA

der das College abbrach. Jemandem, der es nicht "schafft", schenkt man keine Aufmerksamkeit. Die Gesellschaft erlaubt sich, so was alles zu den Akten zu legen und zu sagen: "Okay, du bist jetzt akzeptiert, Dennis, weil du 'ne Menge Geld hast. Du bist akzeptiert, weil du berühmt bist, und wir haben dich gern um uns."

Als ich zwanzig war, hätten dieselben Leute die Straßenseite gewechselt, um mir aus dem Weg zu gehen. Heute drängen sie sich um mich und wollen mein Autogramm. Das ist Scheiße ... und ich durchschaue das.

Immer war jemand für mich da, hat sich jemand meiner angenommen, und in Oklahoma war es James Rich. Der Mann hatte weder viel Geld noch war er berühmt, sondern er war ein Farmer, der sich mit Briefeaustragen ein Zubrot verdiente. Ein ganz normaler Mensch. Er war es, der mich ansah, wenn ich Mist baute, und sagte: "He, das darfst du nicht machen. Du kommst aus der Sozialsiedlung, du kommst von der Straße, aber hier ist nicht die Straße. **Willst du wieder zurück auf die Straße?**"

Am Anfang antwortete ich ihm immer: "Yeah, das will ich."

"Pech gehabt", sagte er dann. "Denn das laß ich nicht zu."

Dieser Mann brachte meine menschliche Seite zum Vorschein. Er hat einen besseren Menschen aus mir gemacht. Nie hat er zugelassen, daß ich zu sehr aus dem Ruder lief. Nie ließ er mich vom Weg abweichen. Nicht daß er irgendwelche Moralpredigten hielt oder so was, er sagte bloß, wo es langging, und daß es so gemacht würde. Ich mußte arbeiten. Ich mußte mithelfen, und ich mußte mich benehmen. Von diesem Mann hab ich eine Menge gelernt … ein Mann, der gerade mal sechs Jahre die Schulbank gedrückt hatte.

Er war so was wie der weise Alte im Märchen. Ich konnte nicht glauben, daß dieser Mann in meinem Leben eine Rolle spielt. Ich konnte nicht glauben, daß es so einen Menschen überhaupt gibt. Er schenkte mir bloß reinen Wein ein und ließ mich wissen, daß ich etwas aus mir machen konnte, wenn ich mich der Realität stellte. Da gab es kein Drumherumreden; er kam direkt auf den Punkt, alles war glasklar.

Er sah immer direkt nach vorn. Alles war wie auf einer Schnur aufgereiht, ein Schritt nach dem anderen. Er war nicht der Typ, der sich hinsetzte und mir erzählte, ich könnte eines Tages ein berühmter Basketballer werden, wenn ich nur wollte. Solche Sachen setzte er mir nicht in den Kopf, das war nicht sein Stil. Statt dessen sagte er: **"Was du auch machst, mach es gut. Mach es so, wie du es haben willst, nicht wie es irgendein anderer gern hätte."**

Als ich Dallas verließ, verließ ich alles, was dazugehörte. Ich brach alle Brücken hinter mir ab, weil ich dachte, ich könnte es nur schaffen, wenn ich meiner ganzen Vergangenheit den Rücken zukehrte. Ich mußte vergessen, um voranzukommen. Die Ablenkungen mußte ich ausschalten.

Ich überlegte es mir gründlich, nahm mir vor, es zu schaffen, und ich ließ eine Menge zurück … sogar meine Mutter. Meine Mutter hat schwer geschuftet, um uns Kindern das zu geben, was wir brauchten, und dafür bin ich ihr dankbar. Ich habe viel für sie getan — ihr ein Haus und Autos gekauft —, aber wir stehen uns nicht besonders nahe. Wir haben eine komische Beziehung; manchmal telefonieren wir zweimal in der Woche, dann wieder hören wir einen Monat nichts voneinander. Meine Schwestern und ich stehen uns auch nicht besonders nahe. Wir telefonieren manchmal, und ich weiß, was in ihrem Leben vorgeht, aber als ich aus Dallas fortgezogen bin, habe ich viel von mir zurückgelassen. Danach wurde es nie wieder wie früher.

So wie ich das sehe, hatte ich keine andere Wahl. Wahrscheinlich hat es meine Familie in den falschen Hals gekriegt, als ich bei der Familie Rich Anschluß fand und sie allmählich für meine richtige Familie hielt. Ich mußte mich einfach von allem lösen, was mich aufhielt.

Schon als kleinem Kind erzählen sie einem in den Armenvierteln, man solle an sich arbeiten, hart arbeiten, um da rauszukommen. Wenn man das alles zurücklassen kann, ist man erfolgreich. Aber sobald ein Schwarzer so erfolgreich ist und die miesen Wohnviertel und alles andere hinter sich läßt, kritisiert man ihn, er vergesse seine Herkunft. Du vergißt, woher du kommst, sagen dann alle.

ICH VERGESSE MEINE HERKUNFT NICHT. Die hab ich und die werd ich nicht vergessen. Wenn ich in der Gegend bin, fahre oder gehe ich immer durch Oak Cliff. Ich rufe mir in Erinnerung, was da passiert ist und was ich getan habe, um es zu überwinden. Ich gehe hin, um die richtige Perspektive zu behalten, denn das hab ich manchmal nötig. **Dadurch bleib ich hungrig und mit beiden Beinen auf dem Boden.**

Nach meinem letzten Studienjahr auf Southeastern war ich so 'ne Art Kuriosität für die NBA. Man sah sich meine Statistiken an, und man sah sich mein Alter an (damals war ich fünfundzwanzig), und man wußte nicht, was man von mir halten sollte. Meinen Körperbau und meine Schnelligkeit fanden sie toll — alle sagten andauernd, ich hätte über

400 Meter an der Olympiade teilnehmen können —, wußten aber nicht, ob meine Spielweise für die NBA geeignet war.

Wohin ich auch kam, schleuderte man mir dasselbe Wort entgegen: Projekt. Man sah in mir jemanden, bei dem man mal ein Risiko eingehen könnte, weil man nie wußte, ob es sich nicht später auszahlen würde.

Wie sie mich nannten, war mir egal, Hauptsache, man gab mir eine Chance. An den All-Star-Turnieren nach der Collegespielzeit beteiligte ich mich wie ein Besessener. Die Trainer bei Southeastern sagten mir, ich hätte das Zeug für die NBA, aber außer ihnen glaubte das wohl kaum einer. Als ich auf dem Einladungsturnier in Portsmouth, Virginia, als wertvollster Spieler — Most Valuable Player, MVP — ausgezeichnet wurde, öffnete das wohl vielen die Augen.

AN DIESEN TURNIEREN NAHMEN EINE MENGE RENOMMIERTE SPIELER TEIL, DOCH ICH STAHL ALLEN DIE SCHAU. Es war genau wie immer, ich spielte mit mehr Einsatz als alle anderen, war hungriger. Heute müssen die renommierten College-Spieler an solchen Turnieren gar nicht mehr teilnehmen. Sie halten das für Zeitverschwendung, weil sie sich sogar schon vor Beginn ihrer Collegesaison einen Namen gemacht haben und ihre Agenten und Trainer ihnen sagen: "Geh da nicht hin. Vielleicht holst du dir eine Verletzung."

Wenn du so verflucht gut bist, geh gefälligst hin und zeig es. Verletzungen — vergiß es. Nimm so wie alle anderen großen Sportler an den Turnieren teil und zeig den Leuten, daß du dich dem Wettbewerb stellst.

Beim Draft, dem Auswahlverfahren neuer NBA-Spieler für die nächste Saison, nahmen mich 1986 die Pistons in der zweiten Runde. Ich war der siebenundzwanzigste Spieler, der in dem Jahr genommen wurde. Vor mir entschied man sich für Burschen wie Kenny Walker, Brad Sellers und Johnny Dawkins. **Direkt vor mir** ging Greg Dreiling weg, ein zwei Meter dreizehn großer Center von der Uni Kansas, der während seiner Laufbahn in der NBA im Schnitt **2,2 Punkte** und **2,2 Rebounds** pro Spiel erzielte. **Das nennt man dann wohl einen beständigen Spieler.**

Ich kam in eine Mannschaft mit Isiah Thomas, Adrian Dantley, Bill Laimbeer, Vinnie Johnson und Rick Mahorn — das Team stand fest. Sie wußten, daß ich frischen Wind in die Mannschaft bringen würde, dachten aber wohl nicht, daß ich in absehbarer Zeit eine echte Verstärkung sein würde. Wenn überhaupt. Nicht vergessen, Mann, ich war ein Projekt, jemand, der ein paar Jahre solider Arbeit brauchte, bevor er sich in der Liga einen Namen machen würde.

Aber: Ich war ein Projekt mit einem Ziel. Ich war bereit, alles zu tun, um in der Liga zu bleiben. Ich war anders, ein Außenseiter, doch ich wollte so lange wie möglich dabei bleiben. Ich hatte einen anderen Ansatzpunkt, weil ich wußte, was ich zurückgelassen hatte. Ich wußte, wie schwer es war, überhaupt erst in die Liga zu gelangen.

Ich fand es großartig, der Typ zu sein, von dem noch keiner etwas gehört hatte. Mich störte das nicht. Während meines ersten Trainingslagers mit den Pistons kam nach einem Training ein Journalist zu mir und fragte: **"WER SIND SIE?"** Ich sah mir den Typ an und sagte: **"Ich bin niemand und komme direkt aus Nirgendwo."**

DREI

WILDE VERWEGENE JAGD

Die Pistons packen's richtig an

In Detroit sorgte ich sofort für Schlagzeilen. Am selben Tag, an dem ich meinen Vertrag unterschrieb, hyperventilierte ich und mußte vom Mannschaftsarzt untersucht werden.

Vermutlich war ich nicht immer so cool wie heute.

Während der Woche vor meinem ersten Tag in Detroit war mir schlecht, und ich erinnere mich nicht mehr genau, was an diesem ersten Tag passierte … oder warum. Ich weiß noch, wie aufregend ich es fand, daß ich da war. Endlich hatte ich etwas erreicht, für das ich so hart gearbeitet hatte, und das — samt meiner Übelkeit — war wohl einfach zuviel und führte bei mir zu Hyperventilation.

Genau das erwarteten Chuck Daly und das Management der Pistons von mir. Sie sahen einen Burschen, der es schaffen wollte ... und zwar unbedingt. Sie sahen einen wilden, verwegenen jungen Typen, der von nirgendwo kam und alles tun würde, um in der Liga Karriere zu machen. Sie wußten nicht recht, wie gut ich in der Anfangsphase an sein würde, aber sie wußten, da hatten sie einen, der sich auf den Boden schmiß, überallhin hechtete, alles tat, was der Mannschaft diente.

Detroit war damals für mich das ideale Pflaster. Ich war ein ungebändigter Spieler, steckte voller überschüssiger Energie, und Chuck Daly war ein Lehrer. Ich nannte ihn damals "Gott" und meinte das ernst. Als wir mal ein landesweit im Fernsehen übertragenes Spiel gegen Utah hatten und mich ein Reporter nach Daly fragte, sagte ich: **"Er ist Gott, G-O-T-T, Gott."** Das stand am nächsten Tag in der Zeitung *USA Today*. Von da an nannte ich ihn andauernd so. Als ich in

Detroit hatte "Gott" ...

... aber San Antonio hatte den "Dumpfmeister"

San Antonio spielte, **nannte ich den Trainer Bob Hill "BONER", DUMPFMEISTER.** Ihr könnt euch vielleicht denken, daß meine Empfindungen für Bob Hill nicht denen für Chuck Daly entsprachen.

Chuck Daly und die Pistons probierten es mit mir. Sie hatten das Gefühl, daß das Team eine Mischung aus Veteranen und zweikampferfahrenen körperbetonten Spielern sein sollte und dachten sich, sie könnten mir ruhig mal eine Chance geben. Mein Stil paßte gut zu dem, was ihnen vorschwebte, und wenn es funktionierte, könnte es für beide Seiten ideal werden. Die Pistons hätten einen weiteren Stein in einem Meisterschaftspuzzle, und ich konnte **meine verwegene Jagd aus dem Nirgenwo** beenden.

Die NBA war für mich eine Art neue Welt. Ich war noch sehr unreif und hatte noch nie eine Bühne gesehen, die auch nur annähernd so groß war. Ich hatte etwas Geld, Frauen ... was ihr wollt, die Tür stand offen. **ICH GAB GELD AUS, ICH SCHLIEF MIT ALLEN MÖGLICHEN FRAUEN, ABER BASKETBALL HATTE IMMER VORRANG.** Ich war immer auf der Suche nach der richtigen Einstellung, wollte vom Kopf her sein wie damals, als es mir dreckig ging und ich mich einzig und allein auf mich selbst verlassen mußte, um zu überleben. Ich wollte auf keinen Fall zu sehr auf die vielen Möglichkeiten abfahren, die sich mir boten, und vergessen, weshalb ich gekommen war: um das verdammte Spiel zu spielen.

In meinem ersten "Rookie"-Jahr, als Neuling, bekam ich wenig Spielzeit. Ich hockte auf der Bank und versuchte meine ganze Energie in meinem Inneren zu behalten. Das machte mich fertig. Ich kam zwar in 77 von 82 Spielen zum Einsatz, doch im Schnitt nur etwa fünfzehn Minuten pro Spiel. Die fünf Begegnungen, die ich komplett auf der Bank verbrachte, trieben mich in den Wahnsinn. Wenn ich dann auflief, flippte ich aus. Ich wollte alles auf einmal machen und ihnen zeigen, daß ich unbedingt spielen mußte. Ich mußte tatsächlich spielen, und zwar **weil ich DURCHDREHTE, wenn ich auf der Bank saß.**

Chuck Daly mochte mich von Anfang an, und er sagte mir immer, meine Zeit werde noch kommen. Er hatte wohl seinen Spaß an einem frischen einsatzfreudigen Typ, der keiner dieser Spitzenspieler vom College war, die nicht arbeiten wollten und erwarteten, alles von einem silbernen Tablett in den Arsch geblasen zu kriegen. Er sagte mir immer, ich sollte mich nicht verrückt machen lassen, dann würde schon alles klappen.

Von dieser Mannschaft konnte man hervorragend lernen. Als ich Rookie war, in meiner ersten Saison, sagte Rick Mahorn zu mir: "Ich bring dir bei, wie man's macht, Mann." Diese Burschen hatten die richtige Einstellung, und sie merkten, daß ich etwas hatte, was sie brauchten. Ich war ein körperbetonter Spieler wie Mahorn und Laimbeer, aber ich war auch saumäßig schnell und konnte gegen jeden in der Liga verteidigen. Ich war so was wie ein neues Produkt, wie es die NBA noch nie gesehen hatte.

Nach meinem Rookiejahr fand ich, daß ich etwas brauchte, um mir in der Liga eine Nische zu schaffen. Ich sah eine Menge Typen, die ein paar Jahre lang am Ende der Bank hockten, ohne je was Herausragendes zu leisten, bis man sie schließlich aus der Liga warf.

Nachdem ich so viel durchgemacht hatte, um dorthin zu kommen, wollte ich mich für nichts in der Welt ohne Gegenwehr wieder rausschmeißen lassen.

Ich dachte mir, ich hatte es auf die harte Tour in die Liga geschafft, warum sollte ich nicht auf die harte Tour drinbleiben? Auf die harte Tour heißt in der NBA durch Abwehrarbeit und Rebounding, also Sicherung des von Korb und Brett abprallenden Balls ... beides Dinge, die andere nur ungern machen. Außer mir gibt es in der gesamten Liga keinen, der nicht gern punktet. Darum glaubt mir das keiner: **ICH WILL NICHT PUNKTEN.**

Im Training spielte ich jeden Tag gegen Adrian Dantley, und ich machte mich dran, ihm die Hölle heiß zu machen. Ich wollte ihn neutralisieren, auch wenn das hieß, daß ich auf dem Trainingsplatz verreckte. Ich neutralisierte ihn ein paarmal, dann punktete er gegen mich. So lief das eine Zeitlang, bis ich merkte, daß ich ihn häufiger neutralisierte, als daß er punktete.

Mitten in meiner zweiten Spielzeit verletzte sich Dantley am Knöchel, und Daly baute mich in die erste Fünf ein. Vor Dantleys Verletzung hatten wir mehr Siege als Niederlagen, doch mit mir im Team legten wir los wie die Teufel. **Von den ersten 24 Spielen, in denen ich von Anfang an spielte, gewannen wir zwanzig. Wir spielten die anderen einfach an die Wand**, und Daly setzte mich überall ein. Meistens spielte ich den Small Forward, also den kleinen Flügelspieler, aber er setzte mich auch innen gegen die Power Forwards und außen gegen die schwierigen Shooting Guards ein. Wo in der Verteidigung Not am Mann war, stellte er mich hin.

Ich glaube, daß die Leute in Detroit in dieser Phase allmählich auf das Phänomen "Wurm" abfuhren. Ich fand es ziemlich erstaunlich, wie der Spitzname, den ich als kleiner Junge bekommen hatte, weil ich beim Flipperspielen immer so zuckte, plötzlich in den Schlagzeilen der Detroiter Zeitungen auftauchte. Die Leute standen auf das, was ich ihnen bot, weil es so unverbraucht und aufregend war. Sie hatten

Ahnung von Basketball und wußten meinen Stil zu würdigen. In dem Jahr bemühte ich mich auch selbst um ein paar Punkte — ich machte die meisten Punkte meiner Karriere, nämlich 11,6 im Schnitt pro Spiel —, aber manchmal schnappte ich mir einen Offensiv-Rebound, dribbelte bis hinter die Drei-Punkte-Linie und gab die Kugel Isiah.

In dieser Stadt wurde ich nach und nach zum Star, bloß weil ich so war, wie ich nun mal war. Das lag in meinem Wesen. So hatte ich auf dem College gespielt, ich sah da also keinen Unterschied. Doch die Leute mögen es, wenn jemand nach oben kommt und es schafft. Dann haben sie das Gefühl, es gäbe eine bessere Verbindung zwischen ihnen und diesem Menschen. Ich ließ nichts aus. Die Medien mochten mich, weil ich ihnen gab, was sie wollten. **Ich sagte *ABGEFAHRENE SACHEN,*** was mir gerade in den Sinn kam, und bald lungerten die Journalisten nach den Spielen um meinen Spind herum ... selbst dann, wenn ich im Spiel gar nichts gemacht hatte. Mitch Albom von der *Detroit Free Press* kam manchmal zu mir nach Hause, und wir machten Musik. Ich spielte Schlagzeug, er Klavier.

Den Pistons und Chuck Daly genügte, daß ich Basketball so spielte, wie ich es konnte. Volle Pulle. Andauernd. So spiele ich immer noch. Daly gefiel das, genau wie dem Publikum in Detroit. Es kam soweit, daß ich der beliebteste Spieler dieses Teams wurde. Ich spielte nicht so spektakulär wie Isiah Thomas, **gab ihnen aber das BLUT, den SCHWEISS und die TRÄNEN, nach denen sie verlangten.**

In Detroit mochten sie mich, weil ich so war wie sie. Ich war wie der Fabrikarbeiter, der Tag für Tag zur Arbeit geht und eine unbedingt notwendige Aufgabe verrichtet. **Diese Leute gehen zur Arbeit und befestigen beispielsweise Schrauben an einer Autotür. Aber wenn man sie fragt, womit sie ihren Lebens-**

unterhalt verdienen, antworten sie, daß sie Autos bauen. Nicht Schrauben festdrehen — Autos bauen. Ich holte nicht bloß Rebounds oder riss mir den Arsch auf ... **ich gewann Basketballspiele.**

Als ich neu in Detroit war, bevor wir die Titel holten, ging es der Stadt dreckig. Autofabriken machten dicht, und viele Leute waren arbeitslos. So um 1986/87 war es in Detroit absolut grauenhaft und deprimierend.

Manchmal denke ich, die Leute nehmen den Sport zu wichtig, doch ich glaube, daß wir in dieser Stadt 'ne Menge Positives bewirkt haben. Als wir anfingen zu gewinnen, wurde die Grundstimmung der Stadt besser. Sie hatten ein Team, Mann, und sie waren stolz auf uns. Dort ging's

Die "Bad Boys" waren gnadenlos

bergauf, und ich weiß nicht, ob wir etwas damit zu tun hatten, aber es passierte zur gleichen Zeit.

Wir spielten Basketball, wie es sich gehörte. Wir konnten alles, einfach alles. Um damals in der NBA zu gewinnen, als die Liga so gut war wie nie zuvor, mußte man verdammt gut sein. Das waren wir. Es war die beste Zeit der NBA, mit Magic Johnson und Larry Bird an der Spitze. Wir hielten voll mit; wir gewannen zwei Titel in Folge, was den Boston Celtics nicht gelang.

Wir spielten hartes, körperbetontes Basketball ... was unser Markenzeichen wurde, schließlich waren wir die "Bad Boys". Wir spielten den anderen die Ärsche platt, so einfach war das. Aber wir konnten die Leute auch austricksen. Wir konnten sie mit jeder nur denkbaren Taktik schlagen, und nichts von dem, was wir machten, war billig.

David Stern und die anderen Funktionäre glauben, ich sei eine Gefahr für das Spiel, weil ich unfair spiele, aber nicht ich bin das Problem. Ich spiele genauso, wie wir früher bei den Pistons gespielt haben, nur akzeptiert man das heute nicht mehr. Die NBA warb damals mit uns als den "Bad Boys", und auf einmal, sechs oder sieben Jahre später, ist es uncool, so zu spielen. Das liegt nicht an mir, sondern an der Liga. Die Ligabosse verhindern dieses knüppelharte Spiel, das wir pflegten, weil sie es für "unfair" halten. Das stimmt nicht ... es ist gutes Basketball, und **DAS SPIEL WÄRE BESSER, WENN MAN DIE JUNGEN KERLE DAZU ÜBERREDEN KÖNNTE, WIRKLICH ALLES ZU GEBEN,** so wie wir damals. Doch denen sind Dunkings und Punkte erzielen viel zu wichtig, um diesen Stil zu spielen.

Wir guckten uns Spieler der gegnerischen Mannschaft aus, die wir ausschalten wollten. Es war fast wie bei einem Footballspiel. Unsere Stärke bestand darin, Gegenspieler einzuschüchtern, sie auszuschalten, damit wir so spielen konnten, wie wir wollten. Dabei gingen wir aber clever vor. Wir wußten, daß wir Michael Jordan nicht aufhalten konnten; also ließen wir Michael seine vierzig machen, legten aber Scottie Pippen und alle anderen an die kurze Leine. Wir knöpften uns Pippen vor und sorgten dafür, daß Michael kaum Hilfe bekam. Wir sagten: **"NUR ZU, MANN. WENN DU GUT GENUG BIST, UNS ALLEIN ZU SCHLAGEN, BIST ZU HERZLICH EINGELADEN."** Manchmal war er gut genug, aber gewöhnlich machten wir die Jungs mürbe. Viermal trafen wir und die Bulls in den Playoffs aufeinander, aber sie schlugen uns nur in einer Serie, nämlich 1991, als sie uns in vier Spielen glatt besiegten und am Ende ihre erste von drei Meisterschaften in Folge gewannen.

Es gab da so'n Gefühl bei einigen, daß wir versuchten, die Gegenspieler zu verletzen, aber das stimmte nicht. Wir spielten Basketball. Glaubt mir, wenn wir darauf aus gewesen wären, jemanden zu verletzen, hätten wir das problemlos tun können. Bei unserem Spielermaterial hätten wir den ganzen verdammten Abend lang Gegenspieler ins Krankenhaus schicken können. Wir waren nicht nur groß genug und hart genug, wir wußten auch, wie man Leute verletzt. **In diesem Spielerkader war eine gehörige Portion Härte von der Straße versammelt.**

Laimbeer haßten alle. Er genoß diese Rolle. Jeder, der mal Basketball gespielt hat, möchte einen wie Laimbeer in seiner Mannschaft haben. Er hatte vor nichts und niemandem Angst. Ihm war scheißegal, wen er zu Boden streckte. Ihm war egal, ob man schwarz oder weiß, ein Jemand oder ein Niemand war. Er verdrosch dich nach Strich und Faden, und dann gab er dir den Rest, indem er dich anspuckte und dich beschimpfte, daß dir die Ohren klangen. Er war echt 'ne Nummer, Mann, und dafür war er bei allen Spielern in der Liga gründlich verhaßt.

Laimbeer konnte einen Typ so fix und fertig machen, daß der sich wie ein Stück Scheiße fühlte. Wenn er beim nächstenmal gegen denselben Typ zu spielen hatte und wir vor dem Sprungball zum Spielbeginn auf dem Feld herumstanden, hörten wir Laimbeer zu dem anderen sagen: **"WEISST DU NOCH, wie ich dich beim letztenmal fertiggemacht hab? Na dann, STELL DICH SCHON MAL DRAUF EIN, genauso geht's dir heute wieder."**

Sein Problem bestand darin, daß er nicht mal versuchte, irgendwelche versteckten Fouls zu begehen. Er wurde regelmäßig dabei ertappt, wie er vor aller Augen irgendeinen Scheiß baute. Jeder in der Liga wußte, was er machen würde, doch jeder in der Liga wußte auch, daß in seiner Mannschaft einer war, der genau das gleiche versuchte, aber einfach nicht gut genug war. Laimbeer verkörperte die Weiße-Männer-können-nicht-springen-Rolle perfekt, aber Basketball spielen konnte er weiß Gott. Er war einer der wurfgewaltigsten Centerspieler überhaupt und machte für uns mit schöner Regelmäßigkeit die wichtigen Punkte, die sogenannten "big shots". Er war mehr als ein übler Schläger, aber als solchen wird man ihn in Erinnerung behalten.

Robert Parish wird man als Punkteschützen in Erinnerung behalten, und daß er mit Larry Bird und Kevin McHale zum Starteam der Boston Celtics gehörte, aber **Robert Parish baute genausoviel Scheiße wie Laimbeer.** Er ging dabei nur cleverer vor. Er tat es, wenn niemand hinsah, und Laimbeer war kackegal, ob jemand hinsah. Weil er es ganz offen tat, behielt ihn die NBA im Auge und saß ihm im Nacken.

Auf dem Platz war Laimbeer in seiner eigenen Welt. Außerhalb des Platzes benahm er sich uns gegenüber korrekt, hatte aber immer diesen gewissen Ausdruck in den Augen. **Wenn jemand zu ihm kam und ihn um**

ein Autogramm bat, sah er ihn von oben bis unten an und sagte: "FUCK OFF", verpiß dich. So war er halt. So war Bill Laimbeer.

In diesen Jahren lebten wir für die Playoffs, die Finalspiele nach der regulären Saison. Zu Anfang jedes Jahres stellten wir einen Plan auf, und weniger als eine Teilnahme an den Finalspielen war für uns nicht akzeptabel. Nachdem wir 1988 verloren hatten, gewannen wir zwei Meisterschaften am Stück, und wenn Laimbeer nicht eine Fehlentscheidung der Schiedsrichter hätte einstecken müssen — angeblich foulte er in der letzten Minute des siebten Spiels gegen die L.A. Lakers 1988 Kareem Abdul-Jabbar —, dann hätten wir drei Titel in Folge gewonnen, genau wie die Bulls Anfang der neunziger Jahre.

Die Playoffs kann man nicht mit derselben Schnelligkeit wie die reguläre Saison spielen. Is einfach nicht drin, Mann. In den Playoffs nimmt die Härte zu, und die körperbetonten Mannschaften sind mächtig im Vorteil. Mit mir, Adrian Dantley, Laimbeer und Mahorn waren wir für die Playoffs wie geschaffen.

In besagtem ersten Jahr, 1988, machten wir uns daran, die Celtics im Finale der Eastern Conference, der östlichen Hälfte der NBA, zu schlagen. In meinem Jahr als Rookie verloren wir in den Eastern Conference Finals sieben Spiele gegen sie, und wir mußten uns in ihrer Halle, dem Boston Garden, in dieser Serie dermaßen viel Scheiße gefallen lassen, daß **wir im nächsten Jahr mit nur einem einzigen Gedanken ins Trainingslager kamen: BOSTON SCHLAGEN.**

Was danach kam, war beinahe unwichtig, Hauptsache wir besiegten sie.

Und das taten wir auch. Wir schlugen sie in sechs Spielen, womit wir ihre Dominanz in der Eastern Conference weitgehend beendeten. Die folgenden beiden Jahre war Chicago dran, bei denen wir eine ganz neue Latte an Schwierigkeiten zu überwinden hatten.

So gut dieses Bostoner Team auch war, wenn man sich in zwanzig Jahren an jemanden erinnern wird, dann an Larry Bird. Damals habe ich Larry Birds Spiel wohl so gut wie oder sogar besser als jeder andere in der Liga kennengelernt, und er war eine Herausforderung.

WENN ES UM BIRD GEHT, GEHT ES IMMER AUCH UM HAUTFARBE. Weiße verglichen ihn gern mit den schwarzen Spitzenspielern, weil er einer der wenigen war, die auf höchstem Niveau Basketball spielten. Ich machte den Fehler, nach dem siebten Spiel der Eastern Conference Finals während meines ersten NBA-Jahrs das Thema Hautfarbe anzusprechen. Ich komme später noch mal darauf zurück, wenn ich die Rassenfrage anspreche, aber im Grunde lief es so ab: Nachdem uns die Celtics geschlagen hatten, redeten alle von Bird, worauf ich sagte, meiner Meinung nach werde er überschätzt, weil er weiß sei. Ich sprach das als erster an, aber Isiah stimmte zu, und dann nahm die Sache gewaltige Dimensionen an. Nach der Serie hielten Isiah und Larry in Boston eine kleine Pressekonferenz ab. Sie saßen auf dem Podium, und Isiah erzählte allen, es sei ein gewaltiges Mißverständnis. Er sagte, alle Pistons hätten einen Riesenrespekt vor Larry, was zutraf. Bird saß bloß irgendwie da und nahm die Entschuldigung an. Ich hatte diesen Stein ins Rollen gebracht, und dann fuhr ich heim zu den Riches nach Oklahoma und las meine Haßbriefe.

Im Jahr darauf, wieder in den Finals der Eastern Conference, hatte ich es die gesamte Serie über mit Bird zu tun. Es gab Spieler, die ich mit Blicken einschüchtern konnte, oder indem ich an ihnen dranklebte und ihnen keinerlei Bewegungsfreit gab, aber zu denen gehörte Bird nicht. Gegen ihn spielte man wie gegen ein Computerspiel. Man mußte versuchen, wie er zu denken und seinen nächsten Spielzug vorherzusehen. Das war besonders schwer, weil er immer viel weiter vorausdachte als alle anderen auf dem Feld.

Man konnte nur eins tun, nämlich sich mit ihm vertraut machen. Sich Videos ansehen, ihn auf dem Spielfeld genau beobachten und versuchen, schneller als er zu sein. Wir spielten oft genug gegen Boston, so daß ich mich allmählich an ihn gewöhnte, aber gemütlich wurde es nie.

Obwohl er nicht gerade schnell war und auf spektakuläre Dunks keinen Wert legte, war **Bird einer der wenigen Weißen, die das spielen konnten, was man "*das schwarze Spiel*" nennt.** Ich respektierte Larry. Ich respektierte jeden, der mich fertigmachen konnte, und das gelang ihm oft genug. Ich respektierte ihn, solange das Spiel im Gange war, aber danach? No way. Ich verließ das Parkett und dachte: **Das nächste Mal blas ich ihm den Arsch weg.**

Ich glaube nicht, daß mich Larry anfangs respektiert hat. Während seiner ganzen Karriere brabbelte er dauernd Scheiße auf dem Feld, aber an unsere ersten Eastern Conference Finals erinnere ich mich noch genau. Da quasselte er so viel, daß sich schließlich alle halbwegs dran gewöhnten. Meistens fragte er alle und jeden danach, wer ihn denn gerade decken würde. Dann sah er sich um, als ob er mich nicht da stehen sähe, und fragte Spieler beider Mannschaften: **"Wer deckt mich eigentlich?"** Manchmal fragte er sogar mich selber.

Später respektierte mich Larry. Das mußte er, Mann. Wenn er den Ball hatte, war ich für ihn fast regelmäßig Endstation. Dann sagte er nichts mehr zu mir. Er hielt den Mund, Mann. Er gab mir nie die Genugtuung zu wissen, daß ich ihn im Griff hatte ... so wie ich ihm nie sagte, wenn er mich im Griff hatte.

In dem Jahr, als wir die Celtics schlugen, hatten wir unser Ziel erreicht: Wir waren im Finale. Weitergehende Pläne hatten wir nicht. Damals dachten wir immer, die Eastern Conference wäre am schwierigsten. Wir hatten eine harte Serie gegen Washington oder Chicago, dann ging's gegen die Celtics. Die L.A. Lakers hatten einen leichteren Weg in die Finalspiele, wo sie auf uns warteten.

Man hätte meinen können, daß wir mit folgender Einstellung in die Spiele gegen die Lakers gingen: "Also gut. **Wir schenken euch diese Serie, und im nächsten Jahr kommen wir wieder und machen euch alle."** Es ist schwer, eine Serie um die Meisterschaft zu gewinnen, wenn man noch nie so weit war; es geht immer härter zur Sache.

Das Traurige ist, daß wir schon 1987 Meister hätten werden können. Im siebten Spiel führten wir mit drei Punkten, es waren noch vierzig Sekunden zu spielen, und Kareem setzte einen Wurf daneben. Der Ball landete direkt bei mir, und wir wollten die Uhr runterspielen. Dann ein Pfiff. Foul gegen Laimbeer.

Laimbeer war einen halben Meter von Kareem entfernt. Er hätte ihn unmöglich foulen können, Mann. Kareem traf zwei Freiwürfe, wir verfehlten, und sie trafen zum Sieg. Erledigt. Sie liefen hektisch herum und umarmten sich, während wir die Schiedsrichter beschimpften und alle möglichen Gegenstände durch den Umkleideraum schleuderten.

Auf dem Spielfeld versuche ich, mich aus den Kämpfen eins-gegen-eins rauszuhalten. Einige sind ganz heiß drauf, sich gegenseitig die Bälle ins Gesicht zu pfeffern, aber meine Sache ist das nicht. Ich werd's dir sowieso nicht heimzahlen, also warum läßt du mich nicht in Frieden? Ich laß dich einfach nicht punkten. Wenn du zurückkommst, kümmere ich mich in der Verteidigung um dich.

Damals dachten viele in erster Linie an mich und erst in zweiter Linie an ihr Spiel. Scottie Pippen war so einer. Ich schlich mich in ihr Unterbewußtsein ein, und vor dem Spiel dachten sie dann: *O Fuck, vielleicht mach ich in diesem Spiel bloß zehn oder zwölf Punkte.* Wenn ich nach einer Pause wieder ins Spiel kam, achtete ich immer darauf, daß ich dem anderen direkt in die Augen sah. Da sah ich ihre Mienen. Die sagten: **Ach du Scheiße, da ist ja dieser irre Mistkerl wieder.**

Sie sahen meinen Gesichtsausdruck und meine Bewegungen und wollten am liebsten jeden Kontakt mit mir vermeiden. Mit mir wollten sie nichts zu tun haben. **ICH WAR ZU ANDERS, ZU AUSGEFLIPPT.** Das sah man einfach.

Einmal hatte ich Darrell Walker von den Washington Bullets so entnervt, daß er zuerst versuchte, mich zu treten, dann wollte er mich anspucken. Ich hatte ihm hier und da ein wenig zugesetzt, und er wollte sich so an mir rächen. Ich genoß das regelrecht. Für so etwas lebte ich. Doch seine Spucke verfehlte mich, was weniger gut war. Ich wollte von ihm getroffen werden.

Noch auf dem Spielfeld sagte ich zu ihm: **"Wenn du mich schon anspucken willst, dann triff mich gefälligst auch. Für mich ist das sonst Zeitverschwendung."**

Mir ist es egal — spuckt mich an, brüllt mich an, tretet mich. Ihr könnt machen, was ihr wollt, mich bringt das nur noch mehr auf Touren. Je schlimmer ihr euch aufführt, desto besser gefällt es mir.

ICH GENOSS ES, AUFS SPIELFELD ZU GEHEN UND DIE SCHÖNSPIELER DER NBA KALTZUSTELLEN. Ich stellte so ziemlich jeden kalt, der sich für eine echt geile Kanone hielt — Clyde Drexler, Dominique Wilkins, Bird, Pippen. Ich finde es klasse, wenn diese glatten eleganten Spieler nicht zu ihrem Spiel finden. Auf dem Feld schone ich mich nicht. Ich sprinte herum, schmeiße mich auf den Boden und mache, was der Mannschaft nützt.

Ich hab den Typ angesehen, den ich zu decken hatte, und dachte: *Scheiß drauf. Gerade hab ich was beschlossen:* **Du hast keine Chance.** Vielleicht machten sie ihre zwanzig Punkte oder so, aber wichtig war, daß ich am Schluß immer zur Stelle war und verhinderte, daß sie den spielentscheidenden Korb erzielten. Das war meine Spezialität. Ich fing mir womöglich zu Beginn des Spiels ein paar Fouls ein, weil ich zu aggressiv war, aber damit wollte ich für den Rest des Spiels klare Verhältnisse schaffen, damit die anderen an mich statt an ihre eigentliche Aufgabe dachten, wenn sie Sekunden vor Schluß den spielentscheidenden Wurf machen mußten.

In der Eastern Conference herrschte Krieg, den man nicht leichter gewann, nachdem Bostons große Zeit vorbei war. Gleichzeitig ging Chicagos Stern auf, wir mußten also wieder ein Spitzenteam schlagen, um in die Finals zu kommen.

Spiele gegen Chicago waren ein mentales Ding. **DER VERSUCH, JORDAN ZU SCHLAGEN, ALLEIN SCHON DER GEDANKE DARAN, KONNTE EINEN FERTIGMACHEN.** 1988 schlugen wir sie in sechs Spielen, um wieder ins Finale gegen die Lakers zu kommen.

Wir putzten die Lakers in vier Spielen weg. Wir fegten sie einfach aus der Halle. Jetzt waren wir in der zweiten Phase unserer Zielplanung angekommen, und diesmal wollten wir keine halben Sachen machen. So wie wir einen Plan gemacht hatten, um die Celtics zu schlagen, nachdem wir in meinem ersten Profijahr die Finals der Eastern Conference verloren hatten, stellten wir einen Plan auf, um die Los Angeles Lakers zu schlagen. Diesen Titel gewannen wir sozusagen im Trainingslager.

GEWINNEN war umwerfend, Mann. Schwer zu sagen, was ich für diese Mannschaft empfand, als wir die erste Meisterschaft im Sack hatten. Ich wußte schon, daß Chuck Daly der größte war, aber es war unglaublich, wie dieses Team zusammenfand. Außerhalb des Spielfelds konnten wir uns nicht immer leiden, aber auf dem Feld war alles in Butter. Wir konnten alles andere ausklammern und Basketball so spielen, wie man es spielen mußte. Am Dienstagvormittag hatte man vielleicht Ärger mit einem Mitspieler, aber Dienstagabend, im dritten Viertel eines engen Spiels, war dieser Typ dein bester Freund.

Wenn ihr wissen wollt, warum es die Teams in San Antonio nie so weit brachten, habt ihr da schon die Antwort. **Die San Antonio Spurs konnten nicht alles andere vergessen und einfach bloß das verdammte Spiel spielen.** Dazu waren sie nicht fähig. Als wir damals Meister geworden waren, gab es in Detroit einen Riesenumzug, und die Stadt flippte aus. Wenn wir in San Antonio gewonnen hätten, hätte ich an dem Umzug nicht teilgenommen. Ich wär einfach auf meine Harley gestiegen und nach dem letzten Spiel verschwunden. Zum Feiern fühlte ich mich nicht genügend als Teil dieser Mannschaft. Solche Sachen sind für die Bewohner der entsprechenden Stadt.

Auch die Mannschaft von Portland, gegen die wir unseren zweiten Titel gewannen, war meiner Meinung nach mental nicht bereit zu siegen. Sie traten in der Finalserie auf, als wüßten sie nicht, daß sie gewinnen mußten. Sie traten auf, als wüßten sie nicht, daß es "jetzt oder nie" hieß. Wir in Detroit hatten Glück, weil wir gut genug waren, um wiederzukommen und unsere Niederlage gegen die Lakers auszubügeln. Den Burschen aus Portland war nicht klar, daß sie gegen eine Mannschaft antraten, die viel hungriger war als sie.

Die Portland Trail Blazers spielten zweimal um den Titel,

Jordan zu schlagen, konnte einen das mürbe machen

nämlich 1990 und 1992, und am Ende hatten sie gar nichts. Man hat zwar schon was erreicht, wenn man so weit kommt, Mann, aber etwas muß dabei am Ende rausspringen.

Hätte ich damals für Portland gespielt, hätten sie wenigstens einmal den Titel geholt. Bei soviel talentierten Spielern — Clyde Drexler, Jerome Kersey, Kevin Duckworth, Buck Williams — hätten wir nie im Leben zwei Finalserien in Folge verloren. Mit mir hätten sie gewußt, wie man gewinnt. Sie haben den Titel im Kopf verloren. Weil sie überhaupt keinen Plan hatten. Ihr einziger Plan hieß: **"Wir haben verloren. Wir müssen es noch mal probieren." Das war ihre Vorstellung von einem Plan.**

Sie hatten die Sportler und die körperlichen Voraussetzungen, doch darum geht's gar nicht, wenn man erstmal in den Finals steht. Da ist nur noch wichtig, welches Team in der richtigen mentalen Verfassung ist.

Mich hat gefreut, daß Drexler 1995 seinen Meisterschaftsring mit den Houston Rockets bekam. Ich glaube, er hat den ganzen Scheiß in Portland durchgestanden, dann sah er in Houston eine Chance und nahm sie wahr. Daß er so hart sein konnte und so viel Stehvermögen besaß, hätten viele vorher nicht gedacht.

Die Spiele gegen die Trail Blazers waren nicht sehr denkwürdig. Viel hab ich mir davon nicht gemerkt, nur das, was Clyde Drexler nach dem zweiten Spiel sagte. Ich wette, daß er den Satz gern zurückgenommen hätte, kaum das er heraus war.

Als Portland das zweite Spiel in Detroit gewonnen hatte, machte sich Clyde davon. **"WIR KOMMEN NICHT MEHR NACH DETROIT ZURÜCK"**, sagte er.

O Mann, wie recht er hatte. Wir kamen nicht nach Detroit zurück. **Wir gewannen die drei folgenden Spiele in Portland und sicherten uns den nächsten Ring.**

Im selben Jahr, als wir den zweiten Titel gewannen,

bekam ich meine erste Auszeichnung als bester Abwehrspieler des Jahres. Ich bekam den Preis auf einem Bankett, und als man ihn mir überreichte, mußte ich heulen. Ich konnte einfach nicht fassen, daß ich gemeint war. Für mich bedeutete es, daß ich es bis ganz nach oben geschafft hatte. Die ganze Strecke aus dem Nirgendwo. Ich hatte mich aufgemacht, um zu verteidigen und Rebounds zu holen, und wurde als bester Defensivspieler der NBA geehrt. **Als ich auf dem Podest stand und die Auszeichnung in Empfang nahm, ging mir durch den Kopf, wie weit ich gekommen war und wie viele Menschen mir auf dem Weg dahin geholfen hatten. Wenn das alles wieder auf mich einstürzt, kann ich die Tränen nicht zurückhalten.**

Als sie mir die Auszeichnung überreichten, mußte ich heulen

Der Unterschied zwischen Durant in Oklahoma und der NBA könnte kaum größer sein. Das ist so, als würde man aus einem Wandschrank in ein Herrenhaus treten, und ich war nicht auf alles vorbereitet, was da auf mich zukam. Ne ganze Menge von dem, was außerhalb des Spielfelds stattfand, mußte ich einfach selbst erleben, da konnte mir niemand sagen, was ich tun oder lassen sollte. Ich mußte meinen eigenen Weg finden und meine eigenen Fehler machen.

Im College konnte ich mich über meinen Erfolg nicht beklagen, aber das hier war eine ganz andere Liga, Mann. Man konnte sich vor Frauen kaum retten, und Regeln gab es keine. Andere Spieler erzählten mir, wohin man in welchen Städten gehen mußte und wohin besser nicht, und gelegentlich flüsterten mir Kollegen etwas ins Ohr, sagten: "Tu das nicht, Dennis. Sieh dich vor." Ich hatte aber keine Ahnung, **daß es da draußen so viele Leute gibt, die einen ausnutzen wollen, bloß weil man ein wenig Einfluß und ein wenig Knete hat.**

Aber nicht nur Frauen wollten mich ausnutzen. Manchmal ging ich in einen Club oder auf 'ne Party, und irgendwer gab mir was zu kiffen oder wollte mir ein bißchen Kokain andrehen. Ein paarmal drückten mir irgendwelche Leute ein kleines Stück Papier in die Hand und sagten, ich solle es mir auf die Zunge legen. Ich weiß noch, wie ich beim erstenmal jemanden fragte, was das verdammt noch mal sei. Er antwortete: "Das weißt du nicht? **Das ist Acid, Mann."**

Ich hab das ganze Zeug weggeschmissen. Weil ich anders aussah und mich ausgefallen benahm, dachten die Leute wohl, ich stände auf Drogen. Das glauben sie bis heute, obwohl jeder, der mich kennt, weiß, daß ich der letzte wäre, der mit Rauschgift was am Hut hätte. **ICH HAB SO SCHON GENUG PROBLEME, MICH UNTER**

KONTROLLE ZU HALTEN, AUCH OHNE IRGENDEINEN DRECK, DER MICH VERMUTLICH AUSRASTEN LASSEN WÜRDE. Das krieg ich ganz gut selber hin, ohne fremde Hilfe.

Das ist genauso, wie wenn dir Fremde in einer Kneipe einen ausgeben. Sie möchten ihren Freunden gern erzählen können, sie hätten Dennis Rodman einen ausgegeben und mit ihm zusammen getrunken. Das kommt andauernd vor und stört nicht weiter.

Als wir während meines ersten NBA-Jahres nach Sacramento mußten, lernte ich nach dem Spiel in einer Bar das Model Annie Bakes kennen. Das war das zweite Jahr, nachdem die Kings nach Sacramento umgezogen waren, und niemand kam besonders gern hierher. Viel unternehmen konnte man nicht, und das Hotel lag ziemlich ab vom Schuß. Doch gleich neben dem Hotel gab es drei Bars, wo nach den Spielen alle Spieler — und natürlich alle Frauen — hingingen.

Ich war noch recht naiv, was die ganze NBA-Sache anging. Ich kam frisch aus Oklahoma und war ziemlich unbedarft. Annie und ich verstanden uns prima. Wir gingen gemeinsam aus, schliefen miteinander … was man halt so macht. Später trafen wir uns noch ein paarmal, und im Jahr drauf wurde sie schwanger. Am 28. September 1988 kam meine Tochter Alexis zur Welt.

Seht ihr, sie sieht mir unheimlich ähnlich

Annie und ich heirateten nicht, weil ich nicht glaubte, daß es gutgehen würde. Es haute einfach nicht hin. Ich liebte meine Tochter und bemühte mich, sie möglichst oft zu sehen, aber eine Ehe war irgendwie nicht mein Ding.

Meiner Meinung nach vertragen sich Leistungssport und Ehe nicht. Ein Sportler ist zu vielen Ablenkungen ausgesetzt, als daß eine Ehe funktionieren könnte. Das heißt zwar nicht, daß alle Sportlerehen schlecht wären, weil es 'ne Menge treuer und glücklicher Typen gibt. Doch oft genug lassen es die Umstände nicht zu, daß man verheiratet und glücklich ist, weil man noch nicht all seine Phantasien ausgelebt hat. **WENN DU BERUFSSPORTLER BIST, STEHEN DIR PLÖTZLICH DIE TÜREN OFFEN.**

Jeder will was von dir abhaben. Überall sind Frauen, die nur darauf warten, nach Hause gebracht und gevögelt zu werden. Es fällt einem Menschen sehr schwer, in einem Zimmer zu sitzen, wo so was alles passiert, und der Versuchung nicht nachzugeben. Wenn du mit deiner Frau zu Hause sitzt, weißt du, daß eine andere vor der Tür wartet, und es geht dir einfach nicht aus dem Kopf. Damit so eine Ehe funktioniert, müssen der Mann und die Frau sehr stark sein.

Irgendwann haben wir dann doch geheiratet. Wir waren im September 1992 in Lake Tahoe. Das war kurz vor Beginn des Trainingslagers während meines letzten Jahrs bei den Pistons. Wir — Alexis, Annie und ich — waren in einem Hotel in Tahoe, und Alexis fragte ständig: **"Daddy, wann heiratest du Mommy? Daddy, würdest du Mommy bitte heiraten?"**

Was sollte ich sagen? Meine fast vierjährige Tochter fleht mich an, ihre Mutter zu heiraten. Da ist es schwer, andauernd bloß "Nein. Nein. Nein. Nein" zu sagen.

Und so haben wir geheiratet. Gleich da, in Tahoe. Zweiundachtzig Tage später war es aus.

Wir hätten nie heiraten dürfen. Wir paßten nicht zueinander. Von den zweiundachtzig Tagen unserer Ehe waren wir vielleicht einen Monat zusammen. Sie lebte ein paar Wochen lang bei mir in Detroit, dann passierte etwas, und ich schickte sie und Alexis für ein paar Wochen nach Sacramento, dann kamen sie wieder zurück. Das wiederholten wir ein paarmal.

So wie diese Ehe stellen sich die meisten Leute eine Ehe nicht vor. Wir hatten wegen des Kindes geheiratet, und ich hätte wissen müssen, daß so was auf Dauer nicht hinhaut. Wir hatten außereheliche Beziehungen. Ich möchte dazu nicht sehr viel sagen, weil es genauso mein wie Annies Fehler war.

Sagen wir's mal so: **Ich glaube, Annie ist ganz schön oft durchs Fenster geklettert, und ich hab 'ne Menge Türen eingetreten.** Wir haben uns wohl beide ziemlich oft davongeschlichen. Ich tat das nicht heimlich; sie wußte, was los war, und ich wußte es auch. Mehr will ich dazu nicht sagen, eigentlich hätten wir gar nicht erst heiraten dürfen.

Ich hätte mir von Anfang an überlegen müssen, daß die Ehe nicht halten konnte, weil ich aus den falschen Gründen geheiratet hatte. Ich habe meinem Kind zuliebe geheiratet. Etwas in mir dachte, alles würde gut werden, wenn ich es einfach tat. Ich dachte, vielleicht klappte es ja. Meine Tochter ist wunderschön, und ich liebe sie, aber daß wir so kurz verheiratet waren, hat ihr überhaupt nicht geholfen. Ich hätte es besser wissen müssen.

Es ging die ganze Zeit hin und her. Ich hatte das Gefühl, daß Annie meine Tochter gegen mich aufzubringen versuchte, indem sie mich ständig vor ihr schlechtmachte. Meiner Ansicht nach brachte sie der Kleinen eine negative Einstellung zu ihrem Vater bei, ich konnte aber nichts sagen, weil es sowieso nichts genützt hätte. Alle Kinder ergreifen Partei für ihre Mutter, so ist nun mal die menschliche Natur. Nach unserer Scheidung wurde es noch schlimmer … aber was sollte ich tun? Sie hatte die Kleine, und ich blieb außen vor.

Der Versuch war zum Scheitern verurteilt, und es tut mir um uns beide leid. Für die Kinder, die man liebt, macht man die verrücktesten Sachen, und das war wohl meine größte Verrücktheit. Wir führten jeder unser eigenes Leben, und die ließen sich nicht beide unter einen Hut bringen.

Die Scheidung fand mitten in der Basketballsaison statt und trug dazu bei, die gesamte Spielzeit zu ruinieren. Die war sowieso schlecht, weil Chuck Daly weg war und das Team immer mehr zerfiel. **Ich ertrug einfach nicht noch mehr Scheiße.** Das war eins meiner schwersten Jahre, weil anscheinend alles gleichzeitig auf mich einstürzte. Ich sah meine Tochter nicht so oft, wie ich wollte. Annie war wieder in Sacramento, und ich reiste mit einer Basketballmannschaft durch die Gegend, der die richtige Einstellung fehlte.

Was Annie und ich durchmachten, war typisch und genau das, was Geschiedene andauernd durchmachen.

Sie tat etwas völlig Verrücktes: Sie ließ mich Alexis nicht mehr sehen; sie behauptete, sie wolle wegziehen, nach Europa, und mich mein Kind nie wieder sehen lassen.

Doch selbst wenn ich Alexis sah, war das schwierig. Die Lage zwischen mir und Annie war so angespannt, daß es uns beiden schwerfiel zusammenzusein, auch wenn es nur wegen Alexis geschah. In diesem Jahr konnte ich meinen Problemen zum erstenmal auch nicht durch Basketball entkommen.

Damals hätten eine Menge Leute am liebsten gesagt, ich sei wegen Annie auf einen Selbstzerstörungstrip gegangen, aber das ist Quatsch. Da stimmte aber auch gar nichts dran — nach dem Ende unserer Beziehung hatten sämtliche Probleme, die ich hatte, mit Alexis zu tun und nicht mit Annie. Ich wollte nicht zulassen, daß eine Frau mein Leben zerstörte oder mich von meiner Arbeit ablenkte. Annie konnte irgend jemand anders heiraten, solange ich weiterhin mit meiner Tochter zusammensein durfte.

Alles, was in diesem letzten Jahr in Detroit geschah — meine Depressionen, meine selbstzerstörerischen Handlungen — hatte mit Basketball zu tun.

Ich lehnte mich gegen 'ne Menge Zeug auf, das passierte, nachdem sie unsere Meistermannschaft zerstört hatten. Ich würde mich nie von Leuten abwenden, die mir geholfen haben, aber ich wandte mich damals von Leuten ab, die den Club kaputtmachten, beispielsweise Billy McKinney, der nach Jack McCloskeys Abgang den Managerposten übernahm.

Billy McKinney war der Hauptverantwortliche dafür, daß Chuck Daly ging. **ICH GLAUBE, ALS DALY GING, NAHM ER EIN STÜCK VON MIR MIT**. Als sie ihn rausschmissen, ertrug ich das nicht. Ich respektiere Chuck Daly mehr als sonst jemanden in der Liga, und es hat mich fertiggemacht, daß ich das letzte Jahr in Detroit ohne ihn spielen mußte. Es war nicht korrekt, wie man in seinen letzten drei Jahren dort mit ihm umsprang. Er bekam immer nur Einjahresverträge, auch als wir zwei Titel in Folge gewannen. Er hatte nicht mal ein garantiertes Einkommen. Ich sah, was in diesem Geschäft abläuft, als ich miterleben mußte, wie sie Chuck Daly behandelt haben.

McKinney und die anderen Funktionäre in Detroit haben Chuck Daly eine Menge furchtbare Dinge angetan, von denen nie jemand erfahren wird. Ich weiß davon, weil ich sieben Jahre da gespielt habe, aber es ist wohl nicht meine Aufgabe zu plaudern.

Als Daly Coach war, redeten wir ständig miteinander, aber mit Ron Rothstein, der Daly ablöste, habe ich kaum je ein Wort gewechselt. Es war ein verkorkstes Jahr, und je weiter die Saison voranschritt, desto schlimmer wurde es.

Unser großartiges Team löste sich einfach in nichts auf. Nach der Saison 1988/89 war Rick Mahorn weg. Jason Edwards und Vinnie Johnson gingen nach der Saison 1990/91. John Salley wurde nach der Saison 1991/92 verkauft. Laimbeer war zwar noch da, spielte aber kaum noch. Die einzigen, die geblieben waren, waren Isiah Thomas, Joe Dumars und ich. Ich sah es aber kommen: Ich war der nächste.

McCloskey, der mich beim NBA-Draft genommen hatte, war weg. Selbst der Trainer war weg. Alle waren entweder weg oder auf dem Sprung, und sie hatten keine gleichwertigen Spieler, um die zu ersetzen, die gingen.

Ich hatte auch Vertragsprobleme. Vor der Spielzeit 1990/91 hatte ich einen mit zehn Millionen Dollar dotierten Sechsjahresvertrag unterschrieben; inzwischen war ich All-Star und bester Rebounder der Liga geworden, während die Gehälter für neue Spieler explodiert waren. Das Vereinsmanagement teilte mir mit, man sei mit der Lage vertraut und werde meinen Vertrag nachbessern, doch das nahm man zurück, als in dieser gräßlichen Saison alles den Bach runterging.

Da kam ich zu dem Schluß, daß **Basketball ein HERZLOSES GESCHÄFT ist.** Bei allem, was in meinem Leben sonst noch schieflief, wollte ich nichts weiter, als daß meine Leistung gewürdigt und ich angemessen bezahlt werde. Mir wurde klar, daß es in diesem Geschäft keine Loyalität, keine Verbindlichkeit, rein gar nichts gibt. Ich hätte meine gesamte Karriere in Detroit verbracht, wenn die anderen auch geblieben wären. Weil das nicht geschah, wollte ich fort. **ICH HATTE DAS GEFÜHL, ALS LETZTER IN EINEM SCHÜTZENGRABEN ZURÜCKGELASSEN ZU WERDEN.**

Zum erstenmal fühlte ich mich eher als Ware denn als Mensch. Chuck Daly hätte nie zugelassen, daß so etwas passiert, aber die neuen Verantwortlichen hatten keine Ahnung, wie man mich nehmen muß. So sieht's bei mir aus, wenn es um Vereinsmanager geht. Ich hatte den Eindruck, tun zu müssen, was man von mir verlangte, ansonsten wäre ich weg gewesen vom Fenster.

Das ließ ich mir nicht gefallen. Ich sagte den Verantwortlichen, dieses Geschäft sei Bullshit pur, und verlangte, verkauft zu werden.

Belohnt wurde ich dafür mit **einem Ausflug nach San Antonio und zwei weiteren Jahren Lügen.**

Gegen Ende meiner letzten Saison in Detroit **stand ich irgendwann mit meinem Pickup auf dem Parkplatz von "The Palace", starrte auf die Flinte und hörte Pearl Jam.**

Meine Ehe ist so ziemlich von Anfang an eine verhängnisvolle Affäre gewesen, nicht weil Annie gewalttätig geworden wäre — das ist sie nicht —, sondern weil wir unter falschen Voraussetzungen geheiratet hatten. Dann kamen wie offenbar bei allen Scheidungen jede Menge Gemeinheiten an die Oberfläche und machten alles nur noch schlimmer. Das Kind sollte im Mittelpunkt stehen, doch auf einmal drängte sich das Geld in den Vordergrund und spielt nun die Hauptrolle.

Ich leugne nicht, daß mich diese Ehe verändert hat. Sie hat verändert, wie ich mit Menschen umgehe, und sie hat verändert, wie ich entscheide, ob ich jemandem traue oder nicht. Sie hat meine Einstellung zu Frauen und Beziehungen verändert. **Sie hat mich ein Kraftfeld um mein**

gesamtes Leben aufbauen lassen und hat dafür gesorgt, daß ich allem mißtraue, was mit Profi-Basketball und dem damit verbundenen Lebensstil zu tun hat.

Ich glaube, ich wurde in dieser Ehe **BENUTZT**. Ich glaube, ich wurde **ARGLISTIG** zur Ehe **GENÖTIGT.** Ich glaube, es war **EIN ABGEKARTETES SPIEL** von Anfang an. Ich wurde nach allen Regeln der Kunst gelinkt. Eine dich angeblich liebende Frau macht plötzlich eine Kehrtwendung von hundertachtzig Grad und will dich ausnehmen wie eine Weihnachtsgans. Wieso? Gehört das Geld urplötzlich ihr, nach zweiundachtzig Tagen Ehe? Nein, tut es nicht.

Weiß Gott, jeder Mann ist dämlich, der nicht für sein Kind sorgt. Ich gebe der Kleinen zehntausend Dollar im Monat. Wird das alles für mein Kind verwendet? Nein. Es geht in Ordnung, der Frau eine Zeitlang ein sorgenfreies Leben zu ermöglichen, aber irgendwann muß sie wieder auf eigenen Beinen stehen. Wenn man für das Kind sorgt und für die Frau dazu — und zwar lebenslänglich —, ist das etwas anderes. Sie sollte aber nicht genausoviel haben wie der Mann, weil der Mann das, was er erreicht hat, ohne sie erreicht hat.

Ich bin für meine Beziehung mit Annie belohnt worden, nämlich mit einem wunderschönen kleinen Mädchen. Ich sehe es nicht so häufig wie ich möchte, zugegeben, doch das liegt an Umständen, die sich meiner Kontrolle entziehen.

Ich habe eine wunderschöne Tochter, doch manchmal habe ich das Gefühl, bloß die Miete zu bezahlen.

Einer meiner Lieblingssongs von Pearl Jam heißt "Daughter", und in einer Textzeile sagt die Tochter zu ihrem Vater: **"DON'T CALL ME DAUGHTER",** sag nicht Tochter zu mir. Dieser Song trifft mich tief, weil ich einen Song über mich und meinen Vater schreiben könnte, in dem es hieße: **"Don't call me son."** Jedesmal, wenn ich diesen Song höre, muß ich an Alexis denken. Dann habe ich Angst, daß es eine Art Teufelskreis ist, und **daß Alexis eines Tages das gleiche über mich sagen wird.**

VIER

SPORT-SKLAVE

Wie man sich für viel Geld verkauft

Ich bin nicht so wie die anderen Spieler in der NBA. Ich bin anders, und zwar nicht nur wegen meines Aussehens oder dem, was ich außerhalb des Felds treibe. Der Hauptunterschied ist der: **Ich sage, was ich denke. Alle anderen tun, was man ihnen sagt, weil sie die NBA-Kids sind. Sie müssen etwas sagen, was ihrem Daddy nicht gegen den Strich geht, und ihr Daddy ist der Chefmanager der NBA, Commissioner David Stern.**

Mir ist egal, ob ihm etwas gegen den Strich geht. Wenn man seinem Herzen nicht Luft machen kann, ist man als Mann ein Nichts. In der Liga gibt es Leute, die sich von dem Image beherrschen lassen, das die Liga nach außen hin verbreiten möchte. Sie haben Angst, etwas Falsches zu sagen und dafür bestraft zu werden.

Dazu gehöre ich nicht. Ich sage, was mich im Herzen und im Kopf bewegt.

Das von der NBA propagierte Image ihrer Spieler findet man in der Werbung, wo irgendein lächelnder Typ der Menge zuwinkt. Dieser ganze fröhlich-verlogene Quatsch. Sie wollen, daß alle wie Grant Hill sind ... ein spektakulär eleganter Spieler, direkt von der Duke University. Grant Hill kann spielen, das gebe ich neidlos zu, aber gibt es keinen Platz mehr für irgendeinen anderen Spielertyp? Für eine andere Sorte *Mann*?

ICH PASSE NICHT IN DIE NBA-SCHABLONE, MANN, UND DAFÜR BIN ICH FINANZIELL BESTRAFT WORDEN. Niemand möchte hören, wie ein Profisportler über sein Einkommen jammert und klagt, aber in unterschiedlichen Berufen äußert sich Respekt auf unterschiedliche Weise.

Jeder möchte für das gewürdigt werden, was er tut. Kinder werden gern für ihre schulischen Leistungen gelobt, Taxifahrer sehen es gern, wenn man ihre Arbeit mit einem guten Trinkgeld annerkennt, und Basketballer möchten gern für das, was sie auf dem Feld tun, angemessen bezahlt werden. In dieser Liga konkurriert man um alles — um Rebounds, um Siege, um Frauen, um Geld. Ich weiß, was andere Spieler in meiner Position verdienen, und ich weiß, was ich verdiene. Vielleicht ist es kindisch, aber wir stellen Vergleiche an.

Ich verdiene zweieinhalb Millionen Dollar im Jahr. Deswegen wird mich niemand bedauern, und das verlange ich auch gar nicht. Doch die Leute sollten auch wissen, um welche Beträge es in dieser Liga geht. Die NBA ist ein Milliarden-Dollar-Geschäft. Die Spiele füllen landesweit gigantische Arenen. Wenn ihr in ein Einkaufszentrum in irgendeiner Stadt der USA geht, findet ihr mindestens drei Läden, die Trikots, Shorts, Trainingshosen und Baseballmützen verkaufen, wofür Lizenzgebühren an die NBA entrichtet werden. Für manche Leute ist Geld da, für andere bleibt die Tür zu. Ich verdiene eine Menge Geld, aber wenn man sieht, wie ich auftrete, was ich leiste, werdet ihr merken, daß ich auf der Gehaltsskala der NBA ganz unten stehe.

Ich finde, ich sollte soviel kriegen wie einer der drei oder vier besten Power Forwards der Liga. **DERRICK COLEMAN VON DEN PHILADELPHIA 76ERS KRIEGT MEHR ALS SIEBEN MILLIONEN IM JAHR, UND ICH HALTE MICH FÜR BESSER ALS DERRICK COLEMAN.** Er kann nur eins besser als Dennis Rodman, nämlich punkten. Nun halten das die meisten Menschen sicher für dummes Zeug, weil sie denken, nur durchs Punktemachen könne man Spiele gewinnen. Dabei beweist meine Karriere, daß ich eine andere Methode entdeckt habe, und zwar eine bessere als Derrick Coleman. Ich hole Rebounds und verteidige, und mit diesen beiden Dingen mache ich meine Mannschaftskameraden zu besseren Spielern. David Robinson ist ein Musterbeispiel dafür; in den beiden Jahren, die wir gemeinsam bei San Antonio spielten, gewann er je einmal den Titel als bester Korbschütze und die MVP-Auszeichnung als wertvollster Spieler. In Detroit konnte Bill Laimbeer wichtige Punkte von außen erzielen, weil Chuck Daly wußte, daß ich innen blieb und mir die Abpraller von Korb und Brett schnappte. Derrick Coleman wirft Körbe, und damit hat sich's. **Wer profitiert von dem, was er auf dem Feld macht? Nur Derrick Coleman.**

Außerdem hat nicht Derrick Coleman zwei Meisterschaftsringe, sondern ich.

Derrick Coleman holt keine Zuschauer in die Halle, aber ich. Während meines ersten Jahres

dort hatte San Antonio den zweitbesten Zuschauerschnitt in der NBA. In dem Jahr zogen die Spurs in den riesigen Alamodome, daher hatten sie mehr Sitze zu verkaufen … und meine Anwesenheit half der Mannschaft, sie zu verkaufen. Das war ein Grund, weshalb man mich holte. In meinem ersten Jahr dort hatten wir im Schnitt 22 053 Zuschauer pro Spiel, und der einzige andere Club, der einen Zuschauerdurchschnitt von mehr als 20000 Personen hatte, waren die Charlotte Hornets mit über 23 000 Besuchern.

Bevor ich zu den Spurs kam, hatten sie es nie bis in die Finals der Western Conference geschafft. In der Saison 1994/95 hatten wir die meisten Siege in der Liga und nahmen an der Finalrunde der Conference teil. David Robinson wurde als wertvollster Spieler geehrt, was sich weitgehend darauf zurückführen ließ, daß ich ihm einen Teil der Reboundarbeit abnahm.

Ich gebe den Zuschauern etwas. **Derrick Coleman tut das nicht. Genausowenig wie Chris Dudley,** und dem zahlen die Portland Trail Blazers sechs Millionen Dollar im Jahr. **Anthony Mason leistet nicht** das, was ich leiste, und den haben die New York Knicks für vier Millionen Dollar pro Jahr verpflichtet. In meinen Augen rechnet sich das alles nicht.

Doch etwas habe ich in all den Jahren gelernt, in denen ich nach freien Bällen gehechtet und den spektakulären Rebound geholt habe: Die Zuschauer wollen Spannung, Spaß, und daß ihre Mannschaft gewinnt. Außerdem wollen sie mal was anderes sehen. Das wurde mir klar, als ich mir zum ersten Mal die Haare färbte. Ich betrat das Spielfeld in San Antonio mit platinblondem Haar und merkte sofort, wie **BEGEISTERT DIE LEUTE VON DEM WAREN, WAS DENNIS RODMAN IHNEN GAB.** Die Spannung war da, mit Händen greifbar. Darum geht's bei dem Spiel, und ich verlange weiter nichts, als daß jemand dies erkennt und würdigt. Genau wie eine Kellnerin möchte, daß man ihre Arbeit würdigt, wenn sie dem Restaurant Stammgäste verschafft, weil ihre Bedienung so gut ist.

Ich habe das Gefühl, daß ich in den letzten vier oder fünf Jahren **benutzt wurde**, um die Fans zu unterhalten und für die Eigentümer der Clubs Geld zu machen. In San Antonio hat man mich als Aushängeschild benutzt, weil man wußte, daß ich bei den Fans beliebt war. Andere Clubs machten es genauso. Wenn wir zu Auswärtsspielen reisten, konnte man die Fernsehwerbung für die andere Mannschaft sehen und hören, wie sie den Leuten sagten: "Kommt und seht Dennis Rodman und die San Antonio Spurs." Genauso war es im Radio.

Doch sobald ich an der Reihe war — sobald sich irgendein Verantwortlicher einen Ruck geben und hätte sagen müssen: "Also schön, dann wollen wir uns mal um Dennis Rodman kümmern und ihm die Sicherheit geben, die er braucht" —, bekam ich zu hören, es sei kein Geld mehr da.

Vor der Saison 1990/91 unterschrieb ich einen Sechsjah-

Wenn es darum ging, die Hallen zu füllen, machte es ihnen nichts aus, daß ich *AUSGEFLIPPT UND VERRÜCKT* bin.

resvertrag über zehn Millionen Dollar ... gar nicht übel für jemanden, der auf so verschlungenen Wegen in die NBA gekommen ist. Ich hatte soeben meine erste Auszeichnung als NBA-Abwehrspieler des Jahres erhalten und nahm an meinem ersten All-Star-Spiel teil. Ich hatte eine Erfolgssträhne, und die Pistons hatten auch eine Erfolgssträhne. Gerade hatten wir in Detroit unseren zweiten Titel in Folge gewonnen, und ich dachte, ich könnte meine Karriere dort beenden.

In den nächsten Jahren erreichten dann die Gehälter astronomische Höhen, und ich wurde besser und immer besser. 1990/91 war ich zweitbester Rebounder der Liga und erhielt die nächste Auszeichnung als Defensivspieler des Jahres. Im Jahr darauf führte ich die Liga mit 18,7 Rebounds pro Spiel an — der höchste Schnitt in der NBA in zwanzig Jahren.

Jetzt sah der von mir unterschriebene Vertrag nicht mehr so gut aus.

Das Management der Pistons teilte diese Ansicht. Die Verantwortlichen behaupteten, sie wollten mir entgegenkommen, doch das taten sie nicht. Darum wurde ich überhaupt erst an San Antonio abgegeben. Sie sagten, sie hätten Verständnis für meine Lage, aber verstehen und etwas dagegen unternehmen sind wohl zwei verschiedene Paar Schuhe.

Das gleiche passierte zweimal in San Antonio, und zwar nach bemerkenswert ähnlichem Strickmuster. Bob Bass, der Manager der Spurs, sagte mir, im Moment könnten sie nichts machen, sie würden den Vertrag aber gleich nach Saisonende aufbessern. Als ich und Sean Elliott die Teams tauschten, vermittelte man mir den Eindruck, eine Neuverhandlung meines Vertrags gehöre zum gesamten Paket dazu. Wenn ich nicht geglaubt hätte, die Spurs würden meinen Vertrag zerreißen, hätte ich dem Wechsel ganz sicher nicht zugestimmt.

Nachdem das Jahr zu Ende war, stellte ich mich darauf ein, einen Zweijahresvertrag in Höhe von etwa vierzehn Millionen Dollar vorgelegt zu bekommen. Diese Zahlen lagen auf dem Tisch. Statt dessen gingen Manager Bass und der Trainer, John Lucas. Die neuen Leute, in erster Linie Manager Gregg Popovich, sagten, sie wüßten von keiner Vereinbarung.

ICH GEBE DIESEM SPIEL mein Herz und meine Seele und möchte nur einmal erleben, daß mir einer etwas von sich zurückgibt. Ich schenke den Leuten, die mich Basketball spielen sehen, eine Menge Spaß. Wer mich spielen sieht, durchlebt dieselben Emotionen wie ich selber. Ich halte mich für eine der drei größten Attraktionen der NBA. **Wenn es nicht SHAQUILLE O'NEAL ist und wenn es nicht MICHAEL JORDAN ist, dann ist es DENNIS RODMAN.** Und diese beiden verdienen weit mehr, als ich in meinen kühnsten Träumen zu hoffen wage. Nimmt man die Gesamteinkünfte — NBA-Gehalt plus Werbeeinnahmen —, dann macht Michael mehr als fünfunddreißig Millionen Dollar im Jahr, Shaq über fünfundzwanzig Millionen. Ich liege bei insgesamt drei Millionen Dollar.

Was den Verdienst angeht, befinde ich mich mit diesen Jungs noch nicht mal im selben Universum. Das System funktioniert nicht für mich; ich funktioniere für das System. Die Liga kriegt, was sie will, und der Club, für den ich arbeite, kriegt, was er will. Dann bin da noch ich, **der Arsch vom Dienst.** Wenn ich mich vernünftig zu Wort melde und zu erklären versuche, wie ungerecht ich behandelt werde, heißt es immer: Warte gefälligst, bis du dran bist.

Sie erzählen mir, sie würden gern abwarten und sehen, was ich so leiste, dann werden sie die Situation beurteilen. Aber **beurteilt mal folgendes: Vier Jahre am Stück hatte ich die meisten Rebounds der Liga, doch geändert hat sich nichts.** Ich habe den

San Antonio Spurs Geld und Anerkennung eingebracht, aber geändert hat sich nichts. Was sollte ich denn noch machen? Nachdem ich das dermaßen lange mitgemacht habe, höre ich bloß noch eine Stimme, und die sagt: **"SCHER DICH ZUM TEUFEL, Dennis Rodman.** Schönen Dank auch. Und tschüß. Wir bescheißen dich, und wir werden dich auch weiterhin bescheißen."

Das alles hat mit meiner Persönlichkeit zu tun. Sie glauben, ich bin nicht die richtige Sorte **Familienvater** oder **Vorbild** oder **Mannschaftskapitän**.

Daran verstehe ich nur eins nicht.

Ich dachte immer, ich wäre Basketballspieler.

Ich dachte, nur das wäre von Belang. Ihr bezahlt mich nicht, damit ich den Schutzengel spiele. Ihr bezahlt mich nicht, damit ich an Mannschaftspicknicks teilnehme, sämtliche Ehefrauen umarme und sämtliche Kinder abknutsche. Ihr bezahlt mich, damit ich dieses Spiel spiele. Wenn ich das mache, sollte es eigentlich ausreichen.

Bei mir reicht es nie aus. **ICH BIN NICHTS WEITER ALS EIN SPORTSKLAVE.** Wenn's wirklich bloß ums Geld geht, dann kann ich genausogut dieses Spiel mitspielen und versuchen, das zu kriegen, was ich wert bin. In diesem Geschäft werden wir alle benutzt, und einige können sich zurücklehnen und den Judaslohn nehmen — das Geld der NBA für ihre Seele. Tut mir leid, aber ich kann das nicht.

Die NBA will alle gleichschalten. Die komplette Liga soll voller Kerle sein, die nie irgendwas Kontroverses von sich geben und nie etwas tun, was nach Ansicht der NBA-Funktionäre schlecht fürs Spiel ist.

Damit kommen sie durch, weil **man den meisten**

Spielern in der NBA EINGETRICHTERT hat, so zu denken. Diese Bubis waren die Hätschelkinder auf dem College und erwarten, in der NBA auch so behandelt zu werden. Die ganze Welt ist nichts weiter als eine lange mit Gold gepflasterte Straße.

Ich seh das mit anderen Augen. Es gibt nicht viele NBA-Spieler mit einer Vorgeschichte wie meiner. Kaum einer hat nach der High School als Putzmann gearbeitet, um anschließend das Cooke County Junior College und die Universität von Southeastern Oklahoma zu besuchen. **Mit zwanzig war ich Putzmann auf dem Flughafen Dallas-Fort Worth. Als Shaquille O'Neal zwanzig war, verdiente er Millionen von Dollar und veröffentlichte seine Autobiographie.**

Etliche dieser Spieler waren praktisch jedem ein Begriff, als sie noch zur High School gingen. **Jason Kidd, Jamal Washburn, Anfernee Hardaway ...** sie waren den an Basketball Interessierten landesweit bekannt, als sie noch in die Unterstufe gingen. Man hat sie von Kindesbeinen an dazu aufgebaut, später in der NBA zu spielen. Solange sie sich zurückerinnern können, war das ihr Ziel, und immer hat ihnen jemand gesagt, sie würden es schaffen. **Wenn so ein Spieler erstmal in die NBA kommt, benimmt er sich, als sei man ihm das schuldig.**

Für mich ist es eine überwältigende Erfahrung. Mein Pfad war nicht aus Gold ... er war nicht mal gepflastert. In der High School habe ich eigentlich kein Basketball gespielt, und mit achtzehn kannten mich nur meine Familie und die Polizei. Das waren vielleicht nicht die idealen Verhältnisse, aber ich bekam dadurch eine andere Perspektive. Ich kenne nicht nur Basketball, und ich weiß, was geschehen kann, wenn Basketball mal nicht da ist.

David Stern und die Liga wären begeistert, wenn ich einfach das Feld räumen würde. Sie würden alles geben, um Dennis Rodman los zu sein, damit sie ihn nicht mehr mit Geldstrafen belegen oder sperren oder sonstwas machen müßten. Dann müßten sie sich nicht länger darüber grämen, was ich als nächstes anstellen könnte, um **das heilige Image der NBA zu beflecken.**

Der Vorfall zwischen mir und John Stockton im zweiten Spiel der ersten Runde unserer Playoff-Serie gegen die Utah Jazz im Jahr 1994 ist ein Musterbeispiel.

Würde man sämtliche Spieler in der NBA befragen, wer der **am unfairsten spielende Guard in der NBA** sei, wen würden sie wohl nennen? Wahrscheinlich würden sie Stockton nennen, aber außerhalb der Liga würde das keiner für möglich halten.

JOHN STOCKTON KANN SICH AUF DEM FELD SO ZIEMLICH JEDE SCHEISSE LEISTEN. Was der an Ellbogen austeilt, glaubt keiner. In dieser Serie trieb er sein übliches Spiel, machte irgendeine linke Scheiße, wenn der Ball ganz woanders war und die Schiedsrichter nicht auf Stockton achteten. Alle hatten die Schnauze voll davon, wie er sich aufführte, und ich beschloß, etwas dagegen zu unternehmen. Als er bei einem Angriff durch die Gasse kam und versuchte, sich durch den Block zu winden, streckte ich die Hüfte raus und ließ ihn durch die Luft fliegen. Es war offensichtlich; ich wollte es gar nicht versteckt machen.

Das am schlechtesten gehütete Geheimnis in der NBA ist das Starsystem. Jeder weiß, das es existiert. Es schützt Spieler wie Stockton, die auf dem Feld Sachen machen, von denen nur die anderen Spieler wissen. In den Augen der Liga können gewisse Leute nichts falsch machen.

Die Liga brummte mir eine Geldstrafe von zehntausend

Dollar auf und sperrte mich für das nächste Spiel, das dritte in der Serie. Wir kriegten in diesem Spiel gehörig eins aufs Maul, das Endergebnis lautete 105 zu 72. **In dem Spiel war David Robinson nicht zu sehen;** er war zwar anwesend, und er spielte, aber eigentlich war er nicht zu sehen. Er hatte sechzehn Punkte und elf Rebounds, **wieder mal so ein Fall, wo er in einem großen Spiel klein rauskam.**

Stockton aufhalten... der mieseste linke Vogel der Liga

Der Stockton-Vorfall brachte mir einen Termin bei David Stern ein. Er ließ mich zu einer Lagebesprechung in sein Büro kommen, bevor wir vor dem dritten Spiel nach Utah flogen. Stern und alle anderen Ligafunktionäre fanden, daß ich unfair spielte, und er wollte mir klarmachen, daß er vorhatte, die Liga zu säubern.

Ich nahm ihm gegenüber Platz, und er sagte: "Sie sind ein großartiger Spieler, wenn Sie sich nicht so aufführen, Dennis. Das haben Sie doch gar nicht nötig."

Ich sagte ihm die Wahrheit.

"Ich hab wirklich nichts getan, was andere nicht auch tun. Ich hab's bloß offen gemacht, so daß es alle sehen konnten. Wenn Sie sich bei mir beschweren und mich wie ein Arschloch aussehen lassen, warum beschweren Sie sich nicht bei allen anderen, die genau den gleichen Mist machen, aber keinen Anschiß kriegen?"

Vielleicht weiß Stern ja gar nicht, was da draußen vorgeht. Vielleicht weiß er nicht, daß **man Karl Malone jede Menge rausgestreckte Ellbogen und Hüften durchgehen läßt, wenn er sich unter dem Korb befindet.** Aber selbst wenn Stern solche Sachen nicht weiß, ist es meiner Meinung nach trotzdem ungerecht, sich einen rauszugreifen und ihn zum unfairsten Spieler der Liga zu erklären. Wenn ihr einen Saustall ausmisten wollt, stellt mich nicht vor der ganzen Liga an den Pranger.

ICH BIN EIN LEICHTES OPFER. Zu leicht. Sie zeigen auf mich, das ist der Bösewicht, und die Öffentlichkeit nimmt es hin. Sie erwartet mittlerweile, daß Dennis Rodman der Bösewicht der NBA ist. Mit John Stockton würden sie sich das nicht erlauben; vielleicht würden dann die Leute ihre Meinung ändern, die sie von ihm haben.

Die NBA entscheidet, wer die Auserwählten sein werden. Als Grant Hill von der Uni kam, wurde er umgehend gesalbt. Die Publicity-Maschine lief auf Hochtouren. Er war schon als Rookie des Jahres ausgezeichnet worden, er war schon ins All-Star-Team gewählt worden. Noch ehe er auch nur ein einziges Spiel in der NBA absolviert hatte, hatte die Liga bereits entschieden, was aus ihm werden sollte.

Auf Grant Hill paßte das Image des NBA-Mannes wie die Faust aufs Auge. Er kam von der Duke University, war vorher also schon millionenmal im Fernsehen aufgetaucht. Jeder kannte ihn. Jeder mochte ihn. Er sah gut aus. Sein Vater Calvin Hill war ein großartiger Profifootballer gewesen. Seine Mutter ist Staranwältin in Washington. Er konnte sich gut ausdrücken und führte ein sauberes Leben. Und auf dem Feld war er für spektakuläre Dunkings gut und machte jede Menge Punkte. Für die NBA-Bosse war das ideal; sie konnten ihr Glück kaum fassen.

Grant Hill: der kommende Basketballgott? Erbärmlich

ICH FAND ES ERBÄRMLICH. Die Liga beschloß einfach, daß Grant Hill ohne Umwege an die Spitze gehörte; er hatte die nötigen Werbeverträge, alles. Man beschloß es, als Michael Jordan eine Pause einlegte und Baseball spielte: Grant Hill sollte der nächste Basketballgott werden. Er würde den Thron von Michael übernehmen.

Ich möchte bloß eins wissen, nämlich **warum sind sie ihm nicht einfach in den Arsch gekrochen** mit ihrem verdammten Fernrohr und haben uns erzählt, was sonst noch passieren würde? Teilt uns doch die ganze Zukunft mit, Mann.

Doch während Grant Hills Rookiejahr passierte der NBA etwas Merkwürdiges. Da kommt doch Jason Kidd von den Dallas Mavericks und spielt sich die Seele aus dem Leib. Kidd ist zwar ein verdammt guter Spieler, ihm fehlte aber der perfekte NBA-Stammbaum. Er hatte vor dem Draft ein paar Schwierigkeiten, als er angeblich von seinem Wagen weglief, nachdem er auf einer Autobahn im kalifornischen Oakland in einen Unfall verwickelt wurde. Es war sehr früh am Morgen, und er kam gerade aus einem Club. Das stand in allen Zeitungen, daher fragten sich einige NBA-Teams, ob sein Charakter für die NBA gut genug sei. Dallas war dieser Meinung, **und am Ende war Kidd für seine Mannschaft eine größere Stütze als Grant Hill für seine.**

Kidd brachte die NBA in eine Bredouille. Was sollten sie also tun? **Sie ernannten beide Neulinge gemeinsam zu Rookies des Jahres. So lautete ihre beschissene Lösung.**

Dazu habe ich eine Frage: Wie kann man zwei Rookies des Jahres haben? Wie ist so was möglich? Waren beide genau gleich gut? Wer das für einen Zufall hält, irrt sich gewaltig.

Das gleiche passierte 1993 im All-Star-Spiel, als das Spiel in Utah stattfand und die Utah-Jazz-Spieler John Stockton und Karl Malone gemeinsam zum MVP, zum wertvollsten Spieler ernannt wurden. **DAS WAR WIRKLICH GANZ ENTZÜCKEND.**

Die Liga verbreitet nach außen hin ein Saubermann-Image, und sie tut alles, um es zu bewahren. Dieses Image ist ja schön und gut, aber, verdammt noch mal ... stülpt es den Leuten nicht über und tut nicht so, als müsse jeder so sein. Nicht jeder ist wie Grant Hill. Prima, daß er so ist, aber ich bin nicht so.

Die bisher beste Zeit meines Lebens verbrachte ich in Detroit, als ich unter Chuck Daly spielte. Der hatte mit den NBA-Sprüchen vom sauberen Image nichts am Hut. Er ließ mich und alle anderen im Team Männer sein. Wenn man im Training und in den Spielen Leistung brachte, spielte man auch. Wenn nicht, saß man auf der Bank. Ganz egal, wer man war oder was man getan hatte.

In meinem zweiten Jahr nahm ich Adran Dantley Spielzeit ab. Er war schon lange in der Liga gewesen, auch als All-Star, aber weil ich der Mannschaft mehr brachte, spielte ich. Mein Leben außerhalb des Feldes störte Chuck Daly nicht, solange es meine Aktivitäten auf dem Feld nicht beeinträchtigte.

Er wollte mein Leben nicht für mich planen. Ich bekam keine Verhaltensvorschriften. Er gab mir nur die Gelegenheit. Und wenn sich Dennis Rodman eine Gelegenheit bietet, packt er sie beim Schopf. Für mich ist nichts selbstverständlich, weil ich unten angefangen und mich nach oben gearbeitet habe, um dort anzukommen, wo ich jetzt bin.

Es gibt Menschen, die in die Halle gehen würden, nur um mich Basketball spielen zu sehen, die aber niemals zu Grant Hill gehen würden. Die Leute sehen mich gern spielen.

Sie mögen mich und das, was ich verkörpere. Die richtigen Menschen, die ich in den Discos und auf der Straße sehe, die mögen mich. **MIT GRANT HILL IDENTIFIZIEREN SIE SICH NICHT.**

Ich ziehe die Grunger an, die Generation-Xler. Die wissen, worum es mir geht. Ich bin vermutlich nicht der Liebling der Schlips-und-Kragen-Typen, aber die normalen Leute kommen nach den Spielen zu mir und sagen: "Wenn ich mir ein Spiel von dir ansehe, finde ich einiges von dem, was du tust, unglaublich."

Dann frage ich sie: "Warum siehst du dir meine Spiele an?"

Und fast immer kommt dieselbe Antwort: "Weil es *interessant* ist."

Sie wissen, daß da nicht der typische Angestellte auf dem Feld steht und etwas macht, was Millionen Amerikaner gern können würden — einen Basketball durchs Netz dunken. **MEINE SPIELERISCHEN VARIANTEN REICHEN FÜR DREIHUNDERTFÜNFUNDSECHZIG TAGE IM JAHR,** und das gefällt den Leuten.

Meiner Meinung nach würde das den Zuschauern auf der ganzen Welt gefallen, aber ich hatte nie die Hoffnung, für eine der Olympiamannschaften spielen zu dürfen. Bei der Olympiade in Barcelona war das "Dream Team mit Dennis Rodman" bloß ein Luftschloß. Nicht daß es mir besonders wichtig ist, doch manchmal glaube ich, es wäre echt cool, wenn ich in einem Olympiateam spielen könnte. Das wäre etwas, auf das ich später zurückschauen könnte und worüber ich wirklich froh sein würde, dabei gewesen zu sein.

Doch vor allem würde ich der Welt zeigen können, daß **nicht alle Sportler unseres Landes nach demselben Muster gestrickt sind.** Auf dem Feld denke ich, ich könnte der ideale Spieler in einer aus lauter Punktemachern bestehenden Mannschaft sein. Die Olympiamannschaften sind so was wie die große Variante der Chicago Bulls, und jedes dieser Teams hätte einen mit allen Wassern gewaschenen Rebounder gebrauchen können, der nicht selber scoren will.

Doch dazu hätte es in Barcelona unmöglich kommen können. Es ist **DER GLEICHE MÜLL, AUF DEN ES IMMER BEI MIR HINAUSLÄUFT:** Es ging nicht allein um Basketball. Ich glaube, die Verantwortlichen der Nationalmannschaft befürchteten, ich könnte das Rampenlicht auf mich ziehen, wenn sie mich mitnähmen. Ich wäre ein großer Unruheherd gewesen, genau wie immer. Damit muß ich mich wohl abfinden.

Über meinen Spind in San Antonio hätten sie genausogut ein Schild mit der Aufschrift GROSSER UNRUHEHERD hängen können. Das war sozusagen mein Name. Wenn irgendwas passierte, was die Mannschaft aus der Bahn warf, bestand das Problem darin, daß ich eine große Unruhe ins Team brachte. In meinem ersten Jahr war der Stockton-Vorfall für die Unruhe während der Playoffs verantwortlich. Das war dieselbe Serie, in der Madonna auftauchte und ebenfalls für große Unruhe sorgte.

Während meines zweiten Jahrs in San Antonio wurde ich zum großen Unruheherd, als ich mich in den Playoffs nicht zum Huddle, der Besprechung vor einem Spielzug, gesellte, und als ich mir auf der Bank die Schuhe auszog. Die Vereinsleitung erweckte den Eindruck, als sei ich unkontrollierbar geworden. Dabei sorgten sie selbst für die Unruhe, indem sie mich wie einen Zweijährigen behandelten. Ich hätte mich nicht so benommen, wenn sie sich für mich eingesetzt hätten.

Das große Problem in San Antonio hieß Gregg Popovich. Wir kamen von Anfang an nicht miteinander klar. Er ist diszipliniert, straight und konservativ bis auf die Knochen. Es war sein erster Job als Chefmanager, und alle sollten merken, wie bedeutend er war. Er wußte nicht, wie er mich zu nehmen hatte.

Von Popovich hörte ich den gleichen Spruch wie von seinem Vorgänger Bass. Er sagte, ich sollte bis zur nächsten Saison warten. Ich wußte, daß ich belogen und hingehalten wurde, und es kam so weit, daß ich wußte, es würde immer so weitergehen. Solange ich da war, würden sie mir aus allem einen Strick drehen. **Egal was ich tat, man würde es gegen mich verwenden.** Man hätte meinen können, sie führten eine Strichliste.

Die Sache ist die, **ich weiß, daß ich in San Antonio Scheiße gebaut habe,** aber dafür gab es Gründe. Den Leuten ist nicht klar, daß man mich dort wie ein Stück Dreck behandelt hat. Außerdem weiß die Öffentlichkeit nicht, daß ich mir schon seit Jahren die Schuhe ausziehe. **ICH KANN SCHUHE NICHT AUSSTEHEN, und wenn ihr meine Füße sehen würdet, wüßtet ihr, warum.** Sie sehen wie alte Äste aus, völlig schief und knorrig. Ich quetsche sie nicht gern länger als nötig in Schuhe.

Alle haben die Version gehört, die der Verein in Umlauf gebracht hat. Bis heute ist meine Version noch nicht erzählt worden. Über die Schuhe und den Huddle schreibe ich später noch *viel mehr*, zunächst nur folgendes: Man hat mir das eine versprochen und etwas anderes getan. Nach zwei Jahren hatte ich die Schnauze voll. Was sollte ich denn tun, denen noch eine Dose Vaseline hinhalten und sagen: **"OKAY, meinetwegen, WENN IHR MICH FICKEN WOLLT, DANN FICKT MICH DOCH IN DEN ARSCH?"**

Das würde ich nicht tun, und das wußten sie auch. Darum haben sie mich praktisch umsonst an Chicago abgegeben. Ich wollte es aussitzen, an meinem Stolz festhalten und bei dem bleiben, woran ich glaubte. Ich wollte nicht wie ein Bittsteller das dritte Jahr hintereinander ankommen und mir den Mist anhören müssen, mit dem sie Dennis Rodman eindeckten. Ich war bereit, die Saison bis zum bitteren Ende auszuhalten.

Ich hatte zwei Strikes gegen mich, und sie verlangten von mir, daß ich mich wieder hinstellte. Sie sagten praktisch: "Hier, versuch diese kleine Erbse zu treffen. Wenn du das schaffst, kriegst du einen neuen Vertrag." Das ist ungerecht und außerdem totaler Schwachsinn.

Die Spurs wollten mir einreden, sie hätten kein Geld, aber wie können sie David Robinson neun Millionen Dollar und Sean Elliott sechs Millionen zahlen, wenn sie kein Geld haben? Woher kommt dieses Geld? Ich will ja nichts weiter als einen Zweijahresvertrag, der mich ruhig schlafen läßt.

Ich glaube, viele NBA-Teams benutzen die Gehaltsobergrenze für ein gesamtes Team als Vorwand. Wenn ein Verein etwas wirklich will, schafft er das immer irgendwie. Larry Johnson kriegt in Charlotte in zwölf Jahren siebenundachtzig Millionen Dollar. Das genügt fast, um einen ganzen Verein zu kaufen. Nicht mehr lange, und Shaquille O'Neal verlangt hundert Millionen Dollar und kriegt sie auch — Gehaltsgrenze hin oder her.

Ich sehe mich um, und **ich sehe, daß Chris Dudley, Derrick Coleman, Dale Davis und Anthony Mason gewaltige Gehälter bekommen, und da sehe ich eine Ungerechtigkeit. Wer kauft schon eine Eintrittskarte, um diese Burschen spielen zu sehen?** Offenbar will die Liga verhindern, daß ich das kriege, was mir zusteht. Je weniger ich kriege, desto besser für die Liga, weil sie glauben, **ICH KÖNNTE EINEN SCHLECHTEN PRÄZEDENZFALL FÜR ZUKÜNFTIGE SPIELER ABGEBEN.** Wenn ich bekomme, was ich will, was hindert dann jüngere Spieler daran, das zu sagen, was sie denken?

Für mich hat das nichts mit Habgier zu tun. Ich will so bezahlt werden, daß meine Tochter Alexis für den Rest ihres Lebens versorgt ist. Ich arbeite in einer Liga, die sich angeblich um solche Dinge kümmert: Sie soll einen mit genügend Geld unterstützen, so daß man Rücklagen hat, wenn man nicht mehr als Profi spielen kann. Ich hab da keine großartigen Ansprüche. Es würde mir nichts ausmachen, in einer Einzimmerwohnung zu leben, solange für meine Tochter gesorgt ist. **Sobald ich einen neuen Vertrag kriege, nehme ich als erstes 250 000 Dollar und lege sie für Alexis auf ein Konto.** Da kommt sie vor ihrem achtzehnten Geburtstag nicht dran, und dann kann sie damit ihr Studium finanzieren. Wenn sie fünfundzwanzig ist, kriegt sie alles. Das ist mein Ziel.

Würde sich ein Verein zu korrekten Bedingungen mit mir einigen, könnte ich mich unter Umständen an die Regeln halten. Ich bin inzwischen an dem Punkt meiner Karriere angelangt, wo

Alexis hat die starken Beine ihres Vaters

ICH EIN LIEBER KLEINER JUNGE SEIN KÖNNTE, WENN DER PREIS STIMMT.

Ihr wollt mich benutzen? Prima, dann will ich euch auch eine Zeitlang benutzen. Gebt mir für zwei Jahre fünfzehn Millionen Dollar, und ihr dürft mich benutzen. Dann benutzen wir uns gegenseitig, weil ihr mir für den Rest meines Lebens Sicherheit schafft. So kriegen beide Parteien, was sie wollen.

Seht es doch mal so: Wenn ich euch fünfzig Millionen Dollar einbringe, warum gebt ihr mir nicht fünfzehn Millionen? Wenn ich euch im ersten Jahr fünfzig und im Jahr darauf hundert Millionen Dollar einbringe — und dafür sorge, daß Basketball für Millionen Amerikaner interessant bleibt —, warum gebt ihr mir nicht fünfzehn Millionen Dollar für einen Zweijahresvertrag? Wenn euch jemand sagte, ihr sollt fünfzehn Millionen ausgeben, um hundertfünfzig Millionen Dollar einzunehmen, würdet ihr es dann nicht machen?

Natürlich wird es nicht dazu kommen. Nicht mal annähernd. Soviel weiß ich schon jetzt. In den letzten vier oder fünf Jahren war ich einer der produktivsten Spieler der Liga, und ich habe das Gefühl, vom System benutzt worden zu sein, ohne daß man mich angemessen entlohnt hätte.

Wenn man das ganze als Geschäft und nicht als Sport betrachtet, dann wollen wir wir uns unter diesem Aspekt ansehen, was ich für den Verein San Antonio Spurs geleistet habe. Ich habe der Mannschaft landesweit Publicity beschert. Ich habe sie neu belebt. Ich habe dafür gesorgt, daß sie nicht nur in der NBA, sondern weltweit neue Anerkennung erfuhr.

Während meines letzten Jahres dort zeigten die Einschaltquoten im Fernsehen, daß ich in dieser Liga das große Zugpferd bin. Sieht man von den Finalbegegnungen ab, war das Playoffspiel mit der höchsten Einschaltquote die fünfte Auseinandersetzung in den Finals der Western Conference zwischen uns und den Houston Rockets. Bei all dem Mist, der in diesen Playoffs im Zusammenhang mit mir durch die Medien geisterte, **glaubt ihr vielleicht, die Leute schalteten ihre Geräte ein, um rauszufinden, ob David Robinson endlich Hakeem Olajuwon ausschalten konnte? Kann ich mir nicht denken.** Ich glaube, die Leute schalteten ein, um zu sehen, was ich als nächstes mache.

In den neun Jahren, die ich jetzt in der NBA spiele, sind Liga-Neulinge irrwitzig viel teurer geworden, obwohl ihr Niveau meiner Meinung nach nachgelassen hat. Früher mußten sich Rookies ihre Spielzeit auf dem Feld verdienen ... und ihr Geld.

Als die Rookiegehälter in den Himmel schossen, kriegten die Spitzenleute Verträge wie den von Larry Johnson — siebenundachtzig Millionen Dollar für zwölf Jahre. Rookies bekamen den Löwenanteil des Geldes, das im Rahmen der Gehaltsobergrenze zur Verfügung stand, was hieß, daß jede Menge Spieler, die sich den Arsch aufgerissen hatten, um aus Basketball das beliebteste Spiel der Welt zu machen, in die Röhre guckten.

Ich werde stinksauer, wenn sie einem wie Glenn Robinson neun Millionen Dollar im Jahr geben, obwohl er keinen blassen Schimmer hat, wie man in der NBA gewinnt. Sie sehen, daß er punkten kann, und das genügt. Die Milwaukee Bucks holten Robinson 1994 in der ersten Runde des Draft, und ich sehe sie direkt vor mir, wie sie nach der Vertragsunterzeichnung gemeinsam am Tisch sitzen. Ich stelle mir vor, wie irgendwer gesagt hat: "Okay, Glenn, nun geh da raus und mach ein paar Körbe."

Die Bucks dürfen Robinson geben, was sie wollen, aber **ich kann mir nicht vorstellen, daß sie mit dieser Einstellung je einen Titel holen.** Dermaßen viel Geld geben sie einem Kerl, der eins gezeigt hat — nämlich daß er auf dem College punkten kann —, aber niemand gibt es einem Typen, der ein Spiel kontrollieren, andere Spieler besser machen und Zuschauer in die Halle holen kann. Warum bezahlt man den nicht angemessen?

Die Gehaltsobergrenze für Rookies war das beste Ergebnis des neuen Vertrags zwischen den Spielern und der Liga. Es wurde auch langsam Zeit, daß jemand diesen Auswüchsen ein Ende bereitete.

Wenn ich über Geld rede, schlägt man mir immer wieder dieselbe Frage um die Ohren. "Und", sagt dann jemand, **"gehst du denn auch regelmäßig zum Training?"**

In der Öffentlichkeit ist man der — durch die Spurs beförderten — Ansicht, daß ich nicht zum Training erscheine. **ICH GEHE ZUM TRAINING.** Während meines letzten Jahrs in San Antonio habe ich bei einem Training gefehlt, und zwar weil ich mich nicht wohl fühlte. Das haben sie mir nicht abgekauft, darum wurde diese Sache mächtig aufgebauscht. Wenn ein anderer sagt, er fühle sich nicht wohl, sagen sie, er soll sich ausruhen und sich ein wenig schonen.

Als John Lucas noch Coach in San Antonio war, sagte er immer: "Dennis macht keine Probleme. Manchmal kommt er ein paar Minuten zu spät zum Training, aber zu Trainingsbeginn üben wir sowieso bloß Korbwürfe. Dennis wirft sowieso nicht auf den Korb, also was soll's?"

Außerdem höre ich die Frage: "Bist du denn auch im Huddle?"

Bei dieser ganzen Huddlegeschichte werd ich STINKSAUER.

Ich bin im Huddle, der Taktikbesprechung während der Auszeiten. Betrachtet man sich sämtliche Mannschaften in der Liga, wie viele Spieler im Huddle sehen sich dabei die Zuschauer im verdammten Stadion an? Seht euch mal ein Spiel an, da merkt ihr, daß 'ne Menge Spieler — nicht nur ich — sich in der Halle umsehen, was sie nach dem Spiel kriegen können. Davon seht ihr garantiert mehr als von den Jungs, die auf den Trainer gucken.

Kurz und gut: Diese ganzen Kleinigkeiten sind belanglos. Wenn ich das Geld nicht verdient habe, warum habe ich es nicht verdient? Kann sich David Robinson hinsetzen und behaupten: "Ich habe die acht Millionen Dollar redlich verdient, obwohl ich noch nie einen Titel gewonnen habe?"

Würde man in der Liga eine Meinungsumfrage über David Robinson machen, was käme wohl dabei heraus?

Ist er ein guter Staatsbürger? Ja.

Ist er ein guter Basketballspieler? Ja.

KANN ER DEN TITEL HOLEN? NEIN.

KANN DENNIS RODMAN DEN TITEL HOLEN? JA.

Jetzt mal ehrlich, sollte ich angemessen bezahlt werden oder nicht?

David Robinson ist ein hervorragender Spieler. In meinem ersten Jahr bei den San Antonio Spurs hat er den Korbjägertitel gewonnen, und in meinem zweiten Jahr wurde er MVP, wertvollster Spieler der regulären Saison. Allerdings muß er eins akzeptieren: Wenn man der MVP der Liga sein will, muß man **es in den Finalspielserien beweisen. Hakeem Olajuwon hat das getan. David Robinson nicht.**

Ich sehe mich nicht als MVP. Ich konkurriere nicht mit David Robinson oder Michael Jordan um das Scheinwerferlicht. Ich gehöre zum Team. Ich bin da, wo niemand hinwill. **Ich erledige die Drecksarbeit.** Ich halte meine

Knochen hin. Ich nehme den Druck von meinen Mannschaftskameraden. Das mache ich ausgesprochen gern, und ich wünschte, jemand würde erkennen, wie wertvoll das ist.

Die NBA glaubt, wenn man für einen Verein spielt und von einem Verein bezahlt wird, ist man vierundzwanzig Stunden am Tag Eigentum dieses Vereins. **Diese Leute wollen wissen, was man ißt, wo man schläft, mit wem man schläft.** Für die meisten Spieler mag das kein Problem sein, für mich ist es eins. Ich und meine Aktivitäten außerhalb des Spielfelds üben auf die Liga einen erheblichen Reiz aus.

Warum sollte ich sie darüber informieren, was ich in meiner Freizeit mache? Mein Job ist, das zu tun, was ich am besten kann, nämlich trainieren und Basketball spielen. Nach dem Training führe ich mein eigenes Leben. Wenn ich die Halle verlasse, erlischt ihre Kontrolle über mich. Was ich mache, nachdem ich die Halle verlasse habe, geht sie nichts an.

Ich wiederhole: **IHR BEZAHLT MICH FÜRS BASKETBALLSPIELEN.** Nur weil ihr mich bezahlt, habt ihr noch lange kein Recht, mich vierundzwanzig Stunden am Tag zu überwachen. Das Management hat die Aufgabe, das zu liefern, was diese Stadt braucht: eine siegreiche Mannschaft. Es überschreitet seine Befugnisse, wenn es glaubt, es müsse einen Spieler rund um die Uhr überwachen lassen, weil er nicht zu einer Frau und drei Kindern nach Hause geht.

Jahrelang hat die Liga geglaubt, ich nähme Drogen. Offenbar ist das die einzige Erklärung, die sie für meine Person haben. Ihnen ist nicht klar, daß ich schon längst ausgebrannt wäre, wenn das stimmte. Es wäre kein großes Geheimnis gewesen.

1989, als ich bei den Pistons war, **beauftragte die NBA jemanden damit, mir zu folgen.** Die Bosse wollten wissen, was verdammt noch mal mit mir los sei, darum setzten sie jemanden auf mich an. Das ist vielleicht das beste Beispiel für das, was ich meine, wenn ich mich als Sportsklaven bezeichne. Nicht einmal mein Privatleben war privat.

Eines Tages nach dem Training kam Chuck Daly zu mir und sagte: "Die Liga folgt dir, Dennis." Ein Privatdetektiv sollte rausfinden, was ich außerhalb der Halle so trieb. Ich hab den Kerl weder kennengelernt noch hab ich ihn überhaupt gesehen, und es war mir eigentlich auch scheißegal. Es kam niemand zu mir und sagte: **"HI, ICH ARBEITE ALS PRIVATDETEKTIV IM AUFTRAG DER NBA."** Ich glaube, so gehen diese Leute nicht vor.

Ich wüßte gern, ob man mir nur dieses eine Mal nachspionierte. Vermutlich stehen die Chancen gut, daß es in San Antonio auch der Fall war.

Was sie herausfinden würden, wäre für etliche Leute eine Überraschung. Wie viele NBA-Spieler kommen vor einem Pflichtspiel in die Halle, machen Fitneßtraining, gehen aufs Parkett und spielen vierzig Minuten lang, um später nach dem Spiel noch mal anderthalb Stunden lang zu trainieren? Was meint ihr, wie viele Leute in der Liga so was machen?

Ich kenne nur einen: Dennis Rodman.

Ich gehe vor einem Spiel in den Fitneßraum und lockere mich mit leichten Gewichten auf. Ich fühle mich gern stark, wenn ich aufs Feld gehe, will aber nicht zu massig und steif sein. Vielleicht mache ich die Beine auf der Treppensteigmaschine oder dem Standfahrrad warm. Dazu höre ich Pearl Jam und bringe mich in die richtige Stimmung.

Nach dem Spiel hebe ich schwerere Gewichte. Ich habe nämlich herausgefunden, daß ich eine längere Erholungsphase habe, wenn ich nach einem Spiel mit Gewichten arbeite und nicht erst am nächsten Morgen. Ich mache viele Wiederholungen, um den Oberkörper in Form zu halten. Schnelligkeit ist so wichtig für mein Spiel, daß ich alles vermeiden will, was mich unförmig und langsam machen könnte.

Der Privatdetektiv hat sich bestimmt gefragt, weshalb er die ganze Zeit rumsitzen mußte, während ich trainierte. Dieser Teil seiner Arbeit war für ihn garantiert ziemlich öde.

Jeder Verein in der Liga sollte Dennis Rodman befragen, um herauszufinden, was er für einer ist und was er so denkt. Chicago hat das vor dem Wechsel gemacht, und was geschah? Sie haben mich genommen. Drei Tage lang wurde ich von ihnen interviewt, eine Art Probetraining für den Kopf. Die Verantwortlichen sprachen mit ehemaligen Mannschaftskameraden von mir, ehemaligen Trainern, Freunden. Sie legten sich für mich ins Zeug. Wenn ich Menschen treffe, gebe ich nicht immer viel von mir preis, aber wenn sie sich Zeit nehmen, kriegen sie ein ganz anderes Bild von mir.

ICH LIEBE DIESES SPIEL, das wissen die Leute. Ich liebe es aus denselben Gründen wie vor neun Jahren, als ich in der Liga begann, als Milchgesicht mit einer ungewöhnlichen Vergangenheit. Ich liebe es, weil Basketball gespielt wird, doch inzwischen hat sich Basketball völlig verändert. Es hat mehr mit Geld zu tun als damit, daß man sich um die Leute kümmert, die dieses Spiel spielen, und ich bin zu dem Schluß gekommen, daß ich auch so werden muß.

In San Antonio hatten ein paar Konservative das Sagen, **Typen, die keine Ahnung von Basketball haben.** Popovich sah mich an und sagte: "Also, er ist kein Familienvater. Er hat für diesen Verein das falsche Image."

Sie waren viel zu hirnlose Arschgeigen, um zu merken, **daß ich genau das war, was sie gebraucht hätten.** Eigentlich hätte er vor mir stehen, mich ansehen und sagen müssen: "Wir brauchen diesen Kerl, weil er genau das macht, was in diesem Sport nötig ist."

Ich bin die Basketballvariante eines Totengräbers. Rebounds holen und verteidigen ist genauso wie Leichen ins Grab bringen. Kein anderer auf dem Spielfeld wird dieser Rolle je seine gesamte Karriere widmen, bezahlt mich also gefälligst für das, wofür sich die anderen zu fein sind. Wenn ihr wollt, daß ich da rausgehe und so tue, als ob ich Angst hätte, werd ich so tun, als hätte ich Angst. Wenn ihr wollt, daß ich da rausgehe und für die anderen das Kanonenfutter abgebe, mache ich das auch. Ich bin es, der so was macht. Ich halte auf dem verfluchten Feld allen den Rücken frei. **Ich hab David Robinson den Rücken freigehalten,** ich halte jedem den Rücken frei. Ich ziehe den Druck auf mich, damit die anderen ins Scheinwerferlicht treten und gute Arbeit leisten können. **Wenn die Verantwortlichen das nicht sehen, können sie mich AM ARSCH LECKEN.**

Ein Sportlerleben ist vergänglich. In kurzer Zeit bekommt man viel — viel Geld, viele Frauen, viel Aufmerksamkeit —, und plötzlich ist es aus. Es besteht die Gefahr, daß man sich einredet, es dauere ewig, aber man muß sich immer wieder in Erinnerung rufen, daß man der Sache nicht trauen darf. Man darf nichts und niemandem trauen — weder dem Geld, noch den Frauen oder der Aufmerksamkeit. Am Ende hat nichts von alledem Bestand.

Wenn die Karriere eines Basketballspielers

endet, dann ist er der Liga scheißegal, Mann. Wenn man verbraucht ist, ziehen alle weiter. Die Liga möchte, daß man den guten Soldaten abgibt, solange man spielt, doch danach gehen die Lichter aus, und niemand ist zu Hause. Dann sagen sie einem, **zieh los und sammle Plastik fürs Recycling.**

Dieses Leben ist wie ein Schwimmbecken. Man taucht ins Wasser ein, ohne zu wissen, wie tief es ist. Beim ersten Eintauchen hast du das Gefühl, es gäbe keinen Boden. Du tauchst tiefer und immer tiefer, und das Wasser hört nie auf. Dann wirst du müde, und du gehst zum Ausruhen nach draußen. Wenn du das nächste Mal eintauchst, ist alles genauso wie beim ersten Mal, nur daß du am Beckenboden mit dem Kopf anschlägst.

Die Schwierigkeit besteht darin, daß du nie weißt, wann sich die Pooltiefe ändert.

Dieses Leben hat zweifellos einmalige Vorteile. **Wenn ich immer noch auf dem Flughafen von Dallas arbeiten würde, hätte ich wohl kaum was mit Madonna gehabt.** Aber es gibt auch Nachteile. Der Ruhm hat auch seine Schattenseiten.

Ein Spieler träumt zwar davon, ein Superstar zu sein, will aber nicht von Menschentrauben umgeben sein, die ihn um Autogramme bitten. Er will nicht in einen Laden laufen, weil er ganz schnell irgendwas kaufen muß, und schließlich Leuten erzählen müssen, daß er ausgerechnet jetzt seinen Namen nicht auf einen Fetzen Papier kritzeln kann. Auch so was vergessen die Leute nicht, und **für sie BLEIBST DU DEIN LEBEN LANG EIN ARSCHLOCH.** Und du kannst nichts tun, um ihre Meinung zu ändern.

Draußen in den Sozialsiedlungen und in den Städten gibt es Tausende Kids, die sich vornehmen, hart an sich zu arbeiten, um ein Basketballstipendium zu kriegen. Sie wollen diesen Sport benutzen, um rauszukommen. Ich sage: toll. Ich sage: nur zu. Ne Menge Leute werden euch sagen, das ist gelogen, auf diese Weise kommt ihr nicht raus. Das gelingt keinem, sagen sie. Sie haben Statistiken und all so was, doch ich sage: Warum versucht ihr's nicht? Ich bin so rausgekommen, und solange es ein lebendes Beispiel für diesen Traum gibt, werden die Kids hinter ihm herjagen.

Aber wenn du den Versuch unternimmst, Profi zu werden, mußt du auf dem College lernen, was die NBA und das Profileben zu bieten haben. Du mußt ein Bewußtsein dafür entwickeln, auf was du dich da einläßt, denn was du von außen siehst, ist nicht das, was du drinnen kriegst.

Ich kann euch ein einstündiges Video drehen, das euch einen detaillierten Einblick bietet, worum es beim Leben in der NBA — gut wie schlecht — überhaupt geht. Diesen Einblick gibt euch die Liga nicht.

Auf diesem Video sieht man, **wo es die Prostituierten gibt, wo es die Drogen gibt, wo es die besten Frauen gibt.** Ich mußte das alles auf eigene Faust herausfinden, durch Versuch und Irrtum. Was ich in meinem Rookiejahr bei den Pistons alles erlebte, hatte ich zuvor nicht einmal aus der Ferne gesehen. Ich ging mit weit offenen Augen durch die Welt, auf alles gefaßt, und fand so ziemlich alles, was ich haben wollte.

Die NBA bietet einem eine Menge verschiedene Gucklöcher, durch die man Blicke werfen kann. Man steckt seine Münze rein und fragt sich: *Was kommt wohl als nächstes für eine Show?* Alles ist neu und aufregend, und man wirft immer mehr Münzen ein. Man glaubt, mit seinem Ruhm und seiner Ehre unbesiegbar zu sein, ist aber immer noch derselbe Mensch.

Der einzige Unterschied ist der, **DASS MAN SEINE SEELE AN EIN GEWERBE VERKAUFT, UND FRÜHER ODER SPÄTER VERBRENNT MAN SICH DIE FINGER.**

Eine Sache genügt, um dich zu Fall zu bringen. Es könnte das Geld sein, es könnten die Nutten sein, vielleicht deine Frau, deine Freundin … möglich ist alles. Irgendwas zieht dich garantiert runter; das ist der Preis, den du dafür bezahlst, in diesem Geschäft zu sein.

Ich hab so ziemlich alles erlebt, was man sich vorstellen kann, und bin nicht leicht zu schockieren. **Wenn man einmal von einem völlig Fremden gebeten worden bist, seine Frau zu ficken, während er zusieht, schockiert einen so leicht nichts mehr.**

Nur eins schockiert mich: ICH BIN IMMER NOCH DABEI. Mich hat schockiert, daß ich in die NBA kam, und mich schockiert, daß ich immer noch dabei bin. Ich weiß nicht, wie lange ich in der Liga zu bleiben hoffte, aber ich weiß, daß ich nur das eine hoffte: *in der Liga zu bleiben.* Keine Titel als bester Rebounder, keine Auszeichnungen zum Defensivspieler des Jahres. Und ich hatte nicht damit gerechnet, daß es solche dramatischen Veränderungen in der Liga geben würde.

Mir ist klargeworden, daß wir die Prostituierten sind. Wir sind Profi-Prostituierte, die ein Vereinstrikot und ein Vereinshöschen tragen und innerhalb von zwei Stunden um die zwölf Kilometer weit laufen. Wenn somit also klargestellt ist, was wir sind, muß man sich nur noch über den Preis unterhalten. **Fünf Jahre lang bin ich mir vorgekommen wie die beste Prostituierte in einem Bordell der Spitzenklasse.** Ich bringe dem Haus die meisten Freier und das meiste Geld ein, doch es ist jedes Jahr das gleiche:

Alle anderen Mädchen werden besser bezahlt als ich.

FÜNF

BASKETBALL AUF ABWEGEN

Wie eine große Liga aus der Bahn geriet

In meiner Karriere gab es einen Augenblick, der euch alles verrät, was ihr über mich als Basketballer wissen müßt. Und zwar gegen Ende der Spielzeit 1989/90, in dem Jahr, als wir in Detroit unseren zweiten Titel in Folge gewannen. Wir spielten damals gegen die Houston Rockets.

Es stand unentschieden, und wir hatten noch etwa eine Minute zu spielen. Hakeem Olajuwon war vor mir am Ring und stieg zu einem Dunk hoch. Ich wußte, ich war geschlagen, doch diesen leichten Korb konnte ich nicht zulassen. Damals schenkten wir einem gegnerischen Team nichts. Wir verteidigten gegen jeden Wurf, kämpften um jeden Rebound und hechteten nach jedem freien Ball. Als Hakeem hochstieg, kam ich von hinten und stieg mit ihm hoch. Er ist größer und stärker als ich, aber ich war wild entschlossen. Ich kam gleichzeitig mit ihm hoch und blockte seinen Wurf, als hätte ich den Ball direkt aus dem Ring geholt.

Als mir klar wurde, was ich getan hatte, schien einen Moment lang alles stillzustehen. Sobald meine Hand den Ball traf und ihn wegschlug, dachte ich: **Hab ich wirklich getan, was ich mir da einbilde?** Daß ich zu so etwas in der Lage war, kam mir einfach dermaßen unglaublich vor, und diese Leistung überwältigte mich regelrecht. Ich schaute in die Menge, sah, daß alle mit offenen Mündern glotzten, und fing an zu weinen. **ICH HEULTE WIE EIN SCHLOSSHUND, direkt auf dem Spielfeld.** Es war ein Augenblick der Vollkommenheit, im Einklang mit meinem ganzen verrückten Leben: Ich war geschlagen, galt als abgeschrieben, kam aber wieder auf die Beine und verblüffte die ganze Welt.

Deshalb weinte ich in aller Öffentlichkeit. Ich hatte keine Angst davor, meine Gefühle zu zeigen. Ich bin nicht so ein harter Typ, daß es mir peinlich wäre, vor 22 000 Leuten zu heulen. Mir war danach, und darum tat ich es auch: Ich weinte. Alles schien auf einmal aus mir herauszubrechen. Dieser eine Augenblick faßte all das zusammen, was ich auf dem Basketballfeld kann. Ich gab nicht auf, ich kämpfte wie ein Löwe, und ich ließ den Gedanken nicht zu, daß ich es nicht schaffen würde.

Schon möglich, daß ihr in der Geschichte der NBA nie wieder einen so emotionalen Spieler sehen werdet. Vielleicht erlebt ihr nie wieder einen, der bereit ist, vor der ganzen Welt alle seine Seiten zu zeigen, als wäre er ein offenes Buch. Einige Spieler reden bloß davon, andere glauben, sich zu offenbaren, aber wie

Ich lasse meinen Gefühlen freien Lauf

viele machen es wirklich? Wie viele kennen den Unterschied zwischen echten Gefühlen und der Sorte Gefühl, die man vor einem Spiegel einübt?

Die meisten halten mich für einen echt abgebrühten Kerl, dem andere Leute oder sonst was scheißegal sind. Aber wenn ihr mich über etwas weinen seht, zum Beispiel weil ich meine Tochter nicht sehen darf, dann seid ihr anderer Ansicht. Das sind pure Gefühle, an denen nichts unecht ist.

Die NBA denkt anscheinend, es gäbe da ein Riesengeheimnis: **Warum mögen die Leute Dennis Rodman?** Wer die Antwort darauf nicht weiß, hat keinen Kontakt zu den normalen Menschen im Lande. Er weiß nicht, was die Leute sehen wollen. Die arbeitende Bevölkerung, die sich abgestrampelt hat, um im Leben etwas zu erreichen … diese Leute sehen mich an und sehen einen von ihnen.

Ich geh da raus und kriege FINGER IN DIE AUGEN, DIE NASE ZERMATSCHT, DEN KÖRPER UMGERAMMT. Ich mag die Schmerzen in diesem Spiel; sie geben mir das Gefühl, lebendig zu sein. Ich mochte Schmerzen schon immer, schon damals, als wir als Kinder auf dem Asphalt von Oak Cliff Football gespielt haben. Ich geh aufs Feld, obwohl mir das Blut am Trikot runterläuft oder ein Knochen aus dem Arm ragt, und hechte nach freien Bällen. Ich bin hart, genau wie die Mechaniker, die Lkw-Fahrer und die Klempner im richtigen Leben. Damit können sie etwas anfangen. **Ich spiele volle Pulle,** und das wissen die Leute zu würdigen. All das andere Zeug, das ihnen die Manager immer als so wichtig unterschieben wollen, interessiert sie überhaupt nicht.

Ich merke, daß ich meine Gefühle jedem auf dieser Welt vermitteln kann, weil alle überall auf die gleiche Art empfinden. Sie spüren den Schmerz, sie spüren die Qual, sie spüren den Streß. Die Leute brauchen mich nur anzusehen und können sagen: "Der da ist anders als die ganzen anderen Ärsche in der NBA."

Ich bin keiner von den Schönlingen, und ich bin auch keiner der größten und kräftigsten Spieler auf dem Feld. Ich bin nicht mal annähernd so groß wie der größte. Ich werde vermöbelt und verdroschen von Kerlen wie Charles Oakley oder Kevin Willis, die mir gegenüber 35 Pfund oder zwölf Zentimeter im Vorteil sind ... manchmal sogar beides. Doch der Fan auf den Tribünen guckt zu und sieht, daß am Ende des Abends ich derjenige mit den zwanzig Rebounds bin, nicht der andere. Er sieht mich und sagt: "Wißt ihr was, der reißt sich den Arsch auf wie kein anderer da unten."

Die Liga kann zwar die Schönspieler vermarkten, aber über wen reden die Fans, wenn sie von der Halle nach Hause fahren? Über Dennis Rodman. Ich versuche nicht, die Aufmerksamkeit durch spektakuläre Spielzüge auf mich zu lenken; ich spiele Basketball so, wie man es spielen sollte. Das mache ich für die Kids, die in die Halle kommen und sagen:

"Mommy, Daddy, ich mag diesen Typ mit den grünen Haaren."

Aber es liegt nicht nur an den Haaren und den Tätowierungen. **Wenn ich mir die Haare färben und anschließend wie Chris Dudley spielen würde, wär ich den Leuten scheißegal.** Man braucht Bühnenpräsenz und Emotionen, und man muß die Zuschauer dazu bringen, daß sie fühlen, was man selber fühlt.

Man muß den Komiker rauslassen. Man muß Ernsthaftigkeit demonstrieren. Man muß die ganze Traurigkeit und die ganze Fröhlichkeit rauslassen, die man in sich spürt. Das Spiel schwankt hin und her, es gibt gute und schlechte Phasen, und die Zuschauer durchleben all diese Gefühle. Wenn sie mir zusehen, lasse ich sie sämtliche Emotionen miterleben, die das Spiel zu bieten hat. Vielleicht werde ich wütend und kriege ein technisches Foul verpaßt, vielleicht bin ich frustriert und stoße Scottie Pippen in die unteren Sitzreihen, oder ich bin vielleicht so glücklich, daß ich auf dem Parkettboden stehe und weine.

Als ich für die Pistons spielte, hatte ich unendlich viele gefühlsgeladene Momente. Am 4. März 1992 stellte ich einen neuen Vereinsrekord über die meisten Rebounds in einem Spiel auf, als ich gegen die Indiana Pacers gleich 34 erzielte. In diesem Spiel lief mein Radar auf vollen Touren; ich wußte, wohin jeder einzelne Ball fliegen würde, und ich wußte es, bevor ein anderer reagieren konnte. Ich brach einen Rekord, den Bob Lanier zwanzig Jahre zuvor aufgestellt hatte. Bob Lanier war ein zwei Meter elf großer, 246 Pfund schwerer Center, einer der größten Spieler der Liga. Als ich das erfuhr, **brach ich vor lauter Stolz in Tränen aus.**

Als man mich nach dem Spiel fragte, ob das die größte Leistung meines Lebens gewesen sei, antwortete ich: "Nein, das ist nicht meine größte Leistung. **DIE GRÖSSTE LEISTUNG MEINES LEBENS WAR, DASS ICH MEINEM LEBEN EINE WENDUNG GEGEBEN HABE."** Und das stimmt, damals genauso wie heute.

Immer wenn mir etwas ähnlich Bedeutendes widerfährt, muß ich an meine Herkunft denken und wie unwahrscheinlich es damals war, daß ich es zu mehr gebracht hätte als zu einer langen Latte Vorstrafen. In solchen Augenblicken stürzt das alles wieder auf mich ein, und unter anderem deshalb reagiere ich auch so emotional.

Bei mir kann das Spiel solche Gefühle hervorlocken. **Das Spiel ist unantastbar, beinahe heilig.** Das habe ich in Detroit gelernt, wo wir Basketball so gespielt haben, wie man es spielen muß. In dieser Mannschaft wollte jeder richtig spielen. Jeder hatte eine Rolle, und das alles ergab auf dem Feld eine großartige Einheit. Wir waren die "Bad Boys", wir spielten körperbetont und rauh, aber für Leute, die diesen Sport wirklich verstehen, liegt darin eine gewisse Schönheit.

Egal was man im Lauf der Jahre über mich gesagt hat, niemand kann behaupten, daß ich das Spiel nicht respektiere. Die Leute können mich kritisieren, weil ich mich nicht ihren Vorstellungen von dem anpasse, was normal ist und sich gehört, doch sobald ich auf dem Feld stehe, können sie mir nichts mehr anhaben.

Ich hab mal gelesen, daß Dick Versace, Dalys Assistent bei den Pistons, gesagt haben soll: "Nichts hat je Dennis' Siegeswillen beeinträchtigt. Er hat nie gegen die Unantastbarkeit des Spiels verstoßen." Das ist ziemlich starker Tobak, und solche Worte würde ich nie über die Lippen bringen, aber es ist wahr und trifft meine Einstellung genau. Mir war und ist immer wichtig, was auf dem Spielfeld passiert. Alles andere müßte meiner Meinung nach egal sein.

Was ich auf dem Feld geleistet habe, wird vielleicht kein anderer Spieler je wiederholen können. Vor mir hat noch kein Forward zweimal hintereinander den Titel als bester Rebounder der NBA gewonnen, was mir viermal gelang, und ich zähle weiter. Es gab zwar Forwards, die gute Rebounder waren – Charles Barkley, Michael Cage, Truck Robinson –, aber nie hat jemand auf dem Gebiet so dominiert wie ich. Und ich führe die Liga nicht mit zwölf oder dreizehn Rebounds pro Spiel an; mein Schnitt liegt bei über siebzehn pro Spiel im Jahr.

Meiner Ansicht nach nimmt die NBA immer mehr Abstand davon, ihre Spieler zu solchen Leistungen anzutreiben. Die Verantwortlichen der Liga wollen ein Image schaffen, das alle Emotionen und jedes Teamwork aus dem Spiel tilgt. Vielleicht werdet ihr nie wieder einen Spieler erleben, der seine Arbeit so verrichtet wie ich, der Rebounds holt, verteidigt und die anderen punkten läßt. Gut möglich, daß ich in der NBA gar nicht den Durchbruch geschafft hätte, wenn ich heute erst anfinge, weil die Liga anscheinend bloß an einem spektakulären Scorer interessiert ist, den sie bei ihren Fans vermarkten kann. Die NBA ist heute so was wie eine komplette Saison, die nur aus All-Star-Spielen besteht. **Die Jungs wollen dunken und spektakulär sein und sich jeden Abend auf dem Sportkanal ESPN in den Highlights des Tages sehen.**

Die Vereine tragen selbst zu diesem Eindruck bei. Wenn man irgendeine Arena der Liga betritt und sich ansieht, was außerhalb des Feldes abgeht, hat man das Gefühl, Basketball sei von untergeordneter Bedeutung. Man wird mit einem Sperrfeuer von Musik, Tanzeinlagen und sonstigen Auftritten eingedeckt. **Irgendwelche Typen lassen sich zum Dunking von einem Trampolin hochschleudern, man sieht tanzende Gorillas und spezielle Auftritte während der Auszeiten.** Das alles lenkt vom Spiel ab. Nichts gegen Unterhaltungseinlagen in der Halbzeitpause, und wenn's sein muß, sogar in den Auszeiten – damit kann ich vermutlich noch leben –, aber inzwischen ziehen immer mehr Vereine solchen Mist während des Spiels ab. **Ansager grölen über Lautsprecheranlagen** und **MUSIK DRÖHNT**, während wir da unten **VERDAMMT NOCH MAL VERSUCHEN, UNSER SPIEL ZU SPIELEN.**

Wenn ich an 1986 zurückdenke, als ich in der Liga anfing, da war der Sport noch das wichtigste. Die Zuschauer kamen, um Basketball zu sehen. Heute ist das anders. Man hat versucht, aus dem Sport eine Unterhaltungsveranstaltung für die ganze Familie zu machen. Alles zielt darauf ab, daß sich die Familie wohl fühlt und zufrieden ist. Das vermindert den emotionalen Aspekt beim Basketball. Wenn eine Heimmannschaft eine Auszeit fordert, nachdem sie eine Menge Punkte gefangen hat, sollten die Zuschauer leise und ruhig sein, vielleicht sogar sauer. Aber heute hat niemand mehr Zeit, still zu sein. Sobald zur Auszeit gepfiffen wird, **laufen die Tänzerinnen lächelnd aufs Feld und die Musik hämmert wie am Nationalfeiertag.** Heutzutage sollen alle fröhlich sein, lächeln und tanzen. Daraus schließe ich, daß der Sport im Grunde unwichtig ist.

Gewinnen ist zweitrangig geworden. Emotionen sind zweitrangig geworden. Statt einem hitzigen Wettkampf beizuwohnen, inszenieren wir eine Show. Die NBA glaubt, wichtig sei nur, daß man die Zuschauer zufrieden nach Hause schickt. Die Liga glaubt, ein paar Dunks wären genug. Doch das stimmt nicht. Wichtig ist das Spiel. Man kann die Zuschauer unterhalten, indem man Basketball so spielt, wie es gespielt werden sollte. **Der Sport reicht aus. Es ist ein toller Sport.**

Die Liga hat sich von dem entfernt, was sie groß gemacht

hat. Die beste Zeit der NBA waren die Jahre zwischen 1981 und 1990, als Spieler wie Magic Johnson, Larry Bird und Isiah Thomas in dieser Liga anfingen und ihr zu dem Erfolg und der Beliebtheit verhalfen, die sie heute noch hat.

Die Liga hat es nicht so weit gebracht, weil sie Rookies Siebzig-Millionen-Dollar-Verträge gab, bevor die auch nur eine einzige Minute in der Liga gespielt hatten. Basketball hat die Liga groß gemacht, und die Leute, die wußten, wie man es spielen muß. Sie waren von diesem Sport begeistert und respektierten ihn. Er war ihnen wichtig. Ist das zuviel verlangt?

Ohne Spieler wie Bird, Magic, Michael und Isiah – und auch solche wie mich – läge die NBA in der Beliebtheitsskala wahrscheinlich hinter Baseball. Das wäre eine Scheißkatastrophe.

Es könnte sogar noch schlimmer sein. Ohne diese Männer und die Mannschaften, in denen sie spielten, wäre die Liga heute womöglich tot. In diesem Zeitraum, zwischen den frühen Achtzigern und dem Beginn der neunziger Jahre, bekam die Liga *Basketballspieler*. Das waren keine Showfritzen oder Typen, die sich Sorgen darüber machten, wie sie in den TV-Highlights aussehen. Spieler wie Magic, Bird und Michael lieferten eine tolle Show, doch an erster Stelle kamen immer die Mannschaft und der Sport. Unsere Pistons waren ein prima Beispiel für einen Trupp von Typen, die aufs Feld gingen und das Spiel aus dem Effeff beherrschten. Man wußte immer, wo der andere hin wollte und was er tat, sobald er dort war. **Wenn man sich heutzutage einige Mannschaften ansieht, fragt man sich, ob sie sich eben erst auf dem Sportplatz kennengelernt haben und jetzt gerade die Spieler untereinander aufteilen.**

Wenn ich mir die Videobänder von damals ansehe – unsere Spiele gegen die Celtics, die Lakers gegen die Celtics, wir und die Bulls –, dann war das **ehrlicher BASKETBALL, OHNE RÜCKSICHT AUF VERLUSTE.** Die Spieler schonten sich nicht, warfen sich auf den Boden. Bird schmiß den Leuten seine Sprungwürfe in die Fresse, Isiah bekam in der Zone die Abpraller, Laimbeer machte irgendwen zur Schnecke, und ich meldete Clyde Drexler, Bird oder Scottie Pippen ab. Es war die coolste Zeit, die dieser Sport je erlebt hat.

Bei den Playoffspielen gegen die Celtics oder die Bulls herrschte eine emotionale Spannung, wie ich sie nie wieder erlebt habe. Wir hatten die Mission, diese Jungs zu schlagen, alles andere war belanglos. In San Antonio schafften sie es nicht, alles andere auszublenden und so zu spielen, als ginge es um Leben oder Tod. Sie begriffen nicht, daß man an die Playoffs nicht wie an die reguläre Saison herangehen kann. In den Playoffs geht es heiß her, und man muß den inneren Schmelzofen hochdrehen, um mithalten zu können.

Die Teams damals in Detroit konnten auf der Jagd nach dem Titel alles andere verdrängen: Kinder, Ehefrauen, Freundinnen – alles, was nicht Basketball war, wurde beiseite geschoben. Man mußte einfach voll dabeisein und ohne die Ablenkungen auskommen, wenn dieser Traum Wirklichkeit werden sollte. Tat man es nicht, bekam man den Marsch geblasen. Rick Mahorn, Bill Laimbeer oder sonstwer zerrte einen dann in ein Hinterzimmer – so war es jedenfalls bei mir – und sagte: **"Yo, Mann, halt dich an unseren Plan. Wir schaukeln die Sache alle zusammen und lassen nicht zu, daß du Scheiße baust."**

Wir alle wußten irgendwie, daß dies besondere Jahre in der NBA sein würden. Da kam zur gleichen Zeit eine unglaubliche Ansammlung großartiger Spieler zusammen, um diesen Sport zu retten. Davor war die NBA eine Wüste. Sie stand kurz vor der Pleite. **Die Liga war eine rei-**

sende Koksbude, und die Teams spielten nicht vor ständig ausverkauften Häusern wie heute. Noch nicht mal annähernd.

Es war einfach unglaublich, aktiver Teil einer Ära zu sein, in der die Liga zum Leben erwachte, und in einer der Mannschaften mitzuspielen, die diese Ära so großartig machten. Die Spieler heute kennen den Sport nicht. Sie wissen nur, **wieviel GELD, wieviel RUHM, wieviel WEIBER** sie kriegen können. So simpel ist das. Wer hat die besten Autos? Wer hat die besten Klamotten? Wer fällt wo am meisten auf?

Das Spiel? **SCHEISS AUF DAS SPIEL.**

Man kann die Liga durchgehen und stößt überall auf solche Typen. Die Neulinge beherrschen das Spiel nicht. Sie kommen zu früh in die Liga, kriegen zu viel Geld und haben keinen Anreiz mehr, das Spiel zu erlernen. Beispiele finden sich überall. Typen wie **Rasheed Wallace und Glenn Robinson sind** gute Spieler, aber sie sind **noch nicht so weit, die Liga übernehmen zu können,** wie man es uns immer glauben machen will.

Ich verstehe ja, daß die Spieler eine Menge Geld haben, sich flott anziehen und ein cooles Auto fahren wollen, aber verdammt noch mal, das Spiel muß euch wichtig sein. Kümmert euch um das Spiel, bitte.

Wenn ich mir heute Basketball angucke, dann werde ich traurig. Als hätten wir so schwer gearbeitet, nur um das Spiel auf ein gewisses Niveau zu heben, und dann gerät es wieder aus den Fugen. Die Dinge sind außer Kontrolle geraten, und die Entwicklung läuft rückwärts. **HEUTE IST DIE LIGA ALLES ANDERE ALS IN ORDNUNG.** Die meisten neuen Spieler in der Liga streifen sich das Image über, das ihnen die Liga verkauft, und das werden sie noch bereuen. Dieses Leben bringt dir nichts weiter ein als ein lebenslanges Loch in deinem Inneren. In deinem

Leben entsteht ein Loch, das nicht zuwächst. Es wird wachsen und immer weiter wachsen, bis es so verflucht groß ist, daß es kein Arzt mehr zunähen kann.

Dieses Loch entsteht, wenn man die Möglichkeiten und die große Auswahl hat, sich alles im Leben leisten zu können. Alles. Wenn es weder Regeln noch Grenzen gibt für das, was man erleben kann. Doch wenn diese Zeit vorbei ist, wenn du völlig ausgelaugt bist und keiner mehr dein Autogramm will, wie hast du dein Hirn dann darauf vorbereitet, dieses Scheißloch zu füllen? Nichts bereitet dich darauf vor, das Loch zu füllen.

Dieser Sport ist in erster Linie eine Ablenkung. Er ist eine Flucht. Wer uns sieht, mag dieses Spiel, weil es ihn aus seinem Alltagstrott reißt. Die Leute können mal durch zwei Stunden Unterhaltung die Probleme mit ihren Männern, Frauen, Kindern und Chefs vergessen.

Die NBA hat entdeckt, daß sich damit Geld verdienen läßt. Man kann Trikots und Poster verkaufen, auf denen man Spielzüge und Bilder aus Fernsehsendungen sieht. Die Liga hat den Druck von uns genommen, alles zu geben. **Die spannungsgeladene Energie aus dem Umkleideraum der Pistons suchte man im Umkleideraum der Spurs vergebens.** Ich glaube, sie war in Houston, weil Hakeem sie dorthingebracht hatte, und es gibt sie bei den Bulls in Chicago, aber sonst existiert sie fast nirgends.

Der Niedergang begann damit, daß man fand, es sei eine prima Idee, Rookies irrsinnige Geldbeträge zu geben, bevor sie in der Liga anfingen. Es müßte so sein wie früher im Baseball: Man wird nur für erbrachte Leistungen bezahlt. Diesen Lockvogel haben sie beseitigt, und inzwischen richten sie das Spiel mehr auf Attraktionen und Profit als auf Basketball hin aus.

Geld verändert jeden. Wer etwas anderes behaup-

Ist Glenn Robinson neun Millionen Dollar im Jahr wert?
Ich glaube nicht

tet, der lügt. Mich hat es zu Beginn meiner Laufbahn verändert, als ich nach Detroit kam und meinen ersten Gehaltsscheck kriegte. Vorher hatte ich nie Geld gehabt. Ich hielt die sechs Dollar fünfzig, die ich im Flughafen verdiente, für ein Vermögen. Jetzt belief sich mein Gehalt auf 110 000 Dollar, und urplötzlich sah die Welt anders aus. Ich konnte alles mögliche tun – und kaufen –, wovon ich vorher nicht mal was geahnt hatte.

Doch mich als Spieler hat das nie verändert. Und falls doch, so gab es Mannschaftskameraden, die mich in Null Komma nichts wieder auf den richtigen Weg gebracht hätten. Meine Gründe, Basketball zu spielen, waren und sind immer dieselben. Nur das Spiel ist mir wichtig; und es ist mir nie wie ein Job vorgekommen. **Wie könnte ich Basketball je für einen Job halten, nach all der Scheiße, die ich durchgemacht habe?**

Glenn Robinson kam in die Liga und verdiente von der ersten Sekunde an neun Millionen im Jahr. Als Chris Webber von der Uni in Michigan kam, unterschrieb er als erster Pick des NBA-Draft 1993 bei den Golden State Warriors einen Vertrag über 68 Millionen Dollar. Wenn man sich die ersten, also begehrtesten fünf oder sechs Ex-Collegespieler bei jedem Draft für die NBA der letzten fünf oder sechs Jahre ansieht, stellt man fest, daß Spielern, die noch nichts geleistet hatten, ungeheure Summen zugesichert wurden.

Darunter hat das Spiel gelitten. **Die Spieler, die in den Neunzigern zur Liga stoßen, sind nicht so ausgereift,** wie es die Spieler vor zehn Jahren waren. Wenn man von Typen wie Jason Kidd oder Anfernee Hardaway absieht, glaubt heute jeder Neuling, er müsse bloß punkten und gut aussehen, und schon sei er allseits beliebt.

Chris Webber? 68 Millionen Dollar?
Ich glaube nicht

Die jungen Spieler arbeiten auch nicht mehr so intensiv daran, besser zu werden, weil das viele Geld sowieso garantiert ist. Sie könnten ihr Leben lang nur einen Punkt pro Spiel erzielen und trotzdem die Schecks einlösen.

Warum sollte man sich der Konkurrenz stellen und sich den Arsch aufreißen, wenn man innerhalb von zehn Jahren achtzig Millionen Dollar verdient, und zwar bis auf den letzten Cent garantiert?

Ich glaube, die Liga kommt ziemlich bald in Schwierigkeiten. Jetzt ist alles noch okay – die Vereine sind profitabel, der Sport ist immer noch populär –, aber sie wollen dem Spiel ein neues Image aufdrücken, und das geht vermutlich irgendwann nach hinten los.

Etwas ähnliches ist uns in Detroit passiert. Wir – ich, Laimbeer, Mahorn, Salley – waren die "Bad Boys", und die Liga fand das cool. Wir wurden als die "Bad Boys" vermarktet, und die Leute übernahmen das. Wohin wir auch kamen, hieß es "Bad Boys" hier und "Bad Boys" da. Wir fanden das toll und genossen es. Doch dann, nach etwa zwei Jahren, änderte die NBA ihre Meinung. Plötzlich war es keine gute Idee mehr, mit den "Bad Boys" zu werben, und die Liga ließ es bleiben. Wir waren immer noch dieselben, spielten genauso wie vorher, waren aber wohl keine "Bad Boys" mehr, weil man uns den Segen der Ligazentrale entzogen hatte. Vermutlich gaben wir ein schlechtes Vorbild für die Kids ab, weil wir Basketball so spielten, wie man ihn spielen sollte. Unglaublich.

DIE NBA FÜRCHTET SICH VOR MIR. Die Spitzenfunktionäre der Liga glauben, sie müßten mich zügeln, damit ich kein zweiter Michael Jordan werde, den sie nicht führen und formen und zu ihrer Marionette machen können.

Die NBA hat mich nicht gemacht. Ihnen geht es darum, sich die jungen Typen zu nehmen, die neu in die Liga kommen, und sie nach Strich und Faden zu vermarkten, bis sie zu Stars werden. Sie holen sich die Jungs, die jedermann schon vom College her kennt, und knallen sie sofort ins Scheinwerferlicht. Sie wählen dazu die Spieler aus, die ihrer Ansicht nach die NBA in einem besonders positiven Licht zeigen, so daß alle Leute Trikots mit ihren Namen drauf kaufen und sie ins All-Star-Team wählen.

Erst schaffen sie das Image, dann kontrollieren sie das Image.

Aber mich haben sie nicht geschaffen, und mich können sie nicht kontrollieren.

Um dahin zu kommen, wo ich heute bin, brauchte ich die Hilfe der Liga nicht. Ich habe es trotz der NBA geschafft, Mann. Man hat den Eindruck, als hätten die Liga und die Spurs versucht, die Leute davon abzubringen, mich zu mögen, und was ist passiert? Ihre Taktik ging nach hinten los. Die große Sportzeitschrift *Sports Illustrated* brachte im Mai 1995 eine Titelgeschichte über mich – ich in Lederklamotten und mit einem meiner fünfzehn exotischen Vögel auf der Schulter –, und das war in dem Jahr die meistverkaufte Ausgabe von *Sports Illustrated*, wenn man von der "Swimsuit Edition" absieht, der Nummer mit den Bikinimädchen. Aber so etwas versteht die Liga einfach nicht. **MANCHMAL IST ANDERS EBEN BESSER.**

Mein Titelfoto auf Sports Illustrated

Ernsthaft, ich glaube, die Liga möchte nicht, daß andere meinen Weg gehen, nämlich aus dem Nichts kommen und auf eigene Faust den Durchbruch packen. Davor fürchten sich die NBA-Funktionäre, weil sie das Image und den Menschen kontrollieren wollen.

Sieben Jahre lang galt ich in dieser Liga als einer, der ein paar Titel als bester Rebounder gewinnt, immer mit vollem Einsatz spielt und das sagt, was er denkt. Das war's dann im Grunde schon. Ich stellte für keinen eine Bedrohung dar, und es sah nicht so aus, als würde ich in der Liga eine große Delle hinterlassen. Ich trieb mich in Vegas herum, verlor das Geld schneller als du gucken kannst und ließ mir ein Porträt meiner Tochter auf den Unterarm tätowieren. Ich war zwar ein Exot, aber alle dachten, sehr viel mehr kann's ja wohl auch nicht sein.

Aber ganz plötzlich änderte sich das. Nach der Nacht auf dem Parkplatz von "The Palace" beschloß ich, derjenige zu sein, der ich sein wollte, und nicht der, den alle anderen haben wollten. Oder der Mensch, der ich nach Meinung aller wohl werden würde.

Als ich nach San Antonio kam, änderte ich als erstes meine Haarfarbe. Das sollte eigentlich kein Statement sein, es war nur so eine Idee. Ich ging zu einem Friseur in San Antonio, und wir besprachen die Sache. Damals hatte ich Dreadlocks, und ich sagte ihm, ich wollte mal was Gewagtes probieren. Ich entschied mich für wasserstoffblond.

Das war an dem Tag, als sie die neue Riesenhalle einweihten, den Alamodome; sämtliche Vereinsinvestoren, Unmengen Medienleute und etwa fünftausend Fans hatten sich eingefunden, um uns beim Training und einem Probespielchen zuzusehen. Ich kam eine halbe Stunde zu spät, weil das verdammte Blondieren so lange gedauert hatte. Als ich schließlich in der Arena eintraf, stellte man mich den Zuschauern vor, und ich nahm meine "RODMAN EXCAVATION"-Mütze ab, um der Welt den neuen Dennis zu zeigen. Die Leute flippten völlig aus.

David Robinson stellte mich vor und reichte mir dann das Mikrofon.

"Ihr könnt mich mögen oder hassen", sagte ich. "Aber ich kann nur eins sagen, **wenn ich auf dem verdammten Spielfeld stehe, gebe ich immer mein *Bestes*."**

Mehr sagte ich nicht. Ich ließ das Mikro einfach zu Boden fallen und ging.

Als ich sah, wie die Zuschauer auf mich reagierten, wurde mir klar, daß es Zeit war auszubrechen, um der zu sein, der ich wirklich sein wollte. Die Leute akzeptierten das. In San Antonio nannten sie mich "Demolition Man", nach dem Film mit Wesley Snipes.

Das Komische ist, daß alle dachten, ich hätte Wesley Snipes kopiert, als ich mir zum erstenmal die Haare färbte, dabei kannte ich den Film vorher überhaupt nicht. Als ich ihn mir ansah, dachte ich: *Ach du Scheiße, das ist es, was alle meinen.*

Als ich nach San Antonio kam, wollte ich meine Persönlichkeit total verändern, und die Persönlichkeit des Spiels veränderte sich mit mir. Von da ab war es nur noch ein kleiner Schritt zu roten Haaren, zu orangefarbenen Haaren oder zu grünen Haaren und zu der auf dem Hinterkopf eingefärbten roten Aids-Schleife. Die Fans erwarteten etwas von mir. **ES GAB IM RADIO TELEFONBEFRAGUNGEN ÜBER MEINE HAARFARBE** und all so was. Es war wie ein verdammtes Buschfeuer, das außer Kontrolle geraten war.

DAS MACHTE DER NBA ANGST. Sie hatten keine Kontrolle darüber. Jetzte färbte ich noch meine Haare, doch die Liga wußte nicht, was als nächstes kam.

Ich weiß, was ihnen angst gemacht hat: Sie befürchteten, ich könnte diesem Sport etwas ganz Besonderes zurückgeben, nämlich Würde. Würde für alle Spieler. Damit sie wieder Mensch sein können. Davor haben die Funktionäre Angst. Sie wollen nicht, daß sich die Männer tätowieren lassen oder ihre Meinung äußern. Als ich mir das erste Tattoo machen ließ, hatte kaum jemand in der Liga – oder überhaupt im Sport – Tätowierungen. Seht euch jetzt mal um. Jeder hat eins. Ich bin nicht mehr der einzige, obwohl **ich die Liga immer noch mit elf Stück anführe.** Heute hat so ziemlich jeder zweite

Collegespieler ein Tattoo. Spieler wie Damon Stoudamire tauchen tätowiert in der Liga auf, und es fällt keinem auf. Dennis Scott hat sich ein Bild seines Vaters auf den Arm tätowieren lassen, und dagegen hat niemand groß was einzuwenden. Einige Spieler bringen ein wenig Pfiff aufs Spielfeld, und man muß schon ziemlich blind sein, um nicht zu sehen, daß das wenigstens ein bißchen was mit mir zu tun hat.

Im Grunde läuft es darauf hinaus, daß die Liga ihre Spieler kontrollieren will. Die Funktionäre wollen den Spielern verbieten, ganz natürliche, menschliche Dinge zu tun. Sie wollen nicht, daß die Leute beleidigt werden, die Eintrittskarten kaufen ... die reichen Firmenmanager, denn nur die können sich das noch leisten. Man will keinen wie mich frei rumlaufen haben, der anderen auf die Zehen tritt, Fehler begeht und normale menschliche Dinge tut.

Sie wollen ROBOTER, die DUNKEN können.

Was die Vermarktung angeht, ist die NBA Spitze. Da lag man von Anfang an vor Football und Baseball. Die Liga hat begriffen, was alles drin ist, wenn man die Leute mit positiven Bildern der Spitzenspieler überschwemmt. Aber inzwischen beschränkt sich ihre Vermarktung auf so wenige, daß es die Leute fast erdrückt. Meistens heißt es bloß **Michael und Shaq.** Diese beiden quetschen sie den Leuten bis zum Erbrechen in den Hals. Nicht mehr lange, und es heißt bloß noch, logo, **Michael und Shaq, Michael und Shaq.** Vielleicht noch mit 'ner Prise Grant Hill obendrauf. Wieviel davon erträgt man denn noch? Außerdem sind die Leute von der NBA Heuchler. Den Spielern wird erzählt, was sie alles nicht dürfen – man darf auf dem Spielfeld nicht fluchen, man darf mit den Auserwählten der Liga nicht grob umspringen –, aber gleichzeitig **bereichern die sich jedesmal, wenn ich mir einen kleinen Fehl-**

tritt leiste. Wenn sie irgendwas mächtig aufbauschen, profitieren sie davon. So war es 1991 in den Playoffs, als ich Scottie Pippen in die Sitze schubste, was ihm eine Kinnverletzung und mir 5000 Dollar Strafe einbrachte. Und so war es auch 1994 wieder, als ich John Stockton einen Stoß mit der Hüfte verpaßte und für ein Spiel gesperrt wurde. Es interessieren sich mehr Menschen für die Spiele, wenn man mit mir als dem Bad Boy der NBA werben kann. Dann kommen mehr Zuschauer, um mich spielen zu sehen. Mehr Leute schalten ihre Fernseher ein, die Einschaltquoten schnellen in die Höhe, und die Sender können höhere Werbegelder verlangen. Ich weiß, wie das System funktioniert.

Das Ganze ist beinahe so, als würde die Liga sagen: "Okay, du darfst so weit gehen, wie es gut für uns ist, **doch danach müssen wir dir zeigen, wo's langgeht, und dich als Arschloch abstempeln."** Bei dieser Methode schlagen sie zwei Fliegen mit einer Klappe. Sie kriegen das Geld, und sie erwecken in der Öffentlichkeit den Eindruck, daß sie mich unter Kontrolle hätten.

Mir kommt es vor, als sagten sie zu mir, ich dürfe kein Mann sein. Darauf läuft es doch hinaus: Du darfst eben kein Mann sein. Du mußt das sein, was sie für einen Mann halten. Du mußt so sein, wie ein "NBA-Mann" sein soll.

Solche Regeln werden von Leuten wie **David Stern** aufgestellt ... fünfzigjährige Weiße, die nicht daher kommen, wo ich herkomme, und auch nicht daher, wo die meisten Spieler in der NBA herkommen. Außer vom geschäftlichen Aspekt dieses Sports haben sie keine Ahnung. Sie begreifen nicht, welche emotionale Intensität nötig ist, um ein Spieler in dieser Liga zu sein. Also, wenn ein Spieler wütend sein will, laßt ihn doch wütend sein. Am liebsten würde ich die Funktionäre fragen: **WOVOR HABT IHR EIGENTLICH ANGST ...** daß jemand zeigen könnte, wie wichtig ihm dieses Spiel ist?

David Stern: Fünfzigjährige Weiße stellen die Regeln auf

Es gibt in der Liga zu viele Typen wie diesen beschissenen Karl Malone, Typen, die sich zu fein sind, um mit

Karl Malone ist sich zu fein, um mit einem Penner wie mir zu reden

einem wie mir auch nur zu reden. Die mit ihrer Höhere-Angestellten-Mentalität geben sich mit einem Penner wie mir gar nicht erst ab. Außerhalb des Spielfeldes "verkehren" sie nicht mit mir, weil ich zu anders bin. Ich trage keine maßgeschneiderten Klamotten und gehe nicht auf die richtigen Partys. Ich treibe mich mit normalen Menschen in normalen Kneipen an normalen Orten herum, und so einen nehmen sie in ihren Scheißklüngel nicht auf.

Aber am meisten ärgert sie folgendes: **MIR IST DAS SCHEISSEGAL.** Ihr braucht nicht mit mir zu reden, denn mit Ärschen wie euch will ich eh nix zu tun haben. Ladet mich bloß nicht auf eure Scheißparty ein, ich komme sowieso nicht.

Viele Spieler in der Liga haben Angst vor mir ... besonders die neuen. Sie haben gehört – oder gelesen –, daß ich Gegenspieler auf dem Feld übel foule, mit 'ner geladenen Flinte in meinem Pickup schlafe oder was mit Madonna hatte. Sie gehen raus aufs Spielfeld, sehen mir in die Augen und wissen nicht, was sie erwartet. Das ist mein Vorteil. Diesen Vorteil bewahre ich mir, indem ich auf dem Feld mit keinem rede. Ich rede mit keinem Gegenspieler und selten mit meinen Mitspielern. Diese Burschen sehen mich an, sie finden erstaunlich, was ich mache, und sind ein wenig eingeschüchtert davon, wie ich es mache.

Etliche Spieler sind schon zu mir gekommen und haben mich gefragt: **"WOHER NIMMST DU DIESE POWER, MANN?** Wieso machst du immer so weiter? Wie kannst du den ganzen Abend rennen, dich ständig auf den Boden schmeißen, und trotzdem wirst du nicht müde?" Und während sie mir solche Fragen stellen, sehen sie mich andauernd an, als wollten sie es eigentlich gar nicht wissen.

Dann gibt es noch Typen wie Charles Barkley. Ich weiß gar nicht mehr, wie oft er schon zu mir gesagt hat: "Ich wünschte, ich hätte dich vor zwei Jahren bei mir im Team gehabt. Du hast es echt drauf, Mann. Du hast es *echt* drauf." Es hätte nicht viel gefehlt, und wir wären wirklich in dieselbe Mannschaft gekommen. Bevor mich die Pistons nach San Antonio abgaben, hatten sie vereinbart, mich im Tausch gegen Richard Dumas zu Phoenix wechseln zu lassen. Dann fiel ein Drogentest bei Dumas positiv aus, und aus dem Deal wurde nichts. Wieder mal Pech gehabt. **KÖNNTET IHR EUCH CHARLES BARKLEY UND MICH IN DERSELBEN MANNSCHAFT VORSTELLEN?** Ob *irgend jemand* gegen uns einen Rebound holen könnte?

Ich hab den Eindruck, andere Spieler wollen sich mit mir dann unterhalten, wenn sie mir Moralpredigten halten möchten. Das sind **die religiösen und konservativen Spieler – David Robinson, Hakeem Olajuwon und Avery Johnson.** Sogar Karl Malone ließ sich einmal dazu herab, das Wort an mich zu richten, doch das ist schon sehr lange her. Sie versuchen, mit mir zu reden, aber ich seh sie bloß an und nicke oder schüttle den Kopf. Ich hab ihnen nichts zu sagen, und sie **halten mich dann jedesmal für VERRÜCKT.**

Ich weiß, was sie wollen, und ich gönne ihnen die Befriedigung nicht, es zu kriegen. Sie wollen mich brüllen hören. Sie wollen Dinge von mir hören, die kein anderer sagen würde. Ich soll ihnen die Bestätigung liefern, daß **ICH GENAUSO AUSGEFLIPPT BIN, WIE SIE GLAUBEN.**

"Dennis, wir müssen uns unterhalten", sagen sie dann. "Du mußt ein Vorbild für die Kids sein."

Genausogut könnten sie mich fragen: "Was treibt dich um? Was macht dich *verrückt?*" Mit dem Wort beschreiben sie mich gern: *verrückt.*

Wie lächerlich es ist, daß sich diese "NBA-Stars" Sorgen darüber machen, was für ein Vorbild ich für die Kids sein könnte, merkt man an der Reaktion, die ich von den Kids bekomme. Die ist nämlich das genaue Gegenteil von allem, was ich von der Liga und ihren sogenannten wichtigen Spielern höre.

Die Kids sagen mir: "Ich finde dich echt cool."

Ich höre nicht: "Ich finde, du bist ein großartiger Basketballer." Zwischen "Mir gefällt dein Stil" und "Mir gefällt, wie du die Rebounds holst" besteht ein Riesenunterschied. In meinen Augen heißt das, sie nehmen von mir etwas mit, das nicht völlig oder ausschließlich mit Basketball zu tun hat.

Ich frage mich, warum es Leute gibt, die Dennis Rodman verehren. Warum? Mir ist das ein Rätsel. In Los Angeles wohnt eine Lady, eine Haarstylistin in einem renommierten Salon in Beverly Hills, die sich meinem Fanclub in San Antonio angeschlossen hat und mich einmal im Hotel anrief, als ich in Los Angeles war. Ich hab sie getroffen – kein Sex, nichts in der Art –, und wir waren zusammen essen. Jetzt treffe ich sie immer, wenn ich nach Los Angeles komme. Sie hat mir angeboten, doch mal zur Maniküre in ihrem Salon vorbeizukommen, und als ich im Orange County wohnte, beschloß ich eines Nachmittags, nach Beverly Hills zu fahren und ihre Einladung anzunehmen. Ich hatte keinen blassen Schimmer, wo sie arbeitete, und der Laden entpuppte sich als ein todschicker berühmter Salon namens Umberto, einen Straßenzug vom Rodeo Drive entfernt. **Ich kam mir völlig deplaziert vor, als ich mir in dem Laden die Nägel lackieren ließ ... kobaltblau übrigens.**

Aber bei Leuten wie ihr frage ich mich, worin der Reiz für sie besteht. **Manchmal weiß ich selber nicht mal, wer ich bin, und da nennen mich solche Menschen ihren Helden?** Doch wenn ich sie nach dem Grund frage, antworten sie immer das gleiche: "Du bist dein eigener Herr. Dir ist absolut scheißegal, was die anderen denken."

Charles Barkley hat man in der Luft zerrissen, als er sagte, er sei kein Vorbild, aber ich bin auch keins. Ich versuche gar nicht, Vorbild zu sein. Ich weiß zwar, daß ich in einer Position bin, wo ich eins sein sollte, aber ich bin keins. Ich kann mich nicht auf ein Podest stellen und den Kids erzählen, sie sollen sich so benehmen wie ich. Ich weiß, daß mein Weg nicht für alle richtig ist, und **ich hoffe, daß andere einen einfacheren Weg zum Erfolg finden.** Ich schätze, ich kann ihnen nur zeigen, daß mir die Menschen wichtig sind und daß man im Scheinwerferlicht der Öffentlichkeit stehen und sich trotzdem selbst treu bleiben kann.

DIESE VORBILDGESCHICHTE IST SOWIESO IN ERSTER LINIE HEUCHLERISCHER QUATSCH, weiter nichts. Weil man's in die NBA geschafft hat, muß man sich jetzt volle Kanne beispielhaft benehmen. Wenn man am Ende der Bank sitzt, muß man kein ganz so großes Vorbild sein, aber wenn man gut ist, muß man sich total Mühe geben.

Wenn man's geschafft hat, muß man **sich sozial betätigen** und **Geld spenden** und **Stiftungen gründen**. Doch ein Großteil von alldem bedeutet gar nichts. Die meisten rufen keine Stiftungen ins Leben oder tauchen bei irgendwelchen Armenküchen auf, weil sie es tatsächlich wollen. Sie tun das nur, weil ihnen irgendwer erzählt, es sei **gut für ihr Image**, und daß sie dadurch eines Tages vielleicht Geld machen könnten.

Ich habe keine Stiftung, und ich spende auch nicht zehn Dollar für jeden Rebound, aber **ICH MACHE DINGE, DIE KEIN ANDERER MACHT.** Ich verschenke Tickets an Leute auf der Straße, die sonst nie im Leben ein NBA-Spiel sehen würden, weil man die Scheißeintrittspreise in absurde Höhen getrieben hat. Ich habe Karten an obdachlose Familien verschenkt, die draußen vor den Hallen standen und um Essen bettelten. So was habe ich überall getan ... in San Antonio, Boston, New York. In Detroit hab ich es andauernd gemacht. Ich bin auf solche Leute zugegangen und habe sie gefragt, ob sie gern ein Spiel sehen möchten. Meistens sind sie so verdutzt darüber, von jemandem wie mir angesprochen zu werden, daß sie kein Wort rausbringen und bloß nicken.

Egal wo ich gerade bin, ich gehe gern in die übelsten Wohngegenden einer Stadt, damit ich meine Herkunft nicht vergesse. In Dallas mache ich das immer wieder, gehe oder fahre einfach durch meine alte Heimat. In Detroit hab ich oft Geld verschenkt, es einfach verteilt, weil es die Leute nötiger brauchten als ich. Ich unterhalte mich auch mit den Leuten, weil ich mich mit ihnen verbunden fühle. Ich weiß, wie es ist, wenn man da draußen gar nichts hat. Einmal **habe ich einem Mann an einer Straßenecke in Detroit knapp tausend Dollar geschenkt.** Mehr hatte ich nicht in der Tasche, und was sollte ich damit? Dieser Typ hatte ein schweres Leben gehabt und am Ende nichts vorzuweisen. So etwas mache ich, um nicht abzuheben und um den Kontakt mit der normalen Welt nicht zu verlieren. Manchmal fange ich mit irgendeinem auf der Straße ein Gespräch an und nehme ihn mit zu mir nach Hause. Ich sage ihm einfach, er soll ins Auto steigen und mit zu mir nach Hause kommen. Dann gebe ich ihm was zu essen und lasse ihn ein Bad nehmen. Es braucht nicht viel, um im Leben eines Menschen einen Eindruck zu hinterlassen. In der Welt des Profi-Basketballs kann man sich völlig abschotten und sich einreden, es gäbe kein Elend auf diesem Erdball.

Ich finde, daß ich so auf direkterem Wege etwas für die Menschen tun kann, als wenn ich meinen Namen für irgendeine anonyme Stiftung hergeben würde, nur um damit auch was für mein Image zu tun. Manchmal sehe ich andere Spieler, Spieler, die sich sozial mächtig ins Zeug legen, und die die Straßenseite wechseln, um nur ja keinen Blickkontakt zu der Sorte von Leuten aufnehmen zu müssen, denen ich Eintrittskarten oder Lebensmittel schenke.

Nicht reden, sondern handeln. So einfach ist das. Auf den ganzen anderen Kram kann man verzichten, besonders wenn es einem nicht liegt. Ich finde es ungerecht, wenn uns die Leute auf ein Podest stellen und sagen: "In den zehn Jahren, die du in der Liga spielst, mußt du ein braver Junge sein. Benimm dich zehn Jahre lang und sei ein Vorbild."

Ich sitze hier, sehe mir an, wie das alles funktioniert, und denke mir: verdammt … *echt?*

Ich hab ein paar Fragen zu diesem Konzept. Heißt das, daß ich ganz plötzlich die Verantwortung für dein Leben trage, nur weil ich Sportler bin? Muß ich dir einreden, alles sei toll, weil ich jetzt Sportler bin? Vielleicht ist es ja gar nicht so toll. **Vielleicht ist mein Leben gar nicht toll.**

Wenn ich dir gegenüber so etwas behaupte, lüge ich dich an. **Ist Lügen in Ordnung, nur weil ich damit meinen Pflichten als Vorbild genüge?**

Tue ich dir einen Gefallen, wenn ich so tue, als könnte ich dir Hilfestellung, Anleitung und Orientierung geben, bloß weil ich Basketball spielen kann? Wie bist du zurechtgekommen, bevor ich aufgekreuzt bin? Wie bist du zur Arbeit oder zur Schule oder sonstwohin gekommen, bevor ich auftauchte? War dein Leben prima oder war es mies, und willst du dich jetzt – nur weil du jemanden gefunden hast, den du wirklich magst, bewunderst und dem du nacheiferst – wirklich nach dieser Person richten? Willst du wirklich das Trikot dieses Menschen tragen und so tun, als wärst du er, bloß weil er eine Mannschaftssportart spielen kann?

Ich glaube, so sollte es nicht funktionieren. **WIR SIND SPORTLER.** Wir sind nicht dazu da, anderer Leute Leben zu lenken. Das ist nicht unser Beruf. **Wir haben längst nicht alle Antworten parat, Mann.** Vielleicht stellen einige von uns noch immer Fragen. Seht es doch mal von meiner Seite: **Warum sollte ich euch dazu bringen, an Dinge zu glauben, an die ich glaube?** Wenn ich das machen würde, dann würde ich die Weichen für meinen großen Untergang stellen. Es gibt Leute mit einer Bombe, die nur darauf warten, daß einer wie ich versagt. Falls ich dann versage, rufen die: "Ich wußte gleich, daß es so kommen würde. War mir von vornherein klar. Wie konnte ich diesem Menschen je vertrauen? Wie konnte ich je glauben, er würde mich nicht enttäuschen?"

Die Gesellschaft ist heute völlig verkorkst. **Die Kids haben vor ihrer eigenen Haustür zu viele Probleme, um sich um das zu kümmern, was ich mache.** Die Auserwählten der NBA glauben, ich gäbe ein schlechtes Beispiel ab? Ich finde, sie sollten sich mal umsehen und aufhören, sich selbst so ernst zu nehmen. So wichtig bist du einfach nicht, Mann.

Drogen nehmen überhand, ergießen sich wie ein beschissener Fluß auf die Straße. Immer jüngere Mädchen werden schwanger, und Aids ist es scheißegal, wie alt du bist. Ich weiß, daß meine Tochter Alexis in Schwierigkeiten geraten wird, wenn sie älter wird. Ich kann ihr alles beibringen, was ich weiß. Ich kann ihr sagen, was Sache ist: **WENN DU SEX HABEN WILLST, VERGISS DAS KONDOM NICHT.** Geh auf Nummer sicher. Sieh dich vor. Ich kann ihr nicht erzählen, sie soll mit niemandem schlafen. Falls ich's täte, würde sie es trotzdem machen. Sie macht es, ob ich will oder nicht. Ich kann ihr nur Tips geben und die Alternativen aufzeigen.

Ich glaube, daß einen die Kids mehr respektieren, wenn man sie eigenverantwortlich handeln läßt. Wenn man ihnen sagt, sie dürfen Sex haben, müssen sich aber vorsehen, werden sie darüber nachdenken und sagen: "Er sagt, ich darf Sex haben, aber wißt ihr was? Wenn ich nicht will, muß ich nicht."

BEI MIR KOMMT ALLES OFFEN AUF DEN TISCH. Man kann etwas viel leichter annehmen oder ignorieren, wenn man weiß, daß keine Heuchelei im Spiel ist. Ich versuche einfach, die Leute zu unterhalten und mir selbst und dem Spiel treu zu bleiben. Ich halte den Kids keine Predigten, ich rede nicht auf sie ein. Ich weiß aber, daß jeder Jugendliche nach etwas sucht, was außerhalb seiner Welt liegt, ob er nun im schlimmsten Elendsviertel oder im edelsten Vorort wohnt. **Ich habe meine ganze Kindheit nach einer Fluchtmöglichkeit gesucht,** und ich habe sie erst gefunden, als ich größer wurde und nach der High School Basketball spielte. Doch sogar dabei schien es so, als hätte **die Fluchtmöglichkeit mich gefunden.**

Als Kind war ich verwirrt. **Ich war verwirrt, WAS MEINE SEXUELLE IDENTITÄT BETRAF,** meine Zukunft … generell über meinen Platz in der Welt. Ich wußte aber nicht, was ich wollte. Wenn man in den Sozialsiedlungen aufwächst, kommt einem die Welt so klein vor. Dein Verstand hat nie gelernt, in die Zukunft zu schauen. Du denkst nicht drüber nach, was passieren könnte, wenn du nach rechts oder auch links abbiegst. So was wie Konsequenzen oder Ziele gibt es in deinem Koordinatensystem nicht. Die meisten Kids sind so, mehr oder weniger. Die bist bloß ein Kind, das von einem Tag zum anderen lebt und seinen Weg allein finden muß. **Dabei kann einem kein Sportler helfen,** und ich finde es **DUMM und EGOISTISCH, wenn wir genau das glauben.**

SECHS

DRECKS-ARBEIT

Der beste Rebounder der Welt

ICH WILL NIE PUNKTEN. Nie. Ich will Rebounds holen. Ich will einen neuen Rekord aufstellen für die meisten Jahre in Folge als bester Rebounder der Liga. Wenn mir das gelingt, müssen sie zugeben, daß ich einer der besten Spieler aller Zeiten war. Wenn es dann darum geht, ob ich in die Hall of Fame, die Basketball-Ruhmeshalle komme, werden sie's wie bei dem Baseballspieler Pete Rose machen und eine Ausrede erfinden, um mich da rauszuhalten.

Moses Malone ist zur Zeit Rekordhalter, was die Anzahl

der aufeinanderfolgenden Jahre als führender Rebounder betrifft, nämlich fünf. Als ich zu den Bulls kam, stand hinter meinem Namen die Zahl vier, und ich glaube ehrlich, daß ich mein Können gerade erst perfektioniere. Wenn ich Moses Malones Rekord brechen würde, dann wäre das meiner Meinung nach **der unglaublichste Rekord in der Basketballgeschichte –** noch unglaublicher als Michael Jordans sieben Jahre hintereinander als bester Korbschütze; unglaublicher als Wilt Chamberlain, der acht Jahre am Stück im Schnitt zwanzig Rebounds pro Spiel erzielt hat.

Bedeutender als das alles, Mann, und zwar deshalb:

Ich habe mir einen Aspekt des Spiels herausgegriffen und ihn in eine Kunstform verwandelt. Ich habe das häßliche Entlein genommen und 'n Schwan draus gemacht. Rebounds holen ist eine Knochenarbeit – wie spätnachts einen Flugha-

Knochenarbeit zu einer Kunstform machen

fen reinigen –, die mittlerweile als grundlegendes, elegantes Element dieses Sports anerkannt wird.

Wer will schon rebounden? KEINER.
Wer will punkten? JEDER.

Das wurde mir klar, als ich in die Liga kam, sonnenklar. Reboundtraining machte keinen Spaß. Es machte keinen Spaß, daß dir jeder über den Rücken stieg, während du versucht hast, jemanden mit deinem Arsch aus dem Weg zu stoßen und dabei die Hände so zu halten, daß du den Ball bekamst. Als ich kam, war das eine völlig vergessene Fertigkeit. Kaum einer interessierte sich dafür. Alle anderen machten es bloß, um damit über die Runden zu kommen. Und noch nie hat jemand seine ganze Karriere auf Rebounds aufgebaut, und zwar bis zu dem Punkt, wo Körbe erzielen unwichtig wird.

Die Leute halten mich für **überdreht, extravagant, wild, verrückt** – was auch immer –, aber sie sehen mir gern zu, wie ich meine Fähigkeiten perfektioniere.

Wegen mir hat die Welt erkannt, wie wichtig Rebounden für Basketball ist. In meiner Karriere häufen sich die Beispiele, bei denen meine Mannschaft viel besser gespielt – und viel mehr gewonnen – hat, wenn ich zum Aufgebot gehörte:

- In meinem zweiten Jahr in Detroit rückte ich in die Startaufstellung vor, als sich Adrian Dantley am Knöchel verletzte. **Wir gewannen zwanzig der 24 Spiele,** in denen ich von Anfang an dabei war.

- In meinem letzten Jahr bei den Pistons, meinem vermutlich miesesten Jahr als Profi, fehlte ich bei zwanzig Spielen; davon verloren wir sechzehn. Irgendwann in dieser Saison **lagen wir bei siebzehn Siegen zu zwölf Niederlagen, wenn ich mitspielte, und null zu zwölf, wenn ich nicht dabei war.**

- In der Saison 1994/95, meinem letzten Jahr bei den Spurs, **wurde ich in 49 Spielen eingesetzt. Davon gewannen wir 43**, und wir hatten schließlich das beste Punkteverhältnis in der NBA. Nachdem die Spurs mich an Chicago abgaben, ging es mit ihnen bergab. Gleichzeitig ging es mit den Bulls bergauf.

Ich habe von Trainern an High Schools und Colleges gehört, die mir danken möchten, weil ich dafür gesorgt habe, daß Rebounding heute wieder cool ist. Diese Trainer halten mich vielleicht für den schlimmsten Alptraum eines jeden Trainers, aber sie möchten mir für das danken, was ich für diesen Aspekt des Spiels geleistet habe. **DIE KIDS WOLLEN WIEDER REBOUNDEN,** weil ich diese Fertigkeit aus ihrem Schattendasein geholt habe.

Andere Spieler wollen mit mir über's Rebounden sprechen, so als ob sie sich sagten: "Ich muß mal mit diesem Genie reden, mal sehen, was er zu sagen hat. Was treibt ihn an? Was macht ihn *verrückt*?" Dieses Wort höre ich am häufigsten – *verrückt*.

Diese Burschen erfahren nicht viel von mir. Ich sage ihnen bloß: **"ES MUSS IN DIR STECKEN, Mann**. Was nicht in dir ist, kommt auch nicht raus."

Als ich in meinem letzten Jahr bei den Pistons durch die Hölle ging, erkundigte sich mal jemand bei Isiah Thomas nach mir, und Isiah sagte: "Ich halte Dennis wirklich für ein Genie."

Wie vielen Spielern ist es in der Geschichte der Liga wirklich gelungen, einen bestimmten Teil des Spiels zu revolutionieren? Wilt Chamberlain war zwar ein phantastischer Rebounder, aber auch einen Kopf größer als alle anderen, und das zu einer Zeit, als die Trefferquote in der Liga bei um die 35 Prozent lag. Heute liegt die Trefferquote in der Liga bei circa fünfzig Prozent, es kommen also schon mal viel weniger Bälle vom Ring zurück.

Bill Russell hat aus dem geblockten Wurf eine Kunstform gemacht. Er hat als erster herausgefunden, wie man den Wurf blockt und für seine Mannschaftskameraden im Spiel hält. Er kreierte sozusagen eine Mischung aus Blocked Shot und Rebound. Seine Blocks wurden im Grunde zu Vorlagen, weil er den Ball so hervorragend an seine Mitspieler weiterleiten konnte.

Aber wer sonst, mal ehrlich? Michael Jordan hat Gewaltiges für den Basketball geleistet, aber solche Dunks hat Julius Erving schon zehn Jahre bevor Michael auftauchte gemacht. Und Dunking ist als Unterhaltung nicht wichtiger als jeder andere Wurf. **Es ist zwar eine Kunst, bringt aber auch nur zwei Punkte.**

Wenn man sich über Rebounding in den letzten fünf Jahren unterhält, kommt man an mir nicht vorbei. Und ich bin das Gegenteil von Wilt Chamberlain; die Spieler, auf die er runtersah, sind die, zu denen ich heute aufsehe. Mit 2,03 Meter und einem Gewicht von knapp hundert Kilo bin ich einer der kleinsten Power Forwards der Liga.

Von Leuten in der Öffentlichkeit höre ich als erstes: **Du bist zu klein.** Sie sagen, ich sei zu klein für meine Leistungen. Die Leute erwarten, daß ich aussehe wie Charles Oakley oder so ähnlich – groß und breit. Mit hundert Kilo bin ich schmal und viel zu klein, um es an Kraft mit Typen wie Oakley aufzunehmen, der 2,06 Meter groß ist und über 113 Kilogramm auf die Waage bringt.

Außerdem gebe ich dem Rebounding zusätzliches Gewicht, indem ich nicht punkte. Die Mannschaften, für die ich spiele, brauchen mich nicht zum Punkten. Zum Körbemachen findet sich immer einer – Isiah Thomas kann punkten, David Robinson kann punkten, Jordan und Scottie Pippen können punkten –, aber **KEINER AUF DEM**

FELD KANN DAS, WAS ICH KANN. Irgendwann möchte ich mal der erste Spieler in der Basketballgeschichte sein, der im Schnitt achtzehn Rebounds und nur zwei Punkte pro Spiel macht.

Für mich wäre das phantastisch, so als ob man das Spiel auf den Kopf stellen würde. Die Leute würden fragen: **"Wie hat er das bloß geschafft?** Wie kann er dem Spiel eine Wende geben, ohne auch nur einen einzigen Punkt zu erzielen ... ohne daß er es überhaupt versucht?" Ich glaube, das würde die Leute umhauen.

Wenn jemand Chuck Daly nach meinen Fähigkeiten als Korbjäger fragte, sagte er immer: "Dennis braucht gar nicht zu punkten, um dem Spiel eine Wende zu geben." Manchmal sagte er, mit mir in der Mannschaft könne man zwischen sechs und zehn Spiele in der Saison mehr gewinnen.

Und wenn man genauer hinsieht, fällt einem auf, daß ich mehr mache als nur Rebounds holen. Ich coache. Ich choreographiere alles auf dem Feld. Das geschieht nicht mit Worten, sondern weil ich das Spiel kenne und weiß, wo jeder gerade sein sollte. Außerhalb des Spielfelds spreche ich mit meinen Mannschaftskameraden nicht viel, aber auf dem Feld rede ich ständig. **MEIN BASKETBALL NEHME ICH SEHR ERNST.** Ich zehre immer noch von dem, was mir James Rich in Oklahoma beigebracht hat: **Setz dich mit aller Macht für das ein, was du willst, und scheiß auf jeden, der dir in die Quere kommt.**

Das andere Team darf mich keinen Moment aus den Augen lassen. Ich erkämpfe meiner Mannschaft immer wieder eine zweite Wurfmöglichkeit. Das ist fast, als hätte man eine Atombombe auf dem Feld, die jederzeit, jeden Augenblick explodieren könnte. Vor meiner Zeit ahnte niemand, wie stark ein Rebounder das Spiel formen kann.

Was einen großen Rebounder ausmacht, läßt sich in

wenigen Worten sagen. Zum Rebounding gehören Siegeswille, Nachsetzen, harte Arbeit, Talent, Intelligenz, das alles. Es hat auch eine instinktive Komponente. Meiner Meinung nach muß ein Rebounder ahnen, wo der Ball runterkommen wird. Es steckt wirklich in einem drin.

In der Spielzeit 1991/92 bekam ich im Schnitt 18,7 Rebounds pro Spiel und hatte 39mal zwanzig oder mehr Rebounds in einem Spiel. Stellt euch das mal vor: Fast die Hälfte der Saison mindestens zwanzig Rebounds pro Spiel. In dem Jahr brach ich auch den Vereinsrekord der Pistons für die meisten Rebounds in einem einzigen Spiel, als ich mir gegen die Indiana Pacers einmal 34 Stück schnappte. In diesem Spiel – was sag ich, in der gesamten Saison – hatte ich das Gefühl, genau zu wissen, wo jeder Abpraller vom Ring hinfallen würde.

Ich glaube, im Vorhersagen war ich schon immer gut. Das hat wohl eine Menge mit Aggressivität und Wachsamkeit zu tun, aber auch Siegeswille spielt da mit rein. Ich bin hungriger als die anderen Typen. Jeder Rebound ist eine persönliche Herausforderung. Ich rede mir permanent ein, **ich müßte jeden Rebound kriegen, um weiter in der Liga spielen zu dürfen. Wenn ich den Ball nicht kriege, muß ich zurück nach Dallas, wieder auf die Straße, zurück in diese Hölle.** Ich bilde mir ein, ich wäre ein Löwe oder irgendein anderes wildes Tier im Dschungel. Sie jagen ihre Beute, um zu überleben. Wenn ein Tier hungrig genug ist, greift es alles an, was sich bewegt.

Ich sehe einen Ball, ich werd ihn mir holen. Ganz einfach, aber wie viele Spieler geben wirklich alles dafür?

Mein Siegeswille ist immer da, doch je länger meine Karriere dauert, desto mehr muß ich dafür ackern. Weil sich die Liga so verändert hat und mich die Vereine so behandelt haben, hat meine Begeisterung für das Spiel ein wenig gelitten. Mit 34 kann ich mich schwerer motivieren als noch mit 26. Ich rede mir ein, daß ich immer noch hungrig bin, daß immer noch wichtig ist, was auf dem Feld passiert. Ich kann euch nicht verraten, warum ich das will, aber so ist es nun mal. **Ich kämpfe dagegen an, zu verweichlichen.** In meinen Augen ist es das Schlimmste, was man über einen Basketballer sagen kann, schlimmer sogar, als zu sagen, er habe seine Mutter überfahren.

Manchmal bin ich nicht einmal zufrieden, wenn ich sechs Punkte und 22 Rebounds hole, weil ich mich immer verbessern will. Ich finde es zum Kotzen, wenn ein anderer einen Rebound holt. Der ist in meinen Augen jemand, der mich aus der Liga rauswerfen und dorthin zurückschicken will, wo ich herkomme.

Im Grunde **bin ich deshalb ein großartiger Rebounder und Manndecker geworden, weil ich auf der Bank sitzen mußte,** damals als Rookie bei den Pistons. Ich war so energiegeladen, und dann hockte ich einfach da rum und konnte zusehen, wie alle anderen spielten. Ich konnte diese Energie nicht einsetzen, außer im Training, und das reichte mir nicht.

In meinem ersten Profijahr wurde ich zwar in 77 der 82 Saisonspiele eingesetzt, bekam aber im Schnitt nur etwa fünfzehn Minuten pro Spiel. So viel Zeit konnte ich unmöglich ein zweites Mal untätig herumsitzen … das hätte ich nicht überlebt.

Ich sah mir meine Mannschaft an, ich sah mich in der NBA um, und **ICH TRAF EINE ENTSCHEIDUNG:** Wenn ich bereit wäre, hart genug daran zu arbeiten, dann könnte ich der weltbeste Rebounder werden. Ich erkannte, daß andere Spieler nur Rebounds holten, um dann wieder loszulaufen und zu punkten. Es war mein Schlüssel zum Erfolg, das wußte ich.

Auf dem College holte ich Rebounds, ohne groß zu überlegen. Auf Southeastern schaffte ich im Schnitt sechzehn Rebounds pro Spiel, außerdem machte ich mehr als 25 Punkte. Auf diesem Niveau war ich als Sportler so viel besser als alle anderen, weil ich einfach so nebenbei fünfzehn Rebounds pro Spiel holen konnte.

Zuerst war meine Entscheidung fürs Rebounden eine Überlebensfrage. Zu Beginn meines zweiten Profijahrs sagte ich mir: "Ich muß die Dinge tun, die kein anderer machen will. Nur so kann ich in der Liga bleiben." Diese beiden Dinge waren Rebounding und Abwehrarbeit. Damals war das eine Grundsatzentscheidung: Ich glaubte, nicht mehr in der NBA bleiben zu können, wenn ich mein Spiel nicht ausbaute.

Und so ging ich jeden Tag zum Training und spielte gegen meine Mannschaftskameraden, darunter einige der besten Spieler in der Liga – Adrian Dantley, John Salley, Rick Mahorn. Als ich anfing, **polierten sie mir ganz schön den Arsch,** aber nach und nach hielt ich sie das eine oder andere Mal auf. Das schockte mich zwar irgendwie, doch ich kam am nächsten Tag wieder und dachte mir: "Verdammt, ich kann's. Es ist 'ne Menge Arbeit, aber **ICH KANN ES SCHAFFEN."** Und so bekam ich von Tag zu Tag mehr Selbstvertrauen und wurde immer besser.

Wenn wir ein Übungsspiel fünf gegen fünf machten, ging es für mich bei jedem Ballbesitz gegen die aus der ersten Mannschaft ums nackte Überleben. Wenn ich Dantley diesmal auf dem Spielfeld aufhalte, bleibe ich in der Liga. Wenn ich den nächsten Rebound hole, bleibe ich in der Liga. So dachte ich wirklich, und allmählich guckten mich meine Gegenspieler an, als wär ich verrückt. Das waren alte Veteranen, die wußten, wie man trainiert, ohne sich dabei kaputtzumachen. Jetzt sahen sie sich mit **einem ÜBERDREHTEN KERLCHEN konfrontiert, der jede Sekunde so spielte, als wäre es seine letzte.**

Chuck Daly ermutigte mich dazu. Er hatte nichts dagegen, daß mich Punktemachen nicht interessierte, und er erzählte mir immer und immer wieder, wie gut ich werden könnte, wenn ich mich nicht von meinem Weg abbringen ließe. Wenn ich mal down war, wußte er immer, wie er mich wieder aufmuntern konnte. Dieser Mann half mir durchzuhalten.

Ich stellte mir all die großartigen Spieler vor, gegen die ich verteidigen wollte, und wie ich gegen sie verteidigen würde. Ich sah mir Videos an, und noch bevor ich gegen sie spielte, redete ich mir ein, daß ich diese Typen schon gebremst hätte. Ich versetzte mich beim Videogucken aufs Spielfeld, ging das Spiel im Kopf durch, und **ICH NAHM IHNEN JEDESMAL DEN BALL AB.** Darauf reagierte mein Bewußtsein, und was ich mir vorstellte, geschah allmählich auch auf dem Feld.

In meinem Rookiejahr **war ich sehr unreif.** Ich begriff das Basketballspiel nicht, und ich wußte nicht, wo ich meine eigenen Schwerpunkte setzten sollte. Ich sah alle anderen punkten, und manchmal dachte ich, ich müßte es genauso machen, um in der Liga zu bleiben. Ich ging ein Risiko ein, als ich meine gesamte Karriere auf Rebounding und Verteidigung ausrichtete, weil nicht jeder erkennt, wie wichtig diese Dinge sind. Manche Trainer behalten lieber einen Spieler, der zwölf Punkte erzielt, acht Rebounds pro Spiel schnappt und ordentlich verteidigt, als einen wie mich. Es ist risikoloser, wenn man sich an den soliden durchschnittlichen Spieler hält, als an den, der etwas Ungewöhnliches probiert.

In meinem zweiten Jahr wurde ich häufiger eingesetzt und schaffte einen Schnitt von 8,7 Rebounds pro Spiel. In diesem Jahr holte ich auch meinen besten Punkteschnitt – 11,6 pro Spiel. Was auch irgendwann mal die Antwort auf eine banale Frage wäre: **WIE OFT SCHAFFTE DEN-**

NIS RODMAN IM SCHNITT MEHR PUNKTE ALS REBOUNDS PRO SAISON? Genau, nur einmal – in der Saison 1987/88.

Chuck Daly sagte mir immer: **"Die Gelegenheit kommt zu dem, der warten kann."** Als ich als Jungprofi energiegeladen auf der Bank saß, hielt ich das für **DUMMES ZEUG.** Ich dachte, die Gelegenheit käme zu dem, der loszieht und sie sich schnappt.

Heute glaube ich an das, was Daly gesagt hat. Ich war so hibbelig, weil ich unbedingt spielen wollte, daß ich überhaupt nicht klar denken konnte. Diese ganze Energie mußte raus, und man ließ mich nicht. Ich wollte nicht einfach bloß spielen, um zu zeigen, was ich konnte. Ich wollte spielen, um die Energie loszuwerden.

In jüngeren Jahren, so zwischen 26 und dreißig, hatte ich mehr Energie zum Springen. **Ich war wie ein verdammtes Kaninchen.** Heute ist mir Sprungvermögen nicht mehr so wichtig. Manchmal kann ich es kaum fassen, daß andere auf dem Spielfeld nicht das tun, was ich mache, weil es mir so verdammt einfach vorkommt. Man muß nicht aus der Halle hopsen, um einen Rebound zu kriegen; man muß einfach nur dranbleiben.

Über den Positionskampf zerbreche ich mir nicht groß den Kopf, weil ich von der Größe her ohnehin schon im Nachteil bin. Gelegentlich versuche ich, meinen Gegenspieler zu blocken, aber meistens erahne ich die Flugbahn des Balles schneller als er, weshalb es mir sinnvoller erscheint, mich um den Ball zu kümmern, statt um den Gegenspieler. Vier Jahre hintereinander war ich der beste Offensiv-Rebounder der Liga, was vor allem damit zu tun hat, daß man sich dabei direkt um den Ball kümmern kann, ohne groß auf den Gegenspieler zu achten.

Eins macht außer mir niemand, nämlich drei- oder viermal nach einem Rebound springen. Ich bleibe in der Nähe des Balls und kontrolliere ihn, indem ich ihn immer näher zu mir stupse, bis ich ihn schließlich mit beiden Händen schnappen kann. Ich springe schnell ... so schnell wie kaum einer. Ich komme schneller auf den Boden und wieder hoch als ein Pogostock. Die meisten Menschen glauben, um einen Rebound zu holen, müsse man sehr hoch springen, dabei ist die Geschwindigkeit viel wichtiger. Ich kann in derselben Zeit springen und antippen, springen und antippen, springen und antippen, die ein anderer braucht, um nur einmal zu springen. Das ist der Trick. Um den Kopf oben zu halten und ständig am Ball zu bleiben, braucht man Konzentration und Körperbeherrschung. Außerdem muß man Kondition haben, denn viele Spieler werden nach dem zweiten Sprung langsamer und müde. Die atmen gerade tief durch, wenn ich zu meinem dritten oder vierten Sprung ansetze.

Wenn ich es beziffern müßte, würde ich sagen, ich habe im Lauf der Jahre schätzungsweise fünfzehn Prozent meines Sprungvermögens eingebüßt. Doch ich habe genügend Selbstvertrauen und Intelligenz gewonnen, um mein Spiel zu ändern und weiterhin gut zu sein. Ich muß nicht höher als andere springen, weil ich um sie herum oder zwischen ihnen durchlaufen kann. Oft genug bin ich in einer schlechten Position, komme gegen einen größeren Spieler nicht an, kriege aber den Rebound am Ende doch, weil ich warte, bis mein Gegenspieler springt, und wenn er die Flugbahn des Balls nicht genau vorausahnt, überspringe ich ihn und tippe mir den Ball zu. Das hat alles mit dem zu tun, was man auf dem Feld kann und was einem der Gegner gestattet. Einige Spieler erkämpfen sich eine hervorragende Position, sind aber beim Timing ihrer Sprünge unfähig bis zum Gehtnichtmehr. Diesen Typen lasse ich ihre bessere Position, dann **KOMME ICH VON HINTEN UND MACH SIE ALLE.**

Das ist wie bei einem Baseballpitcher, dem die Kraft für den Fastball fehlt; er kann zwar immer noch hart werfen, muß aber ein bißchen variieren, um die Gegenspieler aus dem Spiel zu kriegen.

In der Saison 1991/92, als ich meinen ersten Titel als bester Rebounder bekam, legte Kevin Willis von den Atlanta Hawks los wie ein Wilder. Nach den ersten zwanzig Spielen der Saison hatte er einen Schnitt von 18,5 Rebounds pro Spiel, und ich gerade mal elf.

Für mich **sind elf Rebounds so, als stünde ich gar nicht auf dem Feld.** Ich sah mir vor einem Spiel die Statistik an und war echt stinksauer, daß ich so weit zurücklag. Ich weiß noch, wie ich auf die Toilette ging – keine Ahnung, wo, aber an das Klo erinnere ich mich noch – und ein Selbstgespräch führte.

"Also echt, irgendwas läuft hier voll daneben", sagte ich mir. "Was mach ich bloß falsch?"

Ich hatte angefangen, an mir selbst zu zweifeln. Als ich das später einem Freund erzählte, sagte der: "Du holst den Kerl noch ein. Noch vor der Saisonpause zum All-Star-Spiel hast du die meisten Rebounds der Liga. Denk an meine Worte."

"Bist du dir da sicher, Mann?"

"Klar bin ich mir sicher", antwortete er.

Ich ging wieder in Klausur. Ich sah mir immer wieder Videoaufzeichnungen, Videoaufzeichnungen, Videoaufzeichnungen an. Das mache ich zwar sowieso andauernd, doch diesmal suchte ich nach etwas Bestimmtem. **Ich war auf der Suche nach mir selbst,** wenn man so will. Ich mußte andere Methoden, andere Möglichkeiten finden, um an den Ball zu kommen, das war mir klar.

Und dann, ganz plötzlich, hatte ich ein Superspiel mit 29 Rebounds. Ich konnte zwar nicht den Finger auf den Unterschied legen, doch irgendwann während des Spiels sagte ich mir im stillen: "Yeah, das isses. Ich hab's gefunden." Das war wie ein Durchbruch, und ich war nicht mehr aufzuhalten. Ich sprang zwischen den Spielern hindurch, über sie hinweg und an ihnen vorbei, um die Rebounds zu kriegen. Außer mir liefen da noch neun Typen rum, aber mir kam es so vor, **ALS WÄR ICH GANZ ALLEIN AUF DEM SPIELFELD.**

Im nächsten Spiel hatte ich wieder zwanzig Rebounds, dann wieder zwanzig Rebounds und noch mal zwanzig Rebounds. Ich hatte in sechs Spielen in Folge zwanzig Rebounds, und ehe ich mich versah, war ich der führende Rebounder der Liga ... noch vor der Pause zum All-Star-Spiel.

In dem Jahr nahm ich am All-Star-Spiel der besten Spieler der Western gegen die der Eastern Conference teil und schaffte einen Schnitt von 18,7 Rebounds pro Spiel. Nach etwa sechzig Spielen war in dieser Saison die Rede davon, daß ich nach langer Zeit der erste sein würde, der einen Jahresschnitt von über zwanzig Rebounds pro Spiel schaffen könnte. Vor dem letzten Monat der regulären Saison lag ich bei über neunzehn, ließ aber gegen Ende etwas nach.

Von da an feilte ich an meinen Fähigkeiten. In manchen Spielen hatte ich zur Halbzeit vier Rebounds – dann war ich irrsinnig sauer –, doch als das dritte Viertel beendet war, waren es auf einmal sechzehn oder siebzehn Rebounds. Das sind die besten Spiele. Das sind die Spiele, wo es weh tut und man den inneren Schweinehund überwindet. **Ich bin immer auf der Suche nach dem Schmerz,** der meine Gedanken wieder auf den richtigen Weg bringt. Wenn es mir zu gutgeht, kann ich nicht arbeiten. Ich brauche den Schmerz. **Ich steh auf Schmerz.**

Wenn ich elf Rebounds im Spiel hole, fühle ich mich beschissen. Ich hab dann nicht mehr das Gefühl, daß ich noch spiele. Ich leiste nicht das, wofür ich bezahlt werde, und gebe der Mannschaft nicht das, was sie braucht.

Und wißt ihr was? **Für eine Menge Spieler heute sind elf Rebounds ein perfektes Spiel.** Diese Typen machen heutzutage ein Riesenaufhebens von einem sogenannten "Double-double". Da macht einer elf Punkte und holt zehn Rebounds, und schon ist er ein verdammter Held.

Wenn ich auf Southeastern Oklahoma vierzehn Rebounds geholt hatte, standen plötzlich jede Menge Leute über mir und sagte: **"Was ist bloß los mit dir, verdammt noch mal?"** Für viele ist vierzehn pro Spiel eine phänomenale Leistung. Das nageln sie sich an die Wand. Doch von mir erwartet man jeden Abend achtzehn oder neunzehn Rebounds … und das habe ich in den vergangenen vier Jahren auch gebracht.

Ich sehe das so, wenn man erstmal mit vierzehn Rebounds zufrieden ist, fehlt nicht viel, und man ist auch mit zehn oder elf zufrieden. Und schon ist man **genau wie alle anderen** Typen in der Liga.

Mein vielleicht **kuriosestes Erlebnis, das ich je auf einem Basketballfeld hatte,** ereignete sich im Pontiac Silverdome während meines dritten Jahrs bei den Pistons. Der Ball flog in Richtung Aus, und ich hechtete hinterher – wie ich es immer tue – und landete in den Sitzreihen. Es war ein wilder, verrückter Hechtsprung, aber so was hatte ich schon tausendmal gemacht. Bloß war diesmal das Problem, **daß ich auf dieser bedauernswerten Frau landete und ihr ein paar Zähne ausschlug.**

Sie sah darin eine Gelegenheit, zu etwas Knete zu kommen. Sie saß in der ersten Reihe, behauptete, sie wäre noch nie zuvor bei einem Basketballspiel gewesen und habe nicht gewußt, was auf sie zukäme. Sie zerrte mich vor den Kadi, und ich mußte ihr sechzigtausend Dollar zahlen, weil ich mich, wie der Richter befand, **rücksichtslos und übertrieben** verhalten hätte. Das war ein ganz normaler Basketballspielzug ... ein Typ hechtet nach einem freien Ball. Aber mich kostete das sechzigtausend Dollar. Ich fand heraus, daß sie sich nicht nur die Zähne richten, sondern obendrein auch noch eine völlig neue Vollprothese machen ließ. Ich halte das für ein weiteres Beispiel dafür, wie jemand eine Situation ausnutzt.

Doch diese Geschichte – das war mal was Neues. Sogar für mich. Vielleicht sogar für die gesamte Sportwelt.

Das ganze **VERRÜCKTE ZEUG**, das ich auf dem Spielfeld treibe, hält mein Interesse wach. Ich bin immer auf der Suche nach neuen Möglichkeiten, um diesen Sport noch viel reizvoller zu machen. Ich suche neue Wege, um dieses Spiel noch attraktiver zu gestalten, obwohl es so schon attraktiv ist. Jeder einzelne Zuschauer soll die

Shaq wurde schon geschaffen, bevor er in der NBA anfing

Arena mit den Worten verlassen: **"Meine Fresse, habt ihr gesehen, was der heute gemacht hat?"**

Basketball ist wie Musik; das Spiel ist nur gut, wenn man es spürt. Und ich sorge dafür, daß ihr es spürt. Wenn ich mir ein Spiel ansehe, kommt für mich fast nie rüber, daß ein Spieler Gefühle zeigt. **MAGIC JOHNSON ZEIGTE SIE,** aber anders als ich. Er zeigte sie mit einem Lächeln oder einem Lachen, ich mache es mit Intensität.

Wenn ich Shaquille O'Neal spielen sehe, spüre ich gar nichts. Er zeigt Einsatz, und das Spiel ist ihm wichtig, aber von ihm geht nichts aus, was man spüren kann. Er gehört zu denen, die schon geschaffen wurden, bevor sie die Bildfläche betreten. Man schuf ihn als ein "Basketball Animal", ein Basketball-Tier. Er spielt hingebungsvoll, und er spielt, um zu gewinnen. Aber **wie sehr will man wirklich gewinnen, wenn man so viel Geld, Aufmerksamkeit und Ruhm hat wie er?** Es muß schwer sein, das alles auf die Reihe zu kriegen, noch dazu in seinem Alter.

Und jetzt zu dem, was passierte, als ich den Dress von Chicago anzog: Man sprach von der Intensität und der Spannung, die ich ins Training einbringe, und daß dadurch Spieler wie Luc Longley sofort besser würden.

In den Spielen der Vorsaison geriet Luc in eine Schlägerei mit Chris Webber von den Washington Bullets, und das führte man auf meinen Einfluß zurück. Die Chicagoer Zeitungen und die Radioleute berichteten, wie sich meine Präsenz dadurch bemerkbar gemacht hätte, daß ich in der Lage gewesen sei, aus Luc Longley Härte herauszulocken. Alles schön und gut, aber **ICH HABE GAR KEINE SCHLÄGE AUSGETEILT.** Ich gehörte zu denen, die den Streit zu schlichten versuchten.

Wenn man sieht, wie ich mich auf dem Feld verhalte und wie ich spiele, könnte man meinen, daß ich mich ständig rumprügle. Man könnte meinen, daß ich in Kneipen und auf der Straße und wo immer ich bin in Schlägereien gerate. Doch das stimmt nicht. Ich bin zurückhaltend. Ich kann eine Menge Scheiße einstecken, bevor ich handgreiflich werde. Nehmen wir meine Zeit in Oklahoma, als mich die Leute *NIGGER* nannten und mir empfahlen, gefälligst **zurück nach Afrika** zu gehen. Wenn ich mich damals nicht gewehrt habe, dann werd ich es jetzt bestimmt auch nicht tun.

Außerdem **haben die meisten Typen Angst davor,** sich mit mir zu schlagen, weil sie mich für völlig durchgedreht halten. Sie haben keine Ahnung, wie ich reagieren könnte. Sie sehen mich an, als wollten sie sagen: "Schwamm drüber."

Ne Menge Typen **haben Angst davor, mir auf den Schlips zu treten.** Ich bin nur einmal in eine richtig ernsthafte Schlägerei geraten, nämlich in meinem Rookiejahr in Boston, und die dortigen Fans erinnern mich immer wieder daran. Jeder war daran beteiligt, es fing mit Bill Laimbeer und Robert Parish in der Mitte an und breitete sich immer weiter aus. Ich geriet mit Parish aneinander, und ich geriet mit Danny Ainge aneinander, und es dauerte nicht lange, da fetzten sich alle. Ich wußte nicht recht, wer mich verdreschen und wer die Schlägerei beenden wollte. Ich teilte Schläge aus und wurde gleichzeitig zurückgehalten. Wenn sie mich aus der Bahn schmissen, kam ich zurück und schlug mich weiter. Ich wurde vom Feld geworfen und kam sofort zurück, tretend und brüllend. Ich hab mich bemüht, diese Schlägerei zu vergessen und in ein schwarzes Loch zu versenken.

Meistens kämpfe ich mit den Worten: **"ICH WERD DIR IM SPIEL DIE FRESSE POLIEREN."** Am Spielende weiß man dann, daß ich den Krieg gewonnen habe. Das war der Kampf: Wenn der Typ zur Bank gehen muß, nachdem er des Feldes verwiesen wurde, und sagen muß: **"YEAH, der HAT mich wirklich ZUR SAU GEMACHT."**

Wenn man sich ansieht, was ich auf dem Feld leiste, was bedeutet es da schon, daß ich mich zum Wurftraining ein wenig verspäte? Wen interessiert das? Ich werfe ja gar nicht fünfzehnmal auf den Korb, wie die meisten anderen. Wenn ich Würfe kriege, dann von direkt unterhalb des Korbs, also was soll's? Warum kann man das nicht etwas lockerer sehen?

Der ideale Trainer würde zu mir sagen: "Es macht nichts, wenn du dich zum Training gelegentlich ein wenig verspätest, aber wenn du da bist, reißt du dir gefälligst den Arsch auf." So sollte es sein. Und genau das war Chuck Dalys Einstellung.

Ein Trainer sollte die Autorität haben, einem Spieler eine Geldbuße zu verpassen. Na klar sollte er das, aber ich würde einem Spieler keine Geldbuße aufdrücken, wenn er eine stichhaltige Entschuldigung hätte. Ich kann nicht akzeptieren, wenn sich einer verspätet und dann alles noch schlimmer macht, indem er nicht intensiv trainiert. **Ich reiß mir** im Training jeden Tag **den Arsch auf.** Wie viele andere Spieler können das von sich behaupten? Nicht viele.

In San Antonio hat man das nicht anerkannt. Da hieß es: "Er kommt zu spät. Er kommt zu spät." Aber wie oft komme ich zu spät zum Training? Fast nie, und wenn, dann nur um ein, zwei Minuten. In meinem letzten Jahr bei den Spurs **bin ich einmal zu spät zum Training erschienen.** Ich kam einmal zu spät und einmal gar nicht. Aber die Leute in dieser Mannschaft waren wie kleine Kinder, ließen die Uhr nicht aus den Augen. Ich kam fast jeden Tag zu früh zum Training, saß aber immer vor den Übungsräumen in meinem Pickup und hörte Pearl Jam, um in die richtige Stimmung zu kommen.

Jeder erinnert sich an diese oder jene Gelegenheit, als ich irgendeinen Mist gebaut habe. Ich habe John Stockton was angetan, ich habe Karl Malone was angetan, oder ich habe Scottie Pippen was angetan. Die Leute wissen aber nicht, daß die ganze Sache bloß eine große Aufputscherei ist.

Mit allem, was ich auf dem Feld mache, putsche ich mich auf. Ich versuche, mich im Kopf des anderen festzusetzen. Ich fluche nicht über ihn. Ich sitze nicht da und sorge dafür, daß er sich wie ein Stück Scheiße fühlt. Ich labere nicht auf ihn ein, beschimpfe ihn nicht. **Er wird sich schon beschissen genug fühlen, nachdem ich ihn fertiggemacht habe, darum muß ich's ihm nicht erzählen.** In seinem Inneren weiß er es, und er weiß, daß ich es weiß. Nur darauf kommt es an.

"Trash Talk", den Gegenspieler auf dem Feld mit Worten demütigen und beschimpfen, ist reine Zeitverschwendung. Wer so was macht, will sich damit nur selbst motivieren und aufputschen. Sie wollen sich größer und besser machen, als sie sind. Das tun sie für sich selber, und ich komme ohne so was aus. Sie müssen sich vergewissern, daß sie jemand sind. Was soll das?

Heutzutage redet jeder "Trash", also kann man genausogut den Mund halten. Du erreichst mehr, wenn du jemanden mit Blicken durchbohrst, ihn direkt ansiehst und ihn mit den Augen wissen läßt, was Sache ist. Das Gerede stört nur. Ich muß ihm nicht sagen, was ich vorhabe. Wenn einer aus dem Spiel geht und zu mir rüberschaut, denkt er mit Sicherheit: **Verdammte Scheiße, was kann ich bloß tun, um diesen Typen aufzuhalten – diesen Typen, der nicht mal einen Korb macht? Er dominiert das Spiel und denkt nicht mal dran zu werfen.** Das läßt ihnen keine Ruhe. Sie denken: Was kann ich machen? Ihn festhalten? Das funktioniert nicht, dann umläuft er mich einfach.

JEDER will **DENNIS RODMAN aufhalten.** Das war so, als ich in Detroit war, und in San Antonio war es noch mehr so. Als ich nach Chicago wechselte, um mit Jordan und Pippen zu spielen, erreichte die Sehnsucht anderer Mannschaften, Dennis Rodman zu bremsen, einen anderen Planeten, Mann. Alle wollten beweisen, daß sie diesen Zug entgleisen lassen konnten, den wir auf die Schienen gebracht hatten.

In der Basketballgeschichte haben drei Spieler mehr als einen Titel als bester Rebounder in jeder der beiden Conferences gewonnen: Wilt Chamberlain, Moses Malone und ich.

Ich bin nicht groß genug, um all die Jahre bester Rebounder der NBA zu sein. Mich kann man nur mit wenigen Spielern vergleichen. Charles Barkley hat es geschafft – einmal. Michael Cage hat es geschafft – einmal. Aber auch die sind beide massiger als ich: Charles ist 1,98 Meter groß und wiegt 113 Kilogramm; Cage ist 2,06 Meter groß und wiegt 109 Kilo. Beide sind kräftiger, sind stärker als ich. Im Grund benutze ich, was anderen fehlt. Sie haben jede Menge Kraft und Stärke, sie haben den Willen. Ich setzte das ein, was sie nicht haben, **deshalb ist es eine solche mentale Herausforderung, gegen mich zu spielen.**

Ich stähle meinen Körper, um für die Abreibung gewappnet zu sein, die mich unter den Brettern erwartet. Da ich nur knapp hundert Kilogramm wiege, muß ich etwas unternehmen, um nicht von den Burschen herumgeschubst zu werden, die 115 Kilo oder schwerer sind. Ich trainiere hart, möchte aber nicht zu schwer werden.

Mein Spiel basiert auf Wendigkeit und Beweglichkeit. Ich will fit bleiben, und meine Muskeln sollen nicht so massiv werden, daß ich mich nicht mehr geschmeidig und beweglich fühle. An meiner Fitneß arbeite ich vor dem Spiel und nach dem Spiel ... und das gleiche gilt fürs Training. Das muß ich tun, um frisch und konkurrenzfähig zu bleiben.

Wie ich mit meinen Rebounds ein Spiel dominieren kann, läßt sich den Leuten nur schwer erklären. Es ist schwer zu begreifen, daß man ein Spiel nur allein deshalb rumdrehen kann, weil man es mit aller Macht will.

Mein Freund Jack Haley hat mit Magic Johnson und Michael Jordan gespielt und sagt, was ich auf dem Feld mache, findet er genauso verblüffend wie das, was die beiden tun. Jack sagt immer: "Ich könnte einfach nur dastehen und dir zusehen, Mann, denn **was du machst, macht kein anderer."**

Andere Spieler springen höher oder haben längere Arme, aber ich mache, wozu sie nicht bereit sind. Sie stehen nicht unter dem Korb, tippen immer wieder gegen den Ball und warten darauf, daß sich alle verziehen, bis sie allein sind, nur sie und der Ball. Sie tun das deshalb nicht, weil es zu anstrengend ist. Sie wollen nicht ihre gesamte Energie da unten lassen, sondern lieber die andere Richtung einschlagen und Punkte machen. Außerdem wissen sie, daß **ich der einzige bin, der bereit ist, sich so zu schinden**, daher können sie genausogut ein paarmal hochspringen und dann Richtung Spielfeldmitte verschwinden.

So wie ich das sehe, tauschen sie diesen Rebound gegen die Chance ein, am selben Abend mit 'nem Dunk im *SportsCenter* gesendet zu werden.

Allerdings habe ich diese Kunstform noch nicht zu Ende kreiert. Ich kann Rebounds auf eine neue Ebene heben. Wichtig sind nicht bloß Statistiken, sondern **das Flair** und **der Stil.** Mein nächster Schritt wird sein, mich um den Stil zu kümmern. So wie ich geht kein anderer bei den Rebounds vor. Wenn ich rebounde, geht ein "Wow!" durch die Menge. Die Leute merken auf. Ich bin in der Luft, den Ball an meinen Oberkörper gepreßt, und die Beine stehen irgendwie seltsam ab. **DIESER BALL GEHÖRT GANZ ALLEIN MIR.**

Inzwischen fallen mir Spieler auf, die versuchen, mich zu kopieren. Mir schmeichelt, wie die Spieler anerkennen, daß ich ein Talent habe, das sie sich gern aneignen wollen, so wie sie sich gern Michael Jordans Dunks aneignen möchten. Ich will für Rebounds das leisten, was Michael für Dunks geleistet hat.

Die Liga erkennt nicht an, was ich für das Rebounden geleistet habe. Sie bringen es nicht über sich, mir die gebührende Anerkennung für meine Leistungen zuteil werden zu lassen. Doch bei meinen Gegenspielern ist das anders. Die wissen Bescheid. Sie verstehen es, weil sie unglaublich finden, was ich mache. Sie sehen zu und kommen aus dem Staunen nicht mehr raus.

In der NBA hat man nie geglaubt, daß sich Rebounding vermarkten ließe. Sie füllen ihre Werbung mit Dunks und Action-Einstellungen, kurz bevor der Ball durch die Reuse fällt, und mit Michael Jordan bei seinen Heldentaten. Meiner Meinung nach erkennen die Marketingleute mittlerweile, wie schön Rebounding sein kann. **Das müssen sie auch, weil ich nicht das Feld räume.** Je älter ich werde, desto besser werde ich.

Die meisten Spieler sagen: "Hey, hast du gesehen, wie ich 25 Punkte gemacht habe? Hast du diesen Spielzug von mir gesehen?" Was anderes interessiert sie nicht. Bei mir werdet ihr das nicht erleben. Was für Finten soll ich bei einem Rebound schon machen?

Die Leute sagen: "Was redest du da eigentlich? **Du kannst keine zwanzig Punkte erzielen."** Blödsinn. Wenn ich will, mache ich zwanzig Punkte, aber das ist gar nicht meine Absicht. Ich habe nicht vor, zwanzig Punkte zu erzielen oder meinen direkten Gegenspieler zu übertreffen und zu sagen: "Dem hab ich's gezeigt; er hatte bloß achtzehn. Scheißegal, ob wir verloren haben." Ich will ein Teil des Puzzles sein, will rausgehen und die andere Mannschaft schlagen.

Die Kehrseite meiner Rebounds sind meine Freiwürfe. Es ist unbeschreiblich, wieviel Mist ich mir schon hab anhören müssen, **weil ich ein erbärmlicher Freiwurfschütze bin.** Freiwürfe sind für mich eine lästige Pflicht, auf die ich gern verzichten würde. Man könnte meinen, **ich hätte Angst davor, den Ball zu werfen.** In der Saison 1994/95 warf ich die höchste Quote meiner Karriere – 68 Prozent aller Freiwürfe. Das ist zwar auch nicht besonders gut, aber immer noch besser als 1989, als ich bei fünfzehn Spielen 37 Prozent von der Linie warf. **So schlecht zu sein, ist echt hart, Mann.**

Aber wenn ich will, treffen meine Freiwürfe. Irgend etwas hält mich zurück. **Ich muß jetzt los,** muß jetzt gehen und mich da auf die Freiwurflinie stellen, während um mich herum alles stillsteht, mir nicht entgegenkommt. Darum **nehm ich das Ding und werf es einfach weg.** Kein Getue, kein Ritual oder so was. Manchmal seh ich mich einfach um, seh mich noch mal um und werf die Kirsche einfach, tippe sie nicht mal auf. Manchmal bewegen sich meine Füße, wenn ich werfe, und manchmal **weiß ich nicht mal genau, ob ich auf den Korb sehe.** Ich **will einfach nicht dastehen;** das Spiel soll sich wieder bewegen.

Reporter kommen zu mir, Trainer kommen zu mir, und sie sagen: "Du bist kein sehr guter Freiwurfschütze. Du kannst keine Freiwürfe schießen." Aber seht euch doch mal in der Liga um. Es gibt nicht sehr viele gute Freiwurfschützen. Ich schätze, die Leute stört eher meine Einstellung dazu.

Doch eins wird gern übersehen: **WENN ICH SIE VERSENKEN MUSS, VERSENKE ICH SIE.** Wenn das Spiel auf der Kippe steht, glaubt mir … dann tu ich sie rein. Dann nehme ich mir Zeit und gehe voll konzentriert vor. Ich kann nicht sagen, wie oft das der Fall war, aber gar nicht so selten.

Wenn ich meine Freiwurfquote auf 75 oder achtzig Prozent anheben könnte, würde mein Punkteschnitt garantiert in den zweistelligen Bereich hochschnellen. Dann könnte ich wie die anderen Superstars rumlaufen und von meinen Double-doubles erzählen. Das allein ist schon ein guter Grund, mir wegen Freiwürfen keine grauen Haare wachsen zu lassen.

Aber vielleicht fange ich ja eines Tages an zu punkten. **Wären da nicht alle von den Socken?** Was wäre wohl los, wenn ich auf einmal im Schnitt fünfzehn Punkte und achtzehn Rebounds pro Spiel schaffen würde … würden sie mich dann zum MVP der Liga küren? Nein, wahrscheinlich würden sie mir die Auszeichnung **AM MEISTEN VERBESSERTER SPIELER** geben.

Wenn ich das täte, würden sie echt nicht mehr wissen, was los wär. Sie würden sich fragen: "Mann, was hat er denn noch vor? Der Typ steckt voller Überraschungen."

Alle sind so versessen aufs Punkten, und deshalb interessiert es mich eigentlich nicht. Wenn ich wollte, könnte ich im Schnitt fünfzehn Punkte pro Spiel machen. Ich könnte allein acht bis zehn Offensiv-Rebounds im Spiel holen. Ein Punkteschnitt von vierzehn oder fünfzehn pro Spiel wäre also nicht besonders schwer. Ich könnte in jedem Spiel vier Körbe durch Tip-ins machen. Seht euch an, wie ich die Hände an den Ball bekomme, und ihr merkt, daß das überhaupt kein Problem für mich wäre.

Doch die Sache ist die, daß es nicht die mannschaftsdienlichste Spielweise wäre.

Welchen Einfluß ich auf die Liga habe, läßt sich nicht übersehen. Man sieht's bei jedem Spiel, in dem ich agiere: Die anderen wollen **Dennis Rodman halten, Dennis Rodman frustrieren,** ihn aus seinem Spielrhythmus bringen.

Denver hat beispielsweise einige ungewöhnliche Dinge mit mir versucht. Als ich bei San Antonio spielte, haben sie mir jemanden zugeordnet, der mich in jedem verdammten Spiel hauteng bewachte. Bei jedem Spiel gegen die Denver Nuggets läuft da irgendein verflixter Knilch rum und hat eine Hand in meinem Gesicht. Ich weiß nicht mehr, wer das eigentlich war ... für Spielernamen hab ich kein gutes Gedächtnis. Der eine deckt mich von vorne, ein zweiter auf der anderen Seite. Man sollte meinen, sie würden mich in Ruhe lassen, weil ich sowieso nicht punkte. Aber da kommt Denver und **doppelt praktisch einen Typen, der nicht mal den Ball fordert.** Und trotzdem habe ich gegen die Nuggets im Schnitt 22 Rebounds geholt.

Wenn ein Team mich austricksen, mich schikanieren oder halten will, frustriert mich das. So gesehen hat ihr Plan vielleicht Erfolg. Doch der negative Effekt für die gegnerische Mannschaft ist der, daß Frustrationen bei mir noch mehr Energie freisetzen. Ich bin darüber richtig glücklich. **Ich will herumgeschubst und geschlagen werden, ich will Pferdeküsse abkriegen.** Je mehr Blut, desto besser.

Bei jedem Spiel habe ich einen psychologischen Vorteil. Der Typ gegenüber sieht mich an und denkt: *Gott, dieser Typ ist* **so verrückt, so ausgeflippt,** *daß ich keine Ahnung hab, was er vorhat. Er redet mit keinem. Er sieht keinen an.* **Was läuft bei dem bloß im Kopf ab?**

Das ist vermutlich Scottie Pippen 1991 in den Playoffs

passiert. In dieser Serie bin ich ihm nicht von der Seite gewichen und bekam eine Buße aufgebrummt – fünftausend Dollar –, als ich ihn ins Publikum schubste. Danach bekam er Migräne und mußte ein Spiel lang pausieren. Wahrscheinlich hatte er wirklich Migräne, und ich war wohl nicht ganz unschuldig daran.

Die Leute wissen nicht, wie sie mich nehmen müssen. Wenn man mit Trainern – Chuck Daly ausgenommen – und anderen Spielern redet, dann **WISSEN SIE NICHT, WIE SIE AN MICH RANKOMMEN SOLLEN.** So mag ich es. Ich will nicht von Leuten umgeben sein, die mit Basketball zu tun haben. Ich habe mich mit einem Kraftfeld umgeben, mit einem Geheimnis, und das will ich nicht verlieren.

Als ich ein paar Wochen bei den Bulls war, wurde Scottie Pippen von der Zeitschrift *Sports Illustrated* gefragt, ob er sich mit mir unterhalten habe. Scottie antwortete: **"Nein, ich habe kein Gespräch mit Dennis geführt. Ich habe in meinem ganzen Leben noch kein Gespräch mit Dennis geführt, das ist also wohl nichts Neues."**

Das gehört alles zu meinem psychologischen Vorteil. Wenn mich andere Spieler kennenlernen würden, fänden sie unter Umständen raus, daß ich nicht der bin, für den sie mich halten. Als nächstes denken sie vielleicht, sie könnten mich auf dem Spielfeld kontrollieren. Diesen Vorteil räume ich ihnen nicht ein.

Du mußt **schon selber einen Weg finden, mich aufzuhalten, Mann,** doch den hat bisher noch keiner gefunden.

Nicht viele Spieler haben das durchgemacht, was ich durchgemacht habe. Wenn einem ab dem dreizehnten Lebensjahr erzählt wird, daß man in die NBA gehen wird, ist man mental womöglich nicht so stark wie ich. Ich hab mich dumm und dämlich schuften und **DURCH EINE MENGE SCHEISSE STEIGEN** müssen – der Tunnel, wißt ihr noch? –, um so weit zu kommen. Ich weiß, wie wichtig der Kopf ist.

Manche Trainer setzen einen Kerl auf mich an, der Dennis Rodman verletzen soll. Wißt ihr, was ich tue? Ich sage: "Na schön, prima ... ich nehme diese Herausforderung an. Tu mir weh, wenn du kannst." Wenn ihr mir was antun wollt – schön, aber dazu müßt ihr jemanden nehmen, der viel verrückter, viel wilder und viel bizarrer ist als ich. Nur so funktioniert es, und den Typen kenn ich nicht.

Und wißt ihr was? **Ich bin mir nicht mal sicher, ob es den überhaupt gibt.**

SIEBEN

FARBE BEKENNEN

Hautfarbe, auf dem Spielfeld und anderswo

Wenn es beim Basketball um Hautfarbe geht, dann ist die Sache ganz einfach: **Ein schwarzer Spieler weiß, daß er** aufs Feld gehen und **einen weißen Spieler in den Arsch treten kann.** Er kann ihn schlagen, und das weiß er. So einfach ist das, und es sollte niemanden überraschen. Der schwarze Spieler spürt es jedesmal. Er weiß es von innen heraus.

Doch es gibt auch Ausnahmen. John Stockton kann es mit jedem Point Guard in der NBA aufnehmen. Danny Ainge war einer der härtesten Spieler überhaupt. Larry Bird war ein Spieler der Extraklasse. Aber ich rede hier von der Einstellung, und dem schwarzen Spieler hat man die Überzeugung eingetrichtert, **ER KÖNNE DEN WEISSEN IMMER SCHLAGEN, WENN ES DRAUF ANKOMMT.**

Schwarze Sportler verstehen ihren Sport eher als Krieg als ein weißer Kollege. Besonders im Basketball ist der schwarze Sportler jedesmal darauf aus, diesen Krieg zu gewinnen. Meiner Ansicht nach setzt der schwarze Sportler jedesmal seinen Ruf aufs Spiel, wenn er das Spielfeld betritt.

Der Grund ist wohl der: **Sport hat für den schwarzen Sportler einen größeren Stellenwert.** Das war schon immer so. Es gibt zwar Ausnahmen, doch in der Regel bieten sich den weißen Jugendlichen mehr Chancen. Ein Schwarzer, der wie ich in einer Sozialsiedlung aufwächst, hat kaum Alternativen. Es sind verschiedene Welten.

Einem weißen Sportler bieten sich viel mehr Bereiche, in denen er es zu etwas bringen kann. Einem Weißen stehen alle möglichen Berufe offen. Er kriegt leichter Ferienjobs. Er besucht bessere Schulen. Seine Chancen, die High School zu beenden und später ein College zu besuchen, stehen besser. Auf Sport können eine Menge Weiße ganz gut verzichten. Sie betreiben vielleicht irgendeinen Freizeitsport, aber für ihre Berufsplanung spielt Sport keine Rolle.

Schwarzen steht ebenfalls die ganze weite Welt offen, nur häufig genug sehen sie sie leider gar nicht. Vielleicht sind ihre Schulen mies, ihre Lehrer unmotiviert, ihre Eltern nicht da. Für den Schwarzen aus einfachen Verhältnissen kommt an erster Stelle der Sport, danach erst alles andere. Aus Fernsehen und Werbung weiß er, daß man über Sport am schnellsten nach oben kommt. Er sieht nur **zwei Möglichkeiten, um der Armut zu entfliehen: SPORT oder DROGEN.** Das ist vielleicht nicht gut, aber eine Tatsache. Einem Weißen aus den Vororten fehlt diese Motivation, um im Sport erfolgreich zu sein.

Von klein auf ist der Konkurrenzdruck für schwarze Athleten stärker und härter. Das merkt man bereits, wenn man auf dem Spielplatz oder auf der Straße spielt. **DIE JUNGS WOLLEN BLUT SEHEN.**

Ich glaube auch, daß **SCHWARZE HÄRTER UND BESSER SPIELEN MÜSSEN,** um akzeptiert zu werden. Sie müssen etwas leisten und dann noch eins draufsetzen. Im Basketball ist es nicht ganz so, aber in vielen Sportarten akzeptiert die Gesellschaft einen schwarzen Sportler erst, wenn er herausragend ist. **Ein weißer Football-Quarterback kann Durchschnitt und trotzdem nicht arbeitslos sein,** aber wenn ein Schwarzer als Quarterback eine Chance kriegen will, muß er ein Star sein. Wer kein Star ist, sondern ein durchschnittlicher Quarterback, wird zum Wide Receiver oder Defensive Back umorientiert.

Ein schwarzer Eishockeyspieler ist wie ein Wunder. Schwarze wachsen nicht mit Eishockey auf. Wenn also ein Schwarzer Eishockey spielen will, muß er erst mal die Gelegenheit dazu haben, und dann phänomenal gut sein. Wenn nicht, bekommt er nicht mal einen Profivertrag.

Schwarze dominieren Basketball beinahe in dem gleichen Ausmaß, wie Weiße Eishockey dominieren. Von dem ganzen pseudowissenschaftlichen Gerede über erbliche Voraussetzungen und so was halte ich nichts. Ich glaube, die schwarze Dominanz im Basketball hat damit zu tun, daß es **SCHWARZE INTENSIVER WOLLEN** – und brauchen – als Weiße.

Wenn ich über Hautfarbe rede, muß ich noch mal auf das Ende meines ersten NBA-Jahres zurückkommen und **zu meinen Bemerkungen** *über Larry Bird*, nachdem uns die Celtics im Finale der NBA-Ostgruppe, der Eastern Conference, besiegten.

Es war eine schwere Serie, und wir verloren das siebte Spiel in Boston 117 zu 114. Anschließend herrschte im Umkleideraum eine solche Verbitterung, daß man sie fast mit Händen greifen konnte. Wir hielten uns **für die bessere Mannschaft**, und wir **waren stinksauer** darüber, wie uns die Fans im Boston Garden behandelt hatten. Wärend der gesamten Serie beschimpften sie uns mit allem, was ihnen gerade in den Sinn kam. Sie zogen über unsere Mütter, unsere Freundinnen, unsere Frauen her ... und darüber, wie wir Basketball spielten. Es war das Härteste, das ich je erlebt habe, verglichen damit kam mir das, was ich bei unserern Spielen gegen die Chicago Bulls durchmachte, wie das reinste Picknick vor.

In dieser Serie mußte ich Bird decken, und nachher wurde über nichts anderes mehr geredet. Ich war nicht in der Stimmung, das Passende zu sagen, deshalb sagte ich einfach irgendwas. Ich sagte, was mir gerade einfiel, wonach ich mich vielleicht besser fühlte und womit ich es vielleicht **diesen Fans heimzahlen konnte.**

Als ich nach Bird gefragt wurde, sagte ich: "Larry Bird wird in vieler Hinsicht überschätzt. Ich halte ihn nicht für den besten Basketballer. **ER WIRD GEWALTIG ÜBERSCHÄTZT.** Warum kriegt er so viel Publicity? **Weil er weiß ist.** Daß ein schwarzer Spieler der beste sei, behauptet nie jemand".

Isiah Thomas saß neben mir, sah auf und stimmte mir zu. Er sagte, wäre Bird schwarz, dann wäre er "nur einer von vielen guten Spielern."

Viele, hauptsächlich Schwarze, sahen das genauso. Vielleicht stimmt es, in gewisser Hinsicht, auch heute noch. Doch ich saß da – frustriert, verschwitzt, wütend – und redete unüberlegtes Zeug. Ich wollte einen Teil meiner Verbitterung gegen irgendeinen anderen richten, und zufällig bot sich Larry Bird gerade an. Wenn man es den Fans heimzahlen wollte, war er die beste Zielscheibe, weil man ihn in Boston wie einen Gott verehrte. Doch das alles tauchte nicht in den Zeitungen auf; so wie ich es sagte, klang es, **ALS WÄRE ICH EIN RASSIST UND EIN SCHLECHTER VERLIERER.**

Ehre wem Ehre gebührt: Larry Bird war ein großartiger Spieler.

Gegen Larry Bird verteidigen: "Gewaltig überschätzt, weil er weiß ist"?

Er beherrschte das Spiel, und er war clever. Und darauf kommt es an. Nicht darauf, ob man schwarz oder weiß ist. Wichtig ist, ob man Basketball spielen kann, und das konnte der Mann. Hätte ich mir vorher überlegt, was ich sagen will, dann hätte ich es anders formuliert. Die Hautfarbe hätte ich nicht erwähnt. Ich hätte sagen sollen: "Larry Bird ist ein großartiger Spieler, aber er bekommt schon allein deshalb eine Menge Aufmerksamkeit, weil er in Boston spielt, wo seit geraumer Zeit kein herausragender Basketballer mehr gespielt hat. Bird erhält viel mehr Aufmerksamkeit, weil er hier spielt."

Hinterher kriegte ich Haßbriefe. Waschkörbeweise. Als hätte ich die amerikanische Flagge verbrannt oder so was. Viele Leute hatten vorher noch nie von mir gehört, weil ich in meinem Rookiejahr nicht sehr viel Spielzeit bekam. Was für eine tolle Methode, um die Leute mit seinem Namen vertraut zu machen. Die Leute nannten mich einen Rassisten, während ich in Bokchito bei den Riches wohnte, die alle weiß sind. Außerdem war ich damals mit Annie verlobt, die auch weiß ist. Wenn man meine Worte mit meinem Leben vergleicht, dann hören sie sich widersinnig an.

Mit Bird hatte ich danach keine Aussprache. Er und Isiah gaben in Boston eine kleine Pressekonferenz, um die Wogen zu glätten. Sie saßen auf einem Podium, und Isiah sagte, es sei alles ein Mißverständnis. Larry saß daneben, nickte und sagte, er nehme uns nichts übel. Ich ging zurück nach Oklahoma und führte mein Leben weiter. **Ich hatte den Mist verbockt, und die Stars mußten ihn wieder auslöffeln.**

Übrigens hat Bird mir gegenüber nie ein Wort darüber verloren. Damals mußte ich ihn ständig decken, wenn er spielte, und er redete viel ... bloß nie über diese Sache. Er war einer der größten Trash-Talker weit und breit. Wenn er einen Korb gemacht hatte, lief er herum und sagte: **"Wer deckt mich eigentlich? Keiner deckt mich."** Dann guckte er mich an und sagte: **"Du sollst mich decken?"** Manchmal ging es das ganze Spiel über so.

Das war damals zu meiner Zeit als Small Forward, als ich

alle bedeutenden Korbschützen decken mußte. Es war ein echtes Wagnis, einem Neuling so was anzuvertrauen, ihn in den Conference Finals Larry Bird decken zu lassen. Aber ich brauchte das, und Chuck Daly vertraute mir. Ich respektierte Bird zwar, doch irgendwann **WAR MIR SCHEISSEGAL, WER ER WAR.** Ich sollte ihm nicht von der Seite weichen, ihn **ein bißchen rumschubsen.** Außerdem sollte ich ihn mit meiner Schnelligkeit bekämpfen ... er war vielleicht der langsamste Spieler der NBA. Aber schneller denken als er konnte ich nicht, weil er das ganze Spiel schon fertig im Kopf hatte. Er hatte das Spiel genauso vorbereitet, wie er es haben wollte.

In dieser Serie sagte ich mir im stillen: "Ich geh aufs Feld und mach meinen Job so gut wie möglich." Aber sie hatten das letzte Wort, weil sie in die Finals kamen. Und ich hockte in der Kabine und quatschte Zeug, das ich mir besser verkniffen hätte.

Aus dieser Episode lernte ich etwas: Die Frage der Hautfarbe wird außerhalb des Sports anders behandelt als im Sport.

Der Umkleideraum ist wahrscheinlich einer der wenigen Orte in Amerika, wo Schwarz und Weiß Tag für Tag miteinander umgehen. Klar, Schwarze und Weiße arbeiten zusammen in Büros oder auf Baustellen, aber nicht so, daß sie wie wir gemeinsam reisen und sozusagen zusammenwohnen. Ich glaube, die übrige Gesellschaft könnte etwas lernen, wenn sie sich Sportler als Beispiel nähme.

In der Umkleidekabine unterhalten sich die Jungs ganz offen über Hautfarbe. Ich scherze mit Jack Healey, der weiß ist, oder andere Schwarze scherzen mit anderen Schwarzen. Kompliziert wird es erst, wenn die Gesellschaft ins Spiel kommt. Wenn ein Weißer einen Schwarzen lange genug kennt, kann er den Schwarzen einen Nigger nennen, und jedem ist klar, er meint es nicht ernst. Aber wenn man das gleiche draußen in der Gesellschaft macht, wo jeder zusieht und bewertet, dann gelten andere Regeln.

Unter Mannschaftskameraden gibt es keine Anmache. In Detroit spielte Bill Laimbeer in unserem Team die Rolle des Weißen, der nicht springen kann. Er wußte selber, daß er nicht springen kann, und alle anderen wußten es auch. Wir machten Witze darüber, nannten es die **Krankheit des weißen Mannes,** und wußten, er würde es nicht in den falschen Hals kriegen. Man wußte außerdem, daß er sein mangelndes Sprungvermögen durch genügend andere Fähigkeiten wettmachen konnte.

Und wenn man einen schwarzen Spieler findet, der nicht springen kann, geraten die Weißen aus dem Häuschen. Jeder verarscht den Schwarzen, reibt ihm unter die Nase, daß er nicht springen kann.

Das erzählt euch jemand, für den Hautfarbe kein Thema ist. Ich bin farbneutral. Ich bin zwar schwarz, aber **MEINE FREUNDE BEHAUPTEN IM SCHERZ, ICH SEI EIN "WEISSER" SCHWARZER.** Die meisten meiner engen Freunde sind Weiße, und ich gehe mit weißen Frauen. Ich denke nicht in Farbkategorien. Ich bemühe mich, einen Schritt weiterzugehen.

Das Problem ist, daß einen manche Leute nicht weitergehen lassen. Wenn man ein Schwarzer ist und dazu ein prominenter Sportler, dann steht man plötzlich unter dem Druck, ein **Sprecher für alle Schwarzen zu sein.** Das gehört irgendwie dazu. Manchmal denke ich: *Scheiß auf die Rasse und die Leute, ich bleib mir selber treu.* Dann können sich die Leute – egal welcher Hautfarbe – selbst ein Urteil über mich bilden.

Jeder hat andere Erfahrungen gemacht. Jeder hat eine andere Geschichte. Was Einstellungen gegenüber der Hautfarbe betrifft, habe ich andere Erfahrungen als alle anderen.

Was Rassenhaß angeht, habe ich ein paar finstere Erlebnisse hinter mir, und ich hatte viele Gelegenheiten herauszufinden, wo ich in der Rassenfrage stehe. Ich war ein Opfer von Rassismus und bin als "zu weiß" kritisiert worden.

Manchmal hat mich die Sache mit der Hautfarbe verwirrt. **Oft habe ich gedacht, ich wäre lieber weiß.** Als Heranwachsender wurde ich von den Schwarzen nicht akzeptiert. Man hat mich wegen meines Aussehens aufgezogen und auf mir herumgehackt, und zwar in einer Gegend, wo ich mich hätte wohl fühlen sollen. Als ich nach Oklahoma aufs College kam, fand ich heraus, **daß ich auch nicht in eine weiße Umgebung paßte.** Ich fragte mich, ob ich wohl irgendwohin passen würde, solange ich eine schwarze Haut habe.

Ich weiß noch, wie es Mitte bis Ende der sechziger Jahre, zur Zeit der Bürgerrechtsmärsche, in Dallas war. In meiner Wohngegend gab es eine Menge Haß auf Weiße. 1968, nach dem Mord an Martin Luther King, **SAH ICH MIT AN, WIE MÄNNER** auf den Straßen von Oak Cliff **EINEN WEISSEN TOTSCHLUGEN.** Sie traten und prügelten auf dem Bürgersteig einfach auf ihn ein, bis er sich nicht mehr bewegte. Ich war damals sieben und dachte mir nicht viel dabei. Wir alle wußten, was geschah, wenn Weiße in die Siedlung kamen ... sie wurden zusammengeschlagen, oder ihre Autos wurden mit Steinen und Flaschen beworfen. So war das eben. Es war nicht in Ordnung, aber wenn man jung ist, nimmt man halt alles mögliche hin, ohne sich groß drüber zu wundern.

Als ich aufs College ging, wurde ich ständig an meine Hautfarbe erinnert. Bevor ich als Basketballer bekannt wurde, **hat man mich andauernd "NIGGER" gerufen.** Das taten diese Leute garantiert immer noch, nachdem ich der Uni durch den Basketball ein wenig Aufmerksamkeit eingebracht hatte, bloß dann hinter meinem

Rücken und leise. Das war ein ziemlich harter Ort für mich, und ich wurde wütend. Als ich neu dort war, wußte ich nicht, wie man mit so was umgeht, und mir fiel nur ein, daß ich solche Leute verletzen könnte.

Ich tat es nicht, weil ich dort Menschen hatte – Bryne und James Rich –, die verhinderten, daß ich Dummheiten machte. Und doch gab es Gelegenheiten, da stand ich kurz vor der Explosion. Und ich weiß wirklich nicht, wo und wann ich aufgehört hätte.

Ich rede hier von Durant, Oklahoma – sechstausend Einwohner –, und wenn sie mich schon nicht gern über den Campus gehen sahen, **DANN STELLT EUCH VOR, WAS SIE VON EINEM GROSSEN SCHWARZEN HIELTEN, DER WAS MIT EINHEIMISCHEN WEISSEN MÄDCHEN HATTE.** Wahrscheinlich könnt ihr es euch denken.

Zunächst einmal sieht man in Oklahoma auf dem flachen Land kaum Schwarze. Und wenn die Leute welche sehen, wollen sie nicht, daß die was mit ihren Töchtern haben. Ich kann mich speziell an einen Vater erinnern, der mich fertigmachen wollte, weil ich in meinem vorletzten Studienjahr auf Southeastern Oklahoma mit seiner Tochter was hatte. Wir bemühten uns auszugehen, ohne daß ihre Eltern davon Wind bekamen, doch einmal lud sie mich zu sich nach Hause ein, weil ihre Eltern ein paar Stunden nicht da waren.

Das Ganze entwickelte sich zu einem schlechten Film: Sie kamen früher nach Hause zurück und **FANDEN MICH MIT IHRER TOCHTER IM SCHLAFZIMMER.** Weil ich sie kommen hörte, griff ich mir meine Klamotten und flitzte in Richtung Hintertür. **Ihr Vater schnappte sich eine Flinte und rannte hinter mir her;** als ich durch die Hintertür war und die Straße hinunterlief, schoß er auf mich. Obwohl ich in einem üblen Stadtteil aufgewachsen war, hatte da zum ersten Mal jemand auf mich geschossen, und ich hatte Angst.

Dabei lernte ich auch etwas über das Mädchen. Sie wußte, was ihr Vater von mir hielt, ging aber das Risiko ein. Und sie hatte die Initiative ergriffen. Sie kannte die damit verbundenen Risiken, und obwohl ich es war, der beschossen wurde, knöpfte er sie sich auch vor.

So vieles hätte verhindern können, daß ich dorthin kam, wo ich heute bin. Wenn ich zurückdenke an die Zeit, als die Leute mich aufforderten, zurück nach Afrika zu gehen, und mir nur einfiel, mich mit einer Knarre oder der Schippe zu wehren. Statt dessen lernte ich Zurückhaltung, und mir wurde klar, daß **manche Menschen Rassenkonflikte haben wollen.** Sie können mit anderen nur umgehen, indem sie sie zu Feinden oder zu Untermenschen erklären. Ich habe wegen der Hautfarbe eine Menge Mist erlebt, aber aufgrund dessen weiß ich heute mehr. Ich bin dadurch nicht verdorben worden; ich habe davon gelernt.

Es gibt viel Haß auf der Welt, und zwar nicht nur auf einer Seite.

Doch alles, was ich durchgemacht habe, hat etwas bewirkt; es hat dazu geführt, daß ich alles akzeptiert habe, was auf mich zukam. Die meisten Menschen mit meiner Herkunft haben in der Regel nicht dieses Glück, daß sich eine Familie wie die Riches um sie kümmert und ihnen beibringt, wie man mit Situationen umgeht, die einen ein Leben lang begleiten.

Ich glaube folgendes: Wenn man hundert Schwarze und hundert Weiße in eine Gegend verfrachtet und sie von Kindesbeinen an zusammen aufwachsen läßt, werden sie sich als Einheit begreifen. Sie werden keine Trennlinien ziehen. Sie werden sich nicht als Schwarz und Weiß sehen. Das wäre wie **ein großer Umkleideraum,** wo man seine Worte nicht auf eine Goldwaage legen muß, weil man weiß, sie würden nicht mißverstanden.

Mit **SCHWARZER KULTUR hab ich nicht besonders viel am Hut.** Anscheinend gilt schwarze Kultur heute als Gangsta Rap und nichts weiter. Wenn man sich damit nicht abgibt, gibt man sich nicht mit schwarzer Kultur ab.

Ich verstehe, wovon die Rapper erzählen. Ich verstehe das, weil ich es gelebt habe. Da komme ich her, und dahin gehe ich immer wieder zurück. In Oak Cliff habe ich es täglich erlebt. Aber **ICH GLAUBE, RAP GEHT ES WENIGER DARUM, DIE LEUTE** über die Probleme der Schwarzen **AUFZUKLÄREN, EHER UMS GELDSCHEFFELN.** Die Rapper beuten eine Situation aus. Sie nutzen das Leid der Menschen aus, machen mit ihren Problemen Geld.

Ich glaube nicht, daß sie fühlen, was sie singen. Meiner Meinung nach richten sie sich nach dem, was sich am besten verkauft, nicht nur bei schwarzen, sondern auch bei weißen Jugendlichen.

Trotzdem glaube ich, daß Rap eine gute Seite hat. Die Leute bekommen dadurch einen Eindruck von dem, was Schwarze durchgemacht haben und immer noch durchmachen. Man sieht **jede Menge weiße Jugendliche** durch Einkaufszentren oder so schlendern, die Rap hören und **sich wie schwarze Jugendliche kleiden und reden.** Vermutlich gefällt das ihren Eltern nicht, aber vielleicht verstehen sie die Schwarzen später mal besser. Wenn ich diese weißen Kids sehe, hab ich den Eindruck, sie wären lieber schwarz. Dann muß ich an die Zeit denken, als **ICH WEISS SEIN WOLLTE,** weil ich mich nicht der schwarzen Gemeinschaft zugehörig fühlte, in der ich aufwuchs, und wie ich in Oklahoma nicht das Gefühl hatte, zu den Weißen zu gehören.

Manchmal glaube ich, die Rapper wollen eine Tour durch die Sozialsiedlungen veranstalten. Sie nehmen eine Ladung Weiße und einen Haufen Schwarze, die nicht in den schwarzen Armenvierteln wohnen, mit auf eine Busrundfahrt durch diese Wohngegenden. Und sie sagen: **"Hier, Mann, sieh's dir selber an."**

Doch vor allem glaube ich, daß sie ihre Herkunft verkaufen. Ich muß allerdings zugeben, daß ich auch ab und zu mal was mache, wobei ich mich beschissen fühle. Manchmal **mache ich eine Werbung für irgendwas und denke, ich steh gar nicht auf das Produkt. Warum tue ich es also?** Dann gehe ich mit mir ins Gericht und denke, ich verkaufe mich bloß.

Solche Sachen stören mich, und darum **kann ich mit PEARL JAM so viel anfangen.** Ich kann mehr mit ihnen anfangen – und komme besser mit ihnen klar – als mit den Rappern oder mit den Spielern in der NBA. Ich habe einen so engen Bezug zu ihnen, weil sie ihre Arbeit so kompromißlos ehrlich verrichten, genauso wie ich meine Arbeit verrichte.

1993 erzählte der Bassist dem Rest der Band, er wolle mich kennenlernen. Er erzählte Eddie Vedder und den anderen, was sie auf der Bühne seien, das sei ich auf dem Basketballfeld. Sie merkten, daß ich an das gleiche glaubte wie sie.

Ihre Musik gefiel mir schon, bevor ich die Band kennenlernte, weil sie bei mir einen Nerv traf. Wenn man Pearl Jam richtig zuhört, merkt man sofort den Unterschied zwischen ihnen und jeder anderen Band. Als Basketballer verbinden mich mit ihnen als Band **die Gefühle, die wir rauslassen, wenn wir auftreten.** Es ist leicht, Gefühle rauszulassen, doch es kommt darauf an, sie anderen zu vermitteln.

Was das betrifft, kommt keine Band an Pearl Jam heran

und kein Sänger an Eddie Vedder. Im Basketball kommt keiner an mich heran. Ich spiele vielleicht jeden Abend dasselbe Spiel, aber es ist jedesmal ein anderer Auftritt. Man geht immer nach Hause und weiß, man hat etwas Neues erlebt. Es ist zwar Basketball, aber auch mehr als das. Das gleiche gilt für Eddie Vedder; auch wenn er bei jedem Auftritt dieselben Songs spielt, empfindest du doch jedesmal etwas anderes. Selbst wenn du zu zehn Pearl-Jam-Konzerten gehst, empfindest du nie dasselbe dabei.

In meinem Leben spielt Musik eine große Rolle; sie hilft mir bei der Vorbereitung aufs Spiel und aufs Training, und sie hilft mir, meine Gedanken zu ordnen. Ich höre fast immer Pearl Jam. Wenn du ihre Musik hörst, dann weißt du, was sie durchmachen und worum es im Leben geht. Man kann es in ihren Gesichtern sehen, so wie man es meinem Gesicht ansieht, wenn ich auf dem Spielfeld bin.

Im Sommer 1995 sollte ich mit ihnen auf Tournee gehen, doch daraus wurde nichts, weil Eddie krank wurde und die Tour abgesagt werden mußte. Ich hab sozusagen 'ne Dauereinladung, jederzeit bei ihnen Schlagzeug spielen und singen zu dürfen, aber ich bin irgendwie noch nicht soweit. Ich muß noch an meinen Stimmbändern arbeiten, ehe ich auf die Bühne steige.

Als ich mal einen Sommer lang im ultrakonservativen kalifornischen Orange County lebte, fuhr ich mit meinem schwarzen Ferrari durch La Habra. Neben mir saß mein Freund und Manager Dwight Manley. Wir wollten gerade irgendwo ein Häppchen essen, da sehe ich im Rückspiegel einen Polizeiwagen mit eingeschalteten Blinklichtern, was bedeutet, daß du rechts ranfahren sollst.

Als er zum Wagen kommt, sage ich: "Was hab ich verbrochen, Mann? Ich bin nicht zu schnell gefahren." Er guckt mich an wie'n echt mieses Arschloch und sagt: **"STEIG AUS, DANN ZEIG ICH'S DIR."**

Als wir zur Rückseite des Wagens kommen, will er mir weismachen, meine Zulassung sei abgelaufen. Ich sage: "Mann, das sind Nummernschilder aus Texas. Die Plakette klebt an der Windschutzscheibe."

Er sieht mich komisch an und will einen Ausweis sehen. Ich reiche ihm den Führerschein, und sobald er meinen Namen sieht, ändert sich sein Verhalten komplett.

Plötzlich sagt er so bekloppte Sachen wie: "O Mann, schickes Auto. Sie haben wirklich Geschmack. Verzeihen Sie die Störung."

Offenbar hatte er meinen Namen erkannt, aber nicht mich, was eigentlich merkwürdig ist. Ich hatte damals fuchsienrote Haare, allerdings eine Baseballmütze drüber.

Doch der Kerl ist typisch für den Müll, den diese Gesellschaft produziert. Er sieht einen **SCHWARZEN IN EINEM FLOTTEN AUTO** und denkt sofort, irgendwas stimmt da nicht. Wahrscheinlich ein Rauschgifthändler, oder? Er wußte nicht, was er davon halten sollte, daß wir durch diese stinkkonservative Stadt fuhren. Vielleicht dachte er, **wir wollten da einmarschieren mit unseren Ferraris.**

Das passiert mir ziemlich oft, und ich weiß, daß es anderen Sportlern genauso ergeht. Sobald die Beamten rausfinden, wer ich bin, ist alles in Butter. **DIE POLIZEI IN DALLAS hat meine Mutter ständig angehalten,** als sie den Mercedes fuhr, den ich ihr geschenkt hatte. Es kam soweit, daß sie den Wagen verkaufte, weil sie es leid war, permanent angehalten zu werden. Die Cops wollten nicht glauben, daß eine Schwarze ein großes schickes Auto besitzt. Meine Mutter verkaufte es, weil sie ihr das Gefühl gaben, eine Verbrecherin zu sein, nur weil sie einen flotten Wagen fuhr.

Früher dachte ich, das alles würde sich ändern, wenn ich erst in die NBA käme und mir einen Namen machte, aber leider ist das nicht so. Inzwischen hab ich es geschafft, fühle mich aber ausgesprochen unwohl, wenn ich ein elegantes Restaurant betrete.

DIE LEUTE FÜHLEN SICH VON MIR BEDROHT. Reiche Weiße, reiche Schwarze, egal. So wie ich aussehe, halten mich beide Seiten für eine Bedrohung. Wenn ich nicht der wäre, der ich bin, würde man mich in bessere Restaurants – oder auch in Kinos – gar nicht reinlassen, weil man mich automatisch für ein Mitglied irgendeiner miesen Gang halten würde. Ein Blick auf meine Tätowierungen, meine Haare und meinen Schmuck, und schon wäre alles klar. Jetzt akzeptiert man mich nur, weil ich Geld und einen gewissen Bekanntheitsgrad habe. Nun werd ich deswegen nicht in Jubelrufe ausbrechen und denken, diese Leute hätten mich akzeptiert, ich weiß es nämlich besser. Sie haben es nicht.

Ich bin mit WEISSEN FRAUEN zusammen. Das stört viele Leute, vor allem schwarze Frauen.

Es sind schon Leute zu mir gekommen und haben gefragt: **"Warum gehst du nicht mit schwarzen Frauen?"** Darauf weiß ich keine richtige Antwort, weil ich nicht glaube, daß ich schwarzen Frauen vorsätzlich aus dem Weg gehe. Es ergibt sich halt so.

Schwarze Männer mit weißen Frauen – das ist heutztage ein Riesenthema. Schwarze Frauen glauben, daß schwarze Männer ihnen die kalte Schulter zeigen und sich weiße

Frauen schnappen, sobald sie erfolgreich sind. Vermutlich könnten sie sagen, daß ich in diese Kategorie falle. **Meine EXFRAU ist weiß. MADONNA ist weiß. Alle meine festen Freundinnen waren weiß.**

Bei mir ist es allerdings ein wenig anders, weil nicht ich irgendwem die kalte Schulter gezeigt habe. Bei mir war es genau umgekehrt, Mann. **Schwarze Frauen haben mich nicht akzeptiert,** als ich jünger war. Ich war nicht attraktiv. Ich hatte kein Geld für schicke Klamotten. Ich war nicht das, was sie sich wünschten.

Doch jetzt bin ich akzeptabel. Da ich jetzt etwas Geld habe und ziemlich bekannt bin, hat sich das Blatt gewendet. Einige derselben schwarzen Frauen, die vor Jahren nicht mit mir reden wollten, kamen ins Haus meiner Mutter geflitzt und fragten: **"Wo ist dein Sohn? Wie geht's deinem Sohn?"**

Kaum war ich in der NBA, interessierten sie sich erstaunlicherweise für mein Befinden.

Damals, bevor ich jemand wurde, wollten schwarze Frauen im Viertel Autos, Klamotten und Geld. Außerdem mußte man gut aussehen, und ich konnte mit nichts davon aufwarten. **ICH BIN ZWAR IMMER NOCH NICHT DER BESTAUSSEHENDSTE MANN DER WELT,** aber kaum sehen sie den Glamour und das Geld, stoßen sie alle ins selbe Horn und fragen sich, warum ich mit weißen Frauen gehe.

Ich halte schwarze Frauen für dominanter als weiße Frauen. Schwarze Frauen haben Selbstvertrauen. Oft genug müssen sie die Familie durchbringen, weil kein Mann zur Verfügung steht, und sie lernen dadurch, stark zu sein.

Weiße Frauen sind auch selbstsicher, legen aber meiner Ansicht nach mehr Wert auf ihr Äußeres und darauf, wie sie auf andere Menschen wirken. Bis zu einem gewissen Grad trifft das zwar auf alle Menschen zu, ganz gleich welcher

Hautfarbe, aber bei Weißen ist es offensichtlicher. Schwarze sind lockerer und haben eher so 'ne Scheiß-drauf-Einstellung, zieh einfach los und mach dein Ding.

Viele weiße Frauen, die mit schwarzen Männern zusammen sind, sagen, die schwarzen Männer behandelten sie besser als weiße Männer. Das stimmt nicht immer, aber ich glaube, eine Weiße denkt womöglich, **mit einem Schwarzen zu gehen, sei das Beste auf der Welt,** weil es was Neues ist. Weil es nicht ihre Kultur ist, lernt sie etwas und bemüht sich, dazuzugehören. Das kann spannend sein, und wenn ein Schwarzer sie gut behandelt, glaubt sie, es sei perfekt.

Außerdem gehen weiße Frauen natürlich Beziehungen zu schwarzen Männern ein, weil sie glauben, **sie hätten sexuell mehr davon.**

Manche Leute sagen, sie hätten was mit Menschen anderer Rassen, weil die Hautfarbe für sie keine Rolle spiele, und so ist es bei mir. Außerdem finde ich es für eine weiße Frau erfrischend, mit einem Schwarzen zusammenzusein; das gibt der Beziehung eine neue Dimension. Sie hat das Gefühl, einem Schwarzen gegenüber alles tun oder sagen zu können, ohne dafür gleich bewertet zu werden. Es besteht eine größere Offenheit, das Gefühl überwiegt, nicht mit allem konform gehen zu müssen, was die Gesellschaft von einem verlangt.

In der NBA ist es gang und gäbe, daß schwarze Spieler weiße Frauen oder Freundinnen haben. Schwarze mit Prestige sind generell häufiger mit weißen Frauen zusammen.

Da gilt wieder die alte **DOPPELMORAL:** Für einen Basketballer, Filmstar oder Entertainer ist es eher akzeptabel, Rassenschranken zu übertreten. Wenn du ein ganz normaler Durchschnittstyp bist, sehen dich die Leute an, als hättest du irgendwas falsch gemacht.

Sehr oft – wenn auch nicht in letzter Zeit – **habe ich mich zurückgelehnt und mir gewünscht, weiß zu sein.** Irgendwie ist es kompliziert, ich wollte nämlich nicht nur weiß sein, weil Weiße Vorteile haben, die Schwarze nicht haben, und ich wollte auch nicht nur weiß sein, um in Orten wie Durant, Oklahoma, akzeptiert zu werden.

Aufgewachsen bin ich in einer Sozialsiedlung, wo alle schwarz waren. Aber von diesem Umfeld fühlte ich mich abgelehnt. Ich wurde dort nicht akzeptiert, war **zu MAGER, zu HÄSSLICH, zu WAS WEISS ICH.** Das war angeblich "mein Volk", aber sie behandelten mich nicht wie einen von ihnen.

Als ich größer wurde, hackte man in der Schule und sonst überall auf mir herum. Es war echt heavy, ich wußte nicht, was ich dagegen tun sollte. So war es nun mal, und ich mußte damit fertigwerden. Ich löste das Problem, indem ich aufstand und mein eigener Herr wurde, nicht so einer, wie ihn sich andere vorstellen.

Bevor ich bekannt und reich wurde, akzeptierten mich die Schwarzen nicht, und die meisten Weißen akzeptierten mich auch nicht. In welcher Situation ich mich auch befand, ich hatte die falsche Hautfarbe. Bestimmt machen das viele Kids und junge Leute durch. Sie denken genau wie ich: **Ich will die richtige Hautfarbe haben.**

Als ich nach Oklahoma kam, wandte ich mich von allem ab, was ich zurückgelassen hatte. Ich konnte nur erfolgreich sein, wenn ich bloß nach vorne sah und vergaß, was auf der Straße passiert war. Dann lernte ich Bryne und seine Familie kennen und wollte nur als sein Freund akzeptiert werden. Ich wollte weiß sein, weil ich akzeptiert werden wollte. Ich wollte, daß Brynes Mom auf dem kürzesten Weg nach Hause fahren konnte. Ich wollte, daß ich für die Autofahrer und die

Väter der weißen Mädchen nicht mehr bloß ein Schwarzer war, weiter nichts. **Ich dachte, WENN ICH WEISS WÄRE, wäre ich ein bißchen zufriedener.**

Ich wollte weiß sein, weil ich schwarz war, **und schwarz war nie die richtige Hautfarbe.**

ACHT

SEX

Wer, was, wann, wo und warum

Fünfzig Prozent des Lebens in der NBA sind SEX. Die anderen fünfzig Prozent sind GELD.

Darauf läuft es außerhalb des Spielfelds hinaus: Hälfte Geld, Hälfte Sex.

IN DER NBA WIMMELT ES NUR SO VON SCHARFEN FRAUEN. Wenn du die freie Auswahl unter ihnen haben willst, dann mußt du dorthin. Man **GEHT NICHT ZU FOOTBALL ODER BASEBALL** oder irgendeinem anderen Sport. Basketball ist bekannt für die Frauen, die sich im Umfeld der Spiele herumtreiben. Unter Sportlern war das noch nie ein Geheimnis, erlangte aber allgemein eine größere Aufmerksamkeit, als Magic Johnson bekanntgab, er sei HIV-positiv. Damit rückte Sex in der NBA ins Zentrum des Interesses, und die Medien verbreiteten, daß Frauen Basketballer für die ultimativen Sexobjekte halten würden.

In jeder Stadt der Liga gibt es eine Gruppe von Frauen, die sich im Umfeld der Arenen aufhalten und wissen, wohin die Spieler nach den Spielen gehen. Es sind Profis, und viele von ihnen sind verteufelt sexy.

Frauen stehen auf Basketballer. Sie vergöttern Basketballer geradezu. **SIE WOLLEN BASKETBALLER FICKEN.**

Als ich anfing, war ich nicht darauf vorbereitet, was sexmäßig in der NBA so abgeht. Nicht mal annähernd, da es in meiner Vergangenheit nichts gegeben hat, was mich darauf vorbereitet hätte. Doch ich mußte schnell lernen ... alles ging sehr schnell.

Ich habe gelernt, mit dem Prestige und der Macht umzugehen, die man als NBA-Spieler hat, hatte aber anfangs kein gutes Gespür dafür. Ich kam von Southeastern Oklahoma, einem winzigen College Marke unwichtig, nicht von renommierten Basketball-Unis wie North Carolina oder Duke. Auf dem College mußte ich kaum Autogramme geben, und ich hatte keine Ahnung, warum die Leute auf einmal mein Autogramm haben wollten, als ich in die NBA kam.

Multipliziert das mit hundert, und ihr wißt, was ich von der ganzen Sexszene in der NBA hielt. Wenn ich schon nicht begriff, warum jemand meine Unterschrift auf einem Papierfetzen haben wollte, **wie sollte ich dann begreifen, warum diese Unmengen von Frauen MIT MIR SCHLAFEN wollten?** Wär ich in North Carolina oder sonstwo aufs College gegangen, wäre ich besser drauf vorbereitet gewesen, was mir in der NBA blühte. Dieses Glück hatte ich nicht, daher mußte ich es Stück für Stück lernen.

In den letzten Jahren bin ich zur Madonna der NBA, zur Madonna der Sportwelt geworden. Wie das passiert ist –

keine Ahnung. Ich bin nicht der bestaussehendste Typ weit und breit, aber **die Leute wollen mit DENNIS RODMAN bumsen.** Das gilt für **Männer wie Frauen.**

Das ist eine Kehrtwende von 180 Grad. Als ich jünger war, verspotteten mich die Mädchen und fanden mich alles andere als attraktiv. Ich war mager, klein, und sie fanden, ich sähe komisch aus. Jetzt wollen sie mich alle. **ZU VIELE WOLLEN MICH.**

Ich bin zwar immer noch nicht der attraktivste Mensch der Welt, aber das habe ich dadurch überspielt, daß ich der mit dem größten Selbstvertrauen, der extravaganteste bin. Was andere denken, ist mir scheißegal, und Frauen mögen das. Nicht nur Frauen … die *Leute* mögen das.

Natürlich wollen Frauen oft genug einfach nur mit einem Basketballer schlafen, weil er ein Basketballer ist. Das geschieht häufiger, als sich das ein Außenstehender vorstellen kann. Es gibt Frauen, die ihr ganzes Leben darum herum aufbauen, daß sie mit Profisportlern schlafen. Bei denen muß man aufpassen, denn viele davon sind darauf aus, einem Geld abzunehmen. Das klingt zwar hart, ich habe aber genug in dieser Richtung erlebt, um zu wissen, daß es stimmt. Ich hab das hinter mir.

Es gibt da so etwas wie ein großes Netzwerk, und solche Frauen finden raus, wo sich die Spieler aufhalten. Sie kriegen raus, in welchen Hotels die Mannschaften absteigen, und da gehen sie auch hin und treiben sich in den Hotelbars rum. **In jeder NBA-Stadt gibt es eine entsprechende Underground-Szene;** die Frauen finden raus, in welche Clubs die Jungs gerne gehen, sie kennen die Hotels, und sie bleiben nach den Spielen in der Nähe, um die Aufmerksamkeit der Spieler auf sich zu lenken.

Sie sind nicht dumm. Sie legen eine komplette Mappe über einen Spieler an. Ich habe von **Frauen gehört, die**

sich die Gehälter sämtlicher NBA-Spieler ausgeschnitten haben, wenn die in den Zeitungen standen, als Entscheidungsgrundlage, an wen sie sich heranmachen sollen. Sie besorgen sich alle Informationen, die sie für nötig halten, dann **KNÖPFEN SIE SICH EINEN SPIELER VOR UND VERFOLGEN IHN.** Es ist wirklich erstaunlich, wie intensiv sich einige damit befassen.

Gewisse Frauen im Dunstkreis der Liga kennt jeder. Sie werden von Team zu Team weitergereicht, schlafen mit möglichst vielen Spielern und versuchen, einen zu finden, der sie versorgt. Manche Spieler reden untereinander über solche Frauen, doch davon halte ich nicht viel. Das ist, als behandele man jemanden wie ein Stück Fleisch, und so sollte man nicht über andere Menschen reden. Und mich interessieren auch die Mädchen nicht, die Listen erstellen, mit wem sie schon alles geschlafen haben. Ich weiß, wie solche Frauen über Spieler reden **– wer ist gut im Bett, wer nicht –**, will aber nichts damit zu tun haben. Die meiste Zeit über halte ich mich sowieso nicht dort auf, wo die meisten Spieler sind.

Aber mir haben manche Frauen so einiges über andere Spieler erzählt. Da **verlier ich automatisch** jede Lust. Es gibt nichts Schlimmeres, als von einer Frau erzählt zu kriegen, was passiert ist, als sie mit einem anderen Spieler im Bett war. Soll mich das interessieren oder was? Soll ich es vielleicht weitererzählen? Ich würde so was keinem anderen erzählen, und ich würde nie die Namen der erwähnten Spieler weitersagen. Eine Frau, die so was macht, hat von vornherein schlechte Karten. Wenn man sich mit so einer einließe, könnte man später in eine Lage geraten, in der man sich nur ungern wiederfände. Vielleicht verklagt sie dich, nur um an dein Geld zu kommen. Manche dieser Frauen sind verzweifelt – in ihren Augen ist das die einzige Möglichkeit, um an Geld und Prestige heranzukommen –, und das ist wirklich traurig.

Was Frauen angeht und worauf sie aus sind, **SO DURCHSCHAUE ICH EINE MENGE VON DEM SCHEISS.** Ich war auf der anderen Seite, wo sie mich keines Blickes gewürdigt haben, weil ich nicht entsprechend aussah oder nicht genug Geld hatte. Wenn sich eine Frau irgendwo an mich heranmacht, sag ich ihr das manchmal ins Gesicht. Das kann durchaus amüsant sein.

Als ich im Sommer nach meinem letzten Jahr bei den Spurs in einer Bar in Newport Beach war, hatte ich ein bißchen was intus, sagte also so ziemlich alles, was mir gerade in den Sinn kam. Auf einmal kam ein blondes, vielleicht achtzehnjähriges Mädchen auf mich zu und sagte kichernd: "Ich liebe dich, Dennis."

Damals hatte ich gerade fuchsienrote Haare, meinen Nasenring drin, ich hatte vier Ohrringe, und man sah die Tattoos – nichts fehlte.

Ich musterte sie ganz ernst von oben bis unten und sagte: "Du liebst mich also, stimmt's?"

"Na klar, und ob", sagte sie.

"Ich stehe hier mit pinken Haaren, einem Nasenring, jeder Menge Ohrringe ... Darling, **würdest du mich auch lieben, wenn ich kein Basketballer wäre?"**

Sie sah mich verschüchtert an, lächelte kurz und zog ab. Sie hatte gedacht, ich würde mich einfach bloß bedanken und ihr die Hand schütteln. Sie hatte keine Ahnung, was mir für eine Laus über die Leber gelaufen war.

WAS SEX BETRIFFT, WAR ICH EIN SPÄTZÜNDER. Als Jugendlichen fanden mich die Mädchen nicht besonders attraktiv, und meinen ersten Geschlechtsverkehr hatte ich mit zwanzig, und zwar mit einer Prostituierten in unserem Viertel. Ich glaube, sie hat's mir und meinen Freunden für zwanzig Dollar besorgt. Aber ich habe mein Geschlechtsleben in der NBA nie so gesehen, als würde ich dadurch früher Versäumtes nachholen. Auf den Gedanken bin ich nie gekommen.

Als ich zum erstenmal den Dress der Pistons anzog, entdeckte ich folgendes: **Solange ich Basketball spiele, kriege ich jede Frau, die ich will.** Wenn ihr die Wahrheit wissen wollt, das ist sie. Wenn man das Geld und das Prestige hat, das zu einer Laufbahn in der NBA gehört, dann kann man haben, wen man will. Geld ist Macht, und Macht ist Geld.

Am ersten Tag, als ich mir den Dress anzog, auf dem "NBA" stand, sagte ich mir im stillen: "Jetzt bist du in der NBA." Ich dachte damals nur an den Basketball-Aspekt, fand aber heraus, daß viel mehr damit zusammenhängt. Der Dress ist die Eintrittskarte nach Nuttenhausen, nach Fickdorf und nach Groupiecity. Er ist die Eintrittskarte, die einem jede Tür auf der Welt öffnet. Du brauchst keine Kondome oder so was, tritt einfach ein und bediene dich. Tritt einfach ein und wälz dich in irgendeinem fremden Schlafzimmer.

In meinem Leben spielt Sex eine sehr wichtige Rolle. Das gebe ich zu. Ich bin in einer Position, **wo ich jederzeit Sex haben kann, wenn ich will,** ich kann das also im Kopf an- und abstellen. Das ist eine feine Sache. Ich bin am Steuer, könnte man vermutlich sagen. Ich kann tatsächlich eine Frau anrufen und sie sofort bei mir haben. Gib mir eine Viertelstunde, und ich habe eine phantastische Frau.

Es ist alles da, man muß nur zugreifen. Die ganze Welt ist eine offene Tür, und einige Burschen verlieren ihre Seele, indem sie jede einzelne dieser Türen aufstoßen. Man muß wissen, was es da draußen gibt, und dann muß man sich vorstellen, was man davon hat. Wen kann ich haben? Ist sie gut im Bett, und kann ich wiederkommen und es genauso noch mal haben?

Wenn eine NBA-Mannschaft Auswärtsspiele absolviert, ist das so ähnlich wie eine Band auf Tournee. Um Bands treiben sich Groupies herum; Groupies treiben sich um Basketballteams herum. Im Musikbusiness hat man Sex, Rauschgift und Geld; im Basketball hat man Frauen und Geld.

Sport ist sehr elegant. Basketballspieler sind sehr elegant. Man muß seinen eigenen Stil, sein eigenes Charisma haben. Man braucht Selbstsicherheit und Sexappeal. Wenn man das hat, sehen einen Frauen und Männer an und sagen: "Verdammt, das will ich."

Diesen Stil habe ich, und eine Menge Spieler wollen ihn auch, kriegen ihn aber nicht hin. Im Moment sehe ich in der NBA niemanden, der ihn hinkriegt. Ich sehe **eine Menge Spieler, die dem nacheifern, was ich mache.** Sie versuchen dem, was sie haben, etwas hinzuzufügen, doch das ist in erster Linie **PURER FAKE.**

Mehr Spieler als je zuvor haben Tätowierungen. Mehr Spieler tragen Ohrringe. Mehr Spieler versuchen, die Generation X, die Grunger, anzusprechen. Für mich war das alles ganz selbstverständlich. Ich hatte ein Tattoo, bevor es als cool galt, bevor es akzeptiert wurde. Als ich Ohrringe, einen Nasenring und einen Nabelring trug, hielten mich die meisten in der Liga für verrückt. Wenn man sich jetzt umsieht, fällt einem auf, daß immer mehr Spieler probieren, dieses Aussehen, diese Aura hinzukriegen.

Ich versuche, die Leute raten zu lassen, was ich vorhabe, aber das ist wohl etwas außer Kontrolle geraten. In San

Antonio gab es Call-In-Radiosendungen, wo die Leute anrufen und raten sollten, was ich als nächstes tun würde. Welche Haarfarbe legt er sich als nächstes zu? Kommt er pünktlich? Wird er sich wirklich die Fingernägel lackieren? Offenbar bin ich zu einer Art Obsession gworden, und zwar nur, weil ich aus dem Rahmen falle, den die Öffentlichkeit für einen Profi gezimmert hat.

Wenn ich drüber nachdenke, erstaunt es mich immer wieder: **Warum sind den Leuten solche Dinge so wichtig?** Ich versteh's nicht, aber solange es so bleibt, liefere ich ihnen Stoff zur Unterhaltung.

Ich würde nie Buch über die Anzahl der Frauen führen, mit denen ich geschlafen habe. Das finde ich echt mies. Ich kann nicht lügen wie Wilt Chamberlain. **WILT CHAMBERLAIN HAT SICH DUMM UND DUSSELIG GELOGEN** und damit eine Stange Geld verdient. Ich möchte nicht rumsitzen und zählen oder sagen, wie viele Frauen ich im Schnitt pro Woche vernasche und dergleichen. Das ist kein Spiel. **In meinem Schlafzimmer wird nicht Buch geführt.**

Wilt Chamberlain hat behauptet, er habe mit 20 000 Frauen geschlafen. Stellt euch das mal vor. Das sind drei bis vier Frauen am Tag, und das fünfzehn bis zwanzig Jahre lang. Ich möchte wissen, wer dieses Tempo beibehalten kann. **WILT SOLLTE SEINE EIGENE BESCHISSENE SAMENBANK AUFMACHEN**, dann wär er der reichste Mann der Welt. Ich halte das einfach **FÜR EINEN HAUFEN SCHEISSE.**

Sexuelle Leistungen spielen im Leben der NBA eine große Rolle. Sie gehören zu dem Szene-Wissen der Frauen, die regelmäßig bei den Spielern rumhängen. Wenn man sich entschließt, mit einer Frau ins Bett zu springen, dann besser mit dem Vorsatz, gut zu sein. Das wird erwartet. Wenn du nicht gut bist, wenn du schlecht bist, dann mußt du jedenfalls **dafür sorgen, daß du dich gut anhörst.** Sie müssen dir glauben, daß du einen Mordsspaß dabei hast.

Die Spieler betrachten ihre Leistung im Bett wie ihre Leistung auf dem Basketballfeld. Und du mußt etwas leisten. Du mußt ein Schauspieler sein, wenn du unterwegs mit Frauen ins Bett steigst. Das ist so, als würdest du dieser Frau **eine Privatvorstellung** geben, und du mußt ihr etwas bieten, **woran sie sich erinnern kann.** Wenn du ein Single bist und dich durch die Betten schlafen willst, mußt du einfach ein Schauspieler sein. Wenn nicht, spricht sich das rum.

Wenn ein Typ dabei nur an sich selbst denkt und die Frauen nicht mit Respekt behandelt, dann wird es ziemlich schwer für ihn, beim nächstenmal eine zu finden. Diese Frauen reden. So wie sich die Spieler über die Groupies in verschiedenen Städten unterhalten – von welchen man die Finger läßt und welche cool sind –, genauso reden die Frauen über die Spieler.

Ich habe die Erfahrung gemacht, daß viele dieser Frauen alles nur Erdenkliche unternehmen, um mit jemandem zusammenzusein, der Geld hat. Für die Spieler ist das problematisch, denn **du kannst im Nu den Bach runtergehen.** Wenn du nicht weißt, was da abgeht, so wie ich, als ich in der Liga anfing, dann gerätst du leicht in große Schwierigkeiten. Doch sobald du herumkommst und diese Sachen rausfindest – nachdem du ein paarmal reingefallen bist –, bist du soweit, daß du jeder mißtraust.

Ich kannte mal eine Frau in Atlanta, mit der ich immer zusammen war, wenn ich in die Stadt kam. Sie war **Cheerleaderin für die Atlanta Hawks**, und sie war cool. Wir schliefen ziemlich oft miteinander und hatten eine drei oder vier Jahre dauernde, ziemlich lockere und streßfreie Beziehung. Sie war nur eine Freundin, nichts Ernstes ... wenigstens glaubte ich das.

Damals wußte ich es nicht, aber sie bewahrte alles, was ich ihr gab, in einer Schachtel auf. Damit meine ich keine Geschenke oder Liebesbriefe. Damit meine ich *alles* ... ein Blatt Papier, auf das ich eine Telefonnummer gekritzelt hatte, einen Notizzettel, den ich in kleine Fetzen zerrissen hatte, weil ich mich langweilte, eine Essensquittung. Einfach alles.

Da lagen Briefe von mir, in denen stand: "Wenn aus dieser Beziehung nichts werden sollte, möchte ich trotzdem, daß wir Freunde bleiben. Wir werden für immer Freunde sein."

Nichts von wegen: "Du bist meine Freundin, und ich will den Rest meines Lebens mit dir verbringen." Nichts in der Art, aber so wie sie alles aufbewahrte, war klar, daß sie die Beziehung so einschätzte. Wenn ich ihr mal ein Freundschaftskärtchen oder so was gegeben hatte, es lag in der Schachtel. Wenn ich mal auf irgendwas gekritzelt hatte, es lag da drin.

Manchmal möchte ich mit einer Frau nur befreundet sein, aber sie läßt das nicht zu. Ich möchte nur bei Auswärtsspielen oder sonstwo eine Bleibe haben, doch die meisten Frauen begreifen das als Liebesbeziehung. Wenn es keine ist, sind sie am Ende gekränkt. Dabei spielt es keine Rolle, ob man von vornherein reinen Wein einschenkt und sagt, man möchte nur eine Freundschaft und nichts Ernstes. Sie verstehen das immer noch nicht. Sie denken: **"Also, wenn ich's dir im Bett nur gut genug besorge, wird sich schon was entwickeln."**

Wie sich herausstellte, plante auch die Cheerleaderin der Hawks in diese Richtung. Anfang 1995 verklagte sie mich auf 1,5 Millionen Dollar. Sie behauptete, ich hätte ihr Herpes angehängt und schulde ihr deswegen so viel Geld.

Zunächst einmal, **ICH HABE KEIN HERPES.** Damit war der Fall in meinen Augen erledigt. Am Ende waren auch die Geschworenen dieser Ansicht, und ich gewann vor Gericht, aber erst mußte ich einen Riesenprozeß durchstehen, was mich um 225 000 Dollar Anwaltskosten erleichterte. Ich hatte zwar gewonnen, aber doch auch verloren. **ICH BIN VERARSCHT WORDEN.**

Einige Frauen geben sich jede erdenkliche Mühe, NBA-Spieler mit linken Methoden zur Heirat oder dazu zu bringen, daß sie ihnen das geben, was sie wollen. Wenn der Spieler den Köder nicht schluckt, versuchen sie auf andere Weise zum Ziel zu kommen. Sie wollen einfach mit einem Sportler schlafen, und dann soll der für alles zahlen. In diesem Geschäft ist das der Alltag.

Vermutlich hätte ich es bei ihr wissen müssen, aber ich sah es nicht kommen. Ich bemühe mich, im Zweifelsfall das Beste von der Frau zu denken, und das war schließlich auch keine Sache von einer Nacht. Ich hab nie daran gedacht, daß ich ausgenommen werden sollte. Nachdem sie die Klage eingereicht hatte, nahm sie an, sie könnte sich außergerichtlich mit mir einigen. Sie sagte: **"Okay, gib mir eine halbe Million, und ich zieh die Klage zurück."** Darauf ich: **"Wofür? Daß ich dich nicht mit Herpes angesteckt habe?"**

Das ist echter Irrsinn. Deshalb habe ich es auf einen Prozeß ankommen lassen. Wenn ich nicht geglaubt hätte, daß ich gewinnen würde, wenn ich gedacht hätte, an der Sache wäre etwas dran, hätte ich gezahlt, damit sie mich in Ruhe ließ und die Zeitungen keinen Wind davon bekamen.

Ich glaube, daß ich den Prozeß gewann, weil ich mich in den Zeugenstand begab und selbst eine Aussage machte. Ich sagte: "Wenn ich Herpes hätte – was nicht der Fall ist –, würden beide Beteiligten die Verantwortung tragen, wenn man beschließt, keine Kondome zu verwenden. Sie und ich sind übereingekommen, daß wir keine Kondome verwenden wollten." Ich hatte sie schließlich nicht vergewaltigen oder irgendwas vor ihr geheimhalten wollen.

Sie behauptete, sie hätte mich nicht ansehen dürfen, es sei dunkel gewesen, und ich hätte im Dunkeln geduscht ... lauter verrücktes Zeug, das nie passiert ist.

Auch ihre Schachtel wurde als Beweisstück vorgelegt. Das brachte jeden im Gerichtssaal zum Lachen, sogar die Geschworenen. Wie konnte eine Frau, mit der ich nicht einmal fest befreundet war, so daneben sein, daß sie diesen ganzen Kram aufhob? Ich merkte, daß die Geschworenen dachten: **Soll der Mann reingelegt werden oder was? Will sie ihm was anhängen, um ihm eine Million Dollar abzunehmen?** Ich glaube, die Antwort darauf hieß ja, und genauso war es auch.

Ich weiß nicht, ob ich ihr wirklich vertraut habe. So richtig traue ich keiner. Wenn ich mit einer Frau zusammensein will, ist das prima, aber ich traue ihr nicht. Frauen nehmen alles zu ernst. Sie sagen: "Dieser Typ ist echt nett zu mir. Ich glaube, den will ich jetzt regelmäßig sehen." Manchmal begreifen sie nicht, daß es nur Freundschaft ist.

Ich hatte auch andere Verfahren, von meiner Scheidung mal ganz abgesehen. Eine Frau behauptete, **ich hätte ihren Hintern getätschelt,** eine andere sagte, **ich hätte verrückte Sachen zu ihr gesagt**. Dann war da noch die Frau aus Detroit, die 60 000 Dollar von mir bekam, weil ich hinter einem Ball her gewesen war und auf die Tribüne gehechtet bin, wobei ich ihr ein paar Zähne ausgeschlagen habe. **WAS ABGEFAHRENE SCHEISSE ANGEHT, BIN ICH BESTIMMT NBA-SPITZENREITER.**

Nach einer Weile ist dir klar, daß du solche abgefahrenen Sachen erleben wirst – dumme kleine Nebensächlichkeiten –, aber das macht es dir nicht leichter. Es ist und bleibt schwer, einer Person ins Gesicht zu sehen, und dir wird dabei klar, daß sie ihren Lebensunterhalt damit verdient, anderen Leuten das Geld aus der Tasche zu ziehen.

Wenn ich bloß irgendein sogenannter "normaler" Mensch wäre, wär ihnen schnurzegal, ob ich ihnen den Hintern tätscheln oder sogar auf sie zukommen und ihnen einen Kuß geben würde. Sie würden mir eine Ohrfeige verpassen, und damit basta. Aber sobald sie jemanden sehen, der Geld und einen gewissen Status hat, denken sie: *He, er hat mich angemacht, da müßte doch für mich was bei rausspringen.* Sie blasen es zu einer Riesensache auf ... ob es eine war oder nicht.

Wenn es nicht um Geld geht, ist es was anderes. **GELD ÄNDERT ALLES.** Es bewirkt, daß die Leute versuchen, aus einer Mücke einen Elefanten zu machen. So haben sie die Möglichkeit, an leicht verdientes Geld zu kommen ... und zwar Geld, das sie normalerweise nicht hätten.

Anderen fällt es schwer zu glauben, daß ich in den letzten sechs Jahren so viel Geld verdient habe, ohne etwas auf die hohe Kante zu legen. Ihnen ist nicht klar, wieviel von meinem Geld an Anwälte gegangen ist. Wenn ich in den letzten fünf oder sechs Jahren keine Anwälte hätte bezahlen müssen, hätte ich heute wohl drei oder vier Millionen Dollar auf der Bank. Allein für die Scheidung werde ich am Ende wohl insgesamt zwei Millionen berappen müssen.

Ich geb's ja nur ungern zu, aber wenn es um Frauen geht, denke ich immer sofort, **die wollen an mein Geld ran.** Das ist immer mein erster Gedanke. Das denke ich, weil mir so viel Mist widerfahren ist. Einige Groupies sind wirklich super, sehen toll aus, phantastisch. Und einige sind raffiniert. Aber manche von ihnen wollen bloß mit Spitzensportlern schlafen. Ihr Ziel ist, mit möglichst vielen zu schlafen, um vielleicht einen zu finden, der bei ihnen bleibt und sie versorgt.

Anfangs war mir das meiste davon nicht klar. Langsam, aber sicher lernte ich dazu. Als Rookie flüsterten mir die Kollegen manchmal Sachen ins Ohr wie: "Sei da draußen bloß vorsichtig, Dennis. Reiß dich am Riemen." Aber man muß da weitgehend seine eigenen Erfahrungen machen. Du machst Fehler und bemühst dich, sie das nächstemal zu vermeiden.

Als ich vom College kam, war ich naiv. Ob ich wollte oder nicht, ich mußte mich ändern, mußte härter und zynischer werden.

Ich lernte, wie leicht es ist, mal eben einen reinzustecken. Es ist einfach und jederzeit verfügbar. Man muß nicht groß überlegen, und es macht Spaß. Es ist ein tolles Gefühl – jeder Typ träumt doch davon, Frauen zu haben, bei denen er nur zugreifen muß, stimmt's? Doch irgendwann sollte man sich fragen: **"Mache ich da auch nichts falsch? Mache ich auch wirklich nichts falsch, wenn ich mit der Frau schlafe, die ich eben erst kennengelernt habe?"**

Manchmal schlafe ich mit einer Frau und fühle mich hinterher sterbenselend. Dann liege ich da und denke: *O Scheiße. Verdammt, warum hast du das bloß gemacht?* Ich habe das Gefühl, jemanden zum Sex benutzt und mich dabei entwürdigt zu haben. Das ist kein angenehmes Gefühl.

Ich stelle mir vor, daß ich wieder heiraten werde. Die Zeit wird kommen, in der ich kürzer treten und mich aus diesem Zirkus verabschieden werde. Aber falls ich noch mal heiraten sollte, müßte es zwischen uns beiden eine Abmachung geben. Sie müßte dann meine Vorgeschichte verstehen und begreifen, daß ich mit Annie in eine üble Lage gekommen bin … für die ich wahrscheinlich mein restliches Leben lang zahlen muß. Das werde ich nicht noch mal durchmachen. Mir ist völlig egal, wie gut du aussiehst oder was für ein toller Mensch du bist, du mußt mir gegenüber einfach absolut ehrlich sein. Wenn du mitmachen willst, müssen deine Motive stimmen. Du mußt auch bei mir bleiben können, **wenn ich am Ende wieder auf dem Flughafen ackere.** Du mußt es auch mit mir aushalten können, wenn ich nicht mehr spiele und die Scheinwerfer erloschen sind. Darauf mußt du dich einstellen, denn das sind meine Bedingungen.

Was Sex angeht, kann mich wohl nichts mehr erschüttern. Die abgefahrensten Vorschläge machen mir Ehepaare. Die kommen in einer Kneipe oder nach einem Spiel zu mir, und **dann erzählt mir der Mann, ich soll mit seiner Frau ficken.** Ich soll's mit ihr treiben, während er zusieht. Sie hat diese Phantasie, und der Mann auch.

Das erstemal bekam ich diesen Vorschlag in einem Club in Dallas zu hören. Ich konnte es nicht glauben. Es hat mich schlicht umgehauen. Mittlerweile ist das oft passiert ... ein paarmal auf einer Toilette, aus welchem Grund auch immer. Der Ehemann geht mir nach und trägt mir sein Anliegen vor. Sie erwarten wirklich, daß ich da mitmache.

Ich frage dann schlicht und einfach: "Warum? Warum willst du das eigentlich machen?"

Dann sagen die Typen: "Meine Frau will es."

Und ich sage: "Na schön, und dadurch ist die Sache wohl in Ordnung?"

"Meine Frau findet dich toll, und ich würde gern zusehen, wie du meine Frau fickst."

Dann sehe ich den Typen an und sage: "Okay. Du willst also dabei zusehen, wie ich deine Frau ficke? Falls ich das je täte, würde ich gern deinen Gesichtsausdruck dabei sehen. Wie würdest du dich fühlen, wenn es deiner Frau gefiele? Du würdest vermutlich dastehen und sagen: 'Ach du Scheiße.' Und was wäre, wenn sie zu mir käme und sagte: **'Ich will's noch mal tun, aber diesmal, ohne daß mein Mann es weiß.'?"**

Ich kann so was nicht. Ich würde es nie tun. Inzwischen ist es keine Überraschung mehr. Am Anfang war es für mich ein Schock. Ich dachte: "Was *soll* der Scheiß? Ver*dammt*, das ist verrückt." Jetzt gehört es einfach zu meinem Leben. Ich bin's gewöhnt, solche Verrücktheiten zu hören, heute **GEHÖRT ALSO MEHR DAZU, WENN MAN MICH SCHOCKIEREN WILL.**

Für manche Paare ist es ein Traum, so was – mit einem Prominenten – zu treiben. Wenn man sexuell sehr aktiv ist, träumt man vielleicht von so was. Ich glaube, **daß jeder Mann davon träumt, es mit ZWEI FRAUEN zu treiben.** Das würde wohl jedem Mann gefallen, **es sei denn, er ist Priester.**

Das ist was anderes als der Typ, der mir dabei zusehen will, wenn ich's seiner Frau besorge, aber es gibt bestimmt Leute, die es gern mit noch'm Typen und einer Frau tun würden. Ein Teil der Gesellschaft steht auf so was. Das weiß ich, weil ich es selbst gesehen habe. Manche Männer wollen mir beim Sex zusehen – das ist ihr Traum. Wieder andere Ehemänner wollen selbst mitmachen.

Das ist alles schon ziemlich verrückt, und manche Leute stehen auf abgedrehten Kram. An mich wird so was immer wieder herangetragen, weil man mich für einen sexuell sehr aktiven Menschen hält, und daß ich mit Madonna zusammen war, hat die Leute auf den Gedanken gebracht, *ich sei jemand, der* **allzeit zu allem bereit ist.**

Es gibt Menschen, die alle Varianten ausprobieren wollen. **Darum ist Pornographie so beliebt.** Die Leute sehen sich so was an, und dann bemächtigt es sich ihrer Phantasie. Sie können es auf diesen Pornobildern sehen und glauben irgendwann, das wollten sie auch. Warum gibt es Pornozeitschriften? Damit man sie kaufen und sich einen runterholen kann und hofft, daß es einem irgendwann selbst passiert. Das ist der Hauptgrund. Einige Leute sind halt so dreist, daß sie einen sogar fragen. Sie denken sich wohl, mehr als nein sagen kann der andere nicht.

Versteht mich nicht falsch. Ich habe mehr als genug Zeitschriften gekauft. Ich habe mehr als genug Pornofilme gekauft. **Und ich habe mehr als genug einsame Nächte mit Judy (meiner rechten Hand) und Monique (meiner linken Hand) durchgestanden.** Das leugne ich gar nicht. Das habe ich mir genauso zuschulden kommen lassen wie jeder andere Mann.

Manche Männer, viele Männer, halten es eventuell für schmeichelhaft, wenn ihnen eine Frau und ein Mann den Vorschlag unterbreiten, der mir unterbreitet wurde. Ich bin's gewohnt, mich tangiert das also nicht mehr, aber man kann das durchaus als Beleidigung auffassen. **So als wäre ich bloß eine Art Sexobjekt,** mit dem man herumspielen und experimentieren kann. Diese Leute führen sich auf, als **wäre es gleichgültig, was ich will.** Aufgrund meines Rufs oder meines extravaganten Auftretens gehen sie davon aus, daß ich so etwas machen möchte. Manche glauben sogar, weil ich ihre Frauen ansehe, sie taxiere, sei ich daran interessiert, mit ihnen beiden ins Bett zu steigen.

Ich sehe das so: Falls ich so was täte, würde ich das gleiche mit meiner eigenen Frau oder meiner Freundin machen. Das heißt, ich hätte gern, daß sie es mit einem meiner Freunde treibt. Das kann ich nicht. So bin ich nicht.

Andere Spieler in der Liga bekommen ebenfalls solche Angebote, ich weiß aber nicht, wie sie darauf reagieren. Über so was rede ich mit ihnen nicht, stehe ihnen auch nicht so nahe. Ich weiß bloß, **daß ich mittlerweile mit so was rechne. In dieser verrückten Welt rechne ich mit so ziemlich allem.**

Ich glaube nicht, daß Magic Johnsons Enthüllung, HIV-positiv zu sein, irgendwelche Einstellungen verändert hat, was Sex in der NBA angeht. Das hat wohl weder Einstellungen noch Verhaltensweisen verändert. Wenn man in der NBA spielt, hält man sich für unverwundbar. Man hält sich für kugelsicher.

Aids ist kaum mehr als ein flüchtiger Gedanke, etwas, das anderen zustößt.

In der NBA verfügt man über ein wenig Kontrolle, ein wenig Macht, ein wenig Prestige. Ein Weilchen hält man den Joystick in den Händen. Dein Leben hängt davon ab, wie du mit diesem Joystick umgehst und wie du mit deinen Pfunden wucherst.

Als bekannt wurde, daß Magic mit dem Virus infiziert ist, war das für alle ein Schock. Das hätte keiner von einem Superstar der NBA erwartet. Keiner glaubte, daß so etwas passieren könnte.

Ich würde nie etwas Schlechtes über Magic sagen – wir sind Freunde –, aber die Öffentlichkeit hätte nicht schockiert darüber sein dürfen, daß ein weltberühmter Sportler HIV-positiv ist. Wenn ein anderer Mensch Aids hat, irgendein ganz normaler Mensch und kein großer Star, ist niemand schockiert. Wenn es jemanden drei Häuser weiter oder in ihren Büros trifft, sagen die Leute: "Das ist eine aggressive schreckliche Krankheit." Die Menschen sind zwar traurig, aber nicht so schockiert, daß sie in ihrem Leben innehalten.

Es ist schon lächerlich, wie diese Welt einen NBA-Spieler schützen und gleichzeitig zum Gott stilisieren kann. **Wir sollen vor Seuchen wie Aids immun sein? Jetzt macht mal'n Punkt.** Und wenn wir daran erkranken, müssen wir uns bloß im Fernsehen entschuldigen, vielleicht noch sagen: "Ich kann nicht fassen, daß mir so was passiert ist. Ich hätte mir der Gefahr bewußter sein müssen."

Und das stimmt. **Wir sollten uns der Gefahr bewußter sein.** Keine Frage. Aber wir Basketballer oder anderen Sportler sind nicht schuldiger oder unschuldiger als jeder normale Mensch. Magic sollte sich nicht dafür rechtfertigen müssen, daß er krank geworden ist, als hätte er durch seine Krankheit die Menschen enttäuscht. Ich finde das unlogisch.

Als diese Nachricht zuerst bekannt wurde, gab es in den Medien jede Menge Berichte über die sexuellen Gewohnheiten von Profisportlern. Es gab eine große Initiative, daß alle Präservative benutzen sollten. Alle wollten wissen, ob sich nun das Sexualverhalten von Sportlern ändern würde.

Die ersten paar Wochen änderte sich wirklich etwas. Die Jungs benutzten Kondome und achteten vielleicht ein wenig mehr darauf, mit wem sie ins Bett stiegen. Doch das hielt nicht lange vor, und heute verhält man sich so wie früher. Ich schätze, heute gilt das gleiche wie vor Magic: **Keiner glaubt, es könnte ihm passieren. Alle rammeln wieder wie die Karnickel.**

Für jemanden, der jederzeit jeden vögeln kann, ist Aids nichts weiter als reine Einbildung. Wenn man es wirklich will, und es wartet schon auf einen, dann macht man es eben und verschwendet keinen Gedanken mehr an Aids. Richtig ist das nicht, aber so ist es nun mal.

Wenn einen die Lust so richtig packt, rangieren Präser erst unter ferner liefen. Schon möglich, daß die Jungs Kondome kaufen, aber benutzen sie sie dann auch? Ich gebe gern zu, daß ich die Dinger nicht immer benutze. Ich habe sie benutzt, aber **manchmal gehorcht der Körper nicht dem Geist**, und man greift nicht nach ihnen.

Viele Spieler versuchten die Angst vor Aids mit der Behauptung zu verscheuchen, Magic Johnson müsse eine schwule Beziehung gehabt haben. Die Leute hielten ihn für bisexuell, was keiner für möglich hält, der ihn wirklich kennt.

Aber **FALLS MAGIC EINE SCHWULE BEZIEHUNG GEHABT HÄTTE, WÄRE DAS GANZ ALLEIN SEINE ANGELEGENHEIT.** Wenn er bisexuell wäre, wäre das seine Sache. Um so größer die Hochachtung vor Magic Johnson, wenn er tatsächlich schwul oder bisexuell wäre. Würde das etwas daran ändern, daß er einer der größten Basketballspieler aller Zeiten ist? Natürlich nicht.

Erst hat man sich nicht um das Geschlechtsleben eines Menschen gekümmert. Aber kaum war er HIV-positiv, da hieß es: "Er muß schwul sein, anders kriegt man kein Aids." Aber Aids bekommt man auf verschiedene Arten und Weisen. Also, wer weiß? Man wird es nie erfahren.

Wenn ich Aids hätte und bisexuell oder schwul wäre, würde ich an die Öffentlichkeit gehen und sagen: **"Yeah, ich hab mit Typen geschlafen. Es ist meine Schuld. Ich hätte mich schützen sollen.** Ich kann dazu nur sagen, ich weiß, daß ich mich hätte schützen sollen, doch es ist nun mal passiert, und das lag an dem heftigen leidenschaftlichen Sex, nach dem man strebt, den man aber mit einem Kondom nicht erlebt."

Ich wäre auf jeden Fall vor die Presse getreten und hätte das gesagt. Dafür hätte ich mich nicht geschämt, und die Menschen hätten mich noch mehr respektiert, weil ich so mutig gewesen wäre, vorzutreten und die Wahrheit publik zu machen.

Daß Magic 1996 in die NBA zurückkehrte, war für die Liga und für die Menschen mit Aids oder HIV sehr gut. Erstens hat er bewiesen, daß er ein normales Leben führen kann, und zweitens hat er bewiesen, daß er immer noch Basketball auf dem weltweit höchsten Niveau spielen kann. Als er bekanntgab, daß er wieder für die Los Angeles Lakers spielen wollte, gab es keine große Debatte unter den Spielern, ob es auch wirklich sicher sei, wenn er wieder spielte, vielleicht hat man also inzwischen gelernt, den Virus nicht mehr so zu fürchten.

Als 1992 bekannt wurde, Magic wolle wieder in der Liga spielen, sprach sich Karl Malone am lautesten gegen seine Rückkehr aus. Es gab auch andere – beispielsweise Mark Price –, aber Malone bekam die meiste Publicity. Er war der bekannteste Gegner, und er hatte die größten Schwierigkeiten damit. Ich glaube nicht, daß Karl Malone Magic so behandelte, wie der es verdient hätte. Wie kaum ein anderer hat Magic die Liga zu dem gemacht, was sie heute ist, und er hätte eine bessere Behandlung verdient.

Als Magic diesmal wirklich aufs Spielfeld zurückkehrte, sagte Karl Malone, er respektiere seine Entscheidung. Gegen Magics Rückkehr zu kämpfen, wäre in meinen Augen genauso, als wollte man keinen an Herpes oder Tripper Erkrankten in der Liga haben. Ich weiß, daß HIV und Aids damit nicht zu vergleichen sind, **ABER MIR IST VÖLLIG SCHNUPPE, OB DER TYP, DEN ICH DECKE, HIV-POSITIV IST.** Wenn man gut genug über die Krankheit informiert ist, läßt man sich deswegen keine grauen Haare wachsen.

Wir traten in Magics zweitem Spiel nach seiner Rückkehr gegen die Lakers an, und ich mußte das ganze Spiel über gegen ihn verteidigen. Es war das erstemal, daß er auf echten Widerstand traf, da es die Lakers im ersten Spiel mit den Golden State Warriors zu tun gehabt hatten, und Golden State hat keine Abwehr. Ich dachte mir, daß ich Magic auf die einzige Art begrüße, die ich kenne: indem ich ihn schubse und buffe und behandle wie jeden anderen Spieler in der Liga. Wie ich damals zu einem Reporter sagte, ist es mir egal, ob er Aids, Masern, Krebs oder sonstwas hat. **Ich werd ihn trotzdem mit harten Bandagen bekämpfen, und wer auch nur ein bißchen Mumm hat, macht's genauso.**

Magic Johnson: Mich kümmert nicht, ob der Typ, den ich decke, HIV-positiv ist

Nach dem Spiel gaben Magic und Michael Jordan eine große Pressekonferenz, und es ging darum, wie ich Magic nicht von der Seite gewichen war und ihm keinen Zentimeter freien Raum gelassen hatte. Magic sagte, er sei dankbar für diese sportliche Auseinandersetzung, denn nur so könne er besser werden. Und er fuhr fort: "Ich glaube, Dennis wollte diesem Land eine Botschaft zukommen lassen. Er hat mich umschlungen, geschubst, angerempelt, und ihm ist nichts passiert. Wir müssen uns also keine Sorgen machen, daß irgendeinem anderen was zustoßen könnte." Dann brachte er es mit den Worten auf den Punkt: "Ich glaube, wir haben heute abend für viele Menschen ein Stück Aufklärung geleistet."

Das fand ich auch, habe aber nie groß drüber nachgedacht. Hoffentlich konnten wir zur Aufklärung einiger Leute etwas beitragen ... ich meine derjenigen, die diese Krankheit aus den falschen Gründen fürchten. **Wären alle besser über HIV und Aids informiert, hätte Magic vielleicht früher sein Comeback feiern können.** Oder vielleicht hätte er gar nicht erst gehen müssen.

Als ich während der Playoffs 1995 die Aids-Schleife in meine Haare färben ließ, wurde ich der erste Profi aus einer großen Mannschaftssportart, der offen für die Aidskranken eintrat. Zweifellos war ich der erste, der dieses Statement so deutlich abgab.

Das tat ich, weil ich es tun wollte. Ich hatte das nicht lange im voraus geplant oder so ähnlich. Ich bin ein spontaner Mensch, und damals war mir danach, die Aufmerksamkeit auf Menschen mit Aids zu lenken. Kein anderer Spitzensportler hatte bisher seine Ansichten so öffentlich kundgetan, und daher ging ich zu meinem – schwulen – Friseur und sagte ihm, er solle meine Haare grün färben und auf den Hinterkopf die rote Aids-Schleife hineinfärben. Ich dachte mir: Wir wollen es ins Fernsehen bringen, und man soll es zur Kenntnis nehmen. **Alle Aids-Opfer sollen wissen, daß DENNIS RODMAN Kenntnis von ihnen nimmt und sie respektiert.**

Dazu gab die NBA keinerlei Stellungnahme ab. Sie können wohl schlecht was dagegen sagen, daß ich mich für leidende Menschen einsetze. Ich bekam nichts Negatives zu hören, und ich bekam nichts Positives zu hören.

Manche Leute sagten zu mir: "He, das war echt cool, wie du deine Verbundenheit mit den Aidskranken gezeigt hast."

Auch haben sich anschließend viele Aids-Infizierte bei mir gemeldet. Sie schrieben mir einfach, um mich wissen zu lassen, daß sie die Geste zu schätzen wußten und froh darüber waren, daß jemand in meiner Position an sie dachte.

Meine Mannschaftskameraden sagten nichts. Natürlich nicht. Sie dachten vermutlich, ich hätte abgehoben und wäre wieder in meinem eigenen Universum.

Im Sport herrscht eine beträchtliche Schwulenfeindlichkeit, und diese Schranken müssen abgebaut werden. Diese Leute haben kein Verbrechen begangen, um sich die Krankheit zu holen. Sie haben es nicht drauf angelegt, sie zu bekommen. Sie wollten sie gar nicht haben. Es klingt zwar blöde, daß man so was sagen muß, aber **Aidskranke sind keine schlechten Menschen.**

Aids hat dem Sex einiges an Spaß genommen. Wenn man sich verantwortungsbewußt verhält, muß man sich ständig fragen, wer den Erreger in sich trägt. In den sechziger Jahren vögelten die Leute wie die Kaninchen; in den Siebzigern war's genauso. Wenn du jetzt, in den achtziger und neunziger Jahren, mit jemandem schlafen willst, dann mußt du bei deinem Partner vorher mit 'm Topfreiniger aus Stahlwolle eine Hautschicht abrubbeln, um sicherzugehen, daß er nichts Ansteckendes hat.

Aids macht mir Sorgen. Man muß sich Sorgen machen, hat gar keine andere Wahl. Aids lauert da draußen. Es hat meine Gewohnheiten in mancher Hinsicht geändert. Ich muß mir ehrlich eingestehen, daß uns diese Krankheit erhalten bleibt. Sie wird uns nicht so schnell wieder verlassen, vernünftigerweise zieht man sich also was über, um sicherzugehen.

Aids ist einfach schon deshalb ein wichtiges Thema in der NBA, weil Sex in der NBA ein wichtiges Thema ist. **Wenn die Spieler in die Liga kommen, interessieren**

sie sich für zweierlei: GELD UND WEIBER. Funktionäre, Trainer, die Liga – alle wissen, daß die Jungs losziehen und ficken wollen; sie wissen, daß die Spieler so viele Frauen wie möglich auftreiben werden. Und das ist auch nicht schwer. Sie werden Frauen finden, die verteufelt sexy sind ... gutaussehend, anhänglich und so weiter. Und sie werden keine Sekunde lang über die Konsequenzen nachdenken.

Sagen wir's mal so: Ich weiß, daß *ich* es so gemacht habe. Ich bin mit Unmengen von Frauen ins Bett gestiegen, ohne auch nur einen Gedanken an ein Kondom zu verschwenden. Ich bin von Bett zu Bett gehopst. Ich hatte nicht sehr viele Frauen, nicht so viele, wie Wilt Chamberlain für seine Person beansprucht hat, doch ich weiß, wie es ist, einfach mit einer Frau ins Bett zu springen. Ich weiß, wie es ist, zu vögeln, ohne sich irgendwelche Gedanken zu machen.

Und ich glaube, daß sich trotz Magic heute in der NBA nicht groß etwas geändert hat. Magic hat keineswegs laute Alarmglocken geläutet, die alle gehört haben. **SEX OHNE KONDOM IST ALLES ANDERE ALS UNÜBLICH.**

Jeder ist sich bewußt, worum es bei Aids geht. Die Liga informiert die Spieler und klärt sie auf. Die einzige Frage ist: Denken die Spieler daran, was ihnen zustoßen könnte? Für die NBA muß die Antwort meiner Ansicht nach nein lauten. Die meisten glauben vermutlich nicht, daß ihnen etwas passieren könnte. Das hat alles etwas mit Ruhm und dem Ego zu tun.

Wenn man in der NBA ist, hat man alles. **MAN LEBT IN EINER SCHEINWELT.** Man hat Geld, Beachtung, Frauen. Jemand räumt hinter einem auf. Man steigt nur in den besten Hotels ab. Man ist unbesiegbar. Man ist unsterblich. Man kriegt kein Aids, also muß man sich nicht davor schützen. Man macht einfach so weiter wie bisher.

NEUN

VON MANN ZU MANN

Lackierte Fingernägel und der Status quo

"Basketball ist ein Männersport." – "Sport ist eine Männerwelt."

Jeder hat in seinem Kopf eine Vorstellung davon, was es bedeutet, in unserer Gesellschaft Sportler zu sein.

Ich lackiere mir die Fingernägel. Ich färbe mir die Haare. Manchmal trage ich Frauenkleider.

Ich möchte die gängige Vorstellung darüber in Frage stellen, wie ein Sportler zu sein hat. Ich möchte gern **DENNIS RODMANS WEIBLICHE SEITE** betonen. Ich möchte die Leute schockieren, sie sollen sich fragen, was ich eigentlich für einer bin. Eine **Schwulenbar zu besuchen** oder **ein straßbesetztes Trägertop anzuziehen** gibt mir das Gefühl, ein kompletter Mensch zu sein und nicht nur ein eindimensionaler Mann.

Ich suche immer nach neuen Varianten, um mich auszuprobieren, auf dem Spielfeld wie außerhalb. Da gibt es keine Regeln, keine Grenzen ... ich versuche, mich gründlich auszuloten. Ich will wirklich herausfinden, wer ich bin. Ich kann mir nicht vorstellen, daß irgendeiner von uns weiß, wer er ist, und die meisten Menschen haben Angst, sich gehenzulassen. Sie trauen sich nicht, dieses Wagnis einzugehen, weil **sie etwas über sich herausfinden könnten, von dem sie lieber gar nichts wissen wollen.**

Morgen könnte ich eine ganz neue, völlig andere Dimension meiner selbst entwickeln. **WENN ICH EIN KLEID TRAGEN WILL, TRAGE ICH EIN KLEID.** Ich bin für so ziemlich alles offen; ich bahne mir immer noch einen Weg durch die Tunnel, halte Ausschau nach dem Licht, das mir die nächste Variante des Jahrmarkts anzeigt.

Jetzt werden viele sofort sagen: **Er ist schwul.**

Nein, das ist es nicht. Ich bin nicht schwul. Wenn ich's wäre, würde ich es euch verraten. Wenn ich in eine Schwulenbar gehe, heißt das nicht, daß mir ein anderer Mann **seine Zunge in den Hals stecken** soll ... nein. Es heißt, daß ich ein vollständiges Individuum sein will. Es heißt, daß ich mich im Umgang mit unterschiedlichen Menschen in unterschiedlichen Situationen wohl fühle. Es heißt, daß ich bereit bin, in die Welt hinauszugehen und **heraus-**

zufinden, wie andere Menschen ihr Leben leben. Da ist nichts dran auszusetzen.

Ich bin in einem Frauenhaushalt aufgewachsen ... mit meiner Mutter und zwei Schwestern. **Als Jugendlicher dachte ich immer, daß ich schwul werden würde.**

Das dachte ich immerzu, weil ich von Frauen umgeben war und die Mädchen mich nicht akzeptierten. Sie fanden mich unattraktiv, und weil ich in ihrer Gegenwart so schüchtern war, spielte es eigentlich keine Rolle, was sie von mir hielten.

Das soll nicht heißen, daß ich meine Sexualität unterdrückt und nun ganz plötzlich **beschlossen habe, ich möchte eigentlich lieber schwul sein.** Ich habe nicht Geld und ein klein wenig Einfluß bekommen und dann beschlossen, mein wahres Ego rauszulassen.

Alles, was ich mache, hat etwas mit Selbstvertrauen zu tun. Nachdem ich jahrelang mit meiner Identität zu kämpfen hatte – wer ich war, wer ich sein würde –, bin ich mir jetzt völlig sicher, wer ich bin. Ich kann in einen Schönheitssalon gehen, mir die Fingernägel pink lackieren lassen und dann **mit rosaroten Nägeln in der NBA spielen, landesweit im Fernsehen übertragen.**

Was andere Spieler davon halten, ist mir egal. **Die meisten halten mich sowieso für GEISTESKRANK,** was ich mache, wird also nichts daran ändern. Sie sehen rüber zu mir mit meinen lackierten Fingernägeln, die mir einen weiteren psychologischen Vorteil geben; sie sehen mich an, als **wüßten sie wirklich nicht, was ich als nächstes tun werde.**

Ich habe eine rosa Harley-Davidson, und mir ist gleichgültig, was andere sagen oder denken, wenn ich darauf fahre. Mein Pickup ist rosa und weiß. Meine Selbstsicherheit ist groß genug, daß mir völlig egal ist, ob mich jemand für schwul hält. In meinem Inneren fühle ich, daß ich weiß, wer ich bin, und was ihr sagt oder denkt, kann mich überhaupt nicht beeinflussen.

Es hat eine Weile gedauert, doch heute habe ich in meinem Privatleben das gleiche Selbstvertrauen und die gleiche Kraft wie auf dem Spielfeld. Ich bin in eine Menge Sackgassen eingebogen und habe eine Menge Fehler gemacht, aber jetzt merke ich, daß ich mein eigener Herr bin. Ich lasse mir nicht einreden, es sei unmännlich, einen rosa Pickup zu fahren oder die Nägel rosa zu lackieren. **Über meine Männlichkeit entscheide ich selbst.**

Vielleicht gibt es in der NBA einige schwule Basketballer. Würde das die Öffentlichkeit schockieren? Wahrscheinlich, aber das sollte es nicht. Vielleicht gibt es in der Liga einige bisexuelle Spieler. In jedem Beruf gibt es schwule und bisexuelle Menschen, warum sollte das bei Basketballern und sonstigen Sportlern anders sein? Statistisch gesehen könnte es die gesamte Sportwelt wohl kaum ohne schwule oder bisexuelle Menschen geben.

Ich meine damit niemanden im Speziellen, weil ich über das Privatleben der anderen Spieler nicht Bescheid weiß. Außerdem zeigt man bei so was nicht mit dem Finger auf andere Menschen. Du beschuldigst niemanden für so etwas oder machst ihn lächerlich. Wenn ich schwul wäre, würde ich aufstehen und es zugeben. Ich würde alle Welt wissen lassen, daß ich schwul wäre und in einem angeblichen Männersport meine Brötchen verdiene.

Im Sport wird unglaublich viel geheuchelt, Mann. Jeder soll hart und ein Macho sein. Jeder ist ein echter Bursche, ist hart und kann austeilen. Aber wenn man genauer hinsieht, hat der Sport zahlreiche homosexuelle Aspekte. Doch das wird alles unter den Teppich gekehrt, weil keiner zugeben will, wie die Realität aussieht. Alle sagen: "Ach was, das ist bloß Mannschaftsgeist." Klar, wir gehören alle zu einer Mannschaft. Alles, was wir machen, bleibt in der Gruppe, bleibt in der Familie – **von MANN zu MANN.**

Seht euch doch um. Man müßte blind sein, um es nicht zu sehen. Seht euch ein beliebiges Basketballspiel an. Seht euch irgendein Footballspiel an. Was machen die Spieler als erstes, wenn sie ein wichtiges Spiel gewonnen haben? Sie umarmen sich. Was macht ein Baseballtrainer, wenn er seinen Werfer aus dem Spiel holt? Er nimmt ihm den Ball ab und gibt ihm einen Klaps auf den Arsch. Er könnte ihm die Hand oder einen Schlag auf die Schulter geben, doch das tut er nicht. Er gibt ihm einen Klaps genau auf den Arsch. Isiah Thomas und Magic Johnson haben sich jahrelang vor Spielen etwas in die Ohren geflüstert und sich Küßchen auf die Wangen gegeben.

Mann umarmt Mann. Mann gibt Mann Klaps auf den Arsch. Mann flüstert Mann ins Ohr und küßt ihn auf die Wange. Das ist klassisches homosexuelles oder bisexuelles Verhalten. Es steht in der Schwulenbibel. Wenn man das anderen sagt, entgegnen sie: "Ach was. Männer sind halt so."

Darauf sage ich: **"Da hast du verdammt recht. MÄNNER SIND WIRKLICH SO."**

Ich behaupte nicht, man müsse schwul sein, um so etwas zu machen, aber man muß akzeptieren, daß solche Dinge in das generelle Umfeld homosexuellen Verhaltens fallen. Das muß man einfach akzeptieren. Ich mache das auch auf dem Basketballfeld, ich umarme jemanden, gebe einem Typ einen Klaps auf den Arsch, und wenn man mich deswegen homo- oder bisexuell nennen will, ist das in Ordnung. Das akzeptiere ich. Dann kann man wohl auch den nächsten Schritt tun und sagen, ich wolle mit einem Mann schlafen.

Nachdem die Zeitschrift *Sports Illustrated* im Mai 1995

ihren Artikel veröffentlichte – in dem ich erwähnte, daß ich mir vorgestellt hätte, mit einem anderen Mann zusammenzusein –, halten mich die Leute für bisexuell. Ich geb mir keine große Mühe, sie von dieser Vorstellung abzubringen, da sie zu meinem Prinzip paßt, die Menschen im unklaren zu lassen. Bevor ich bei den Bulls anfing, ging ich in einen T-Shirt-Laden in West Hollywood und kaufte zwei T-Shirts. Auf einem stand: *Ich hab nichts gegen Normalos, solange sie sich in der Öffentlichkeit schwul benehmen.* Auf dem anderen stand: **Ich bin nicht schwul, aber mein fester Freund ist es.**

Das erste hatte ich am nächsten Abend in einem Club in Newport Beach an, wo eine junge Frau zu mir kommt und sagt: "Du bist cool. Du sagst, was du denkst, und das mag ich an dir." Dann fuhr sie fort: **"ICH BIN AUCH BISEXUELL ... GENAU WIE DU."**

Ich hab nur gelacht und nicht widersprochen. Wer weiß? Vielleicht bin ich wirklich bisexuell, aber wenn, dann nur im Kopf. Ich habe das aber nie ausgelebt. Vielleicht bin ich wirklich darauf fixiert, mit einem anderen Typ zusammenzusein, aber **ist es wirklich so schlimm, so etwas zu denken?** Kann ich mir nicht vorstellen, zumal die meisten Leute an so etwas denken ... auch wenn sie ihre Phantasien nicht ausleben.

Fragst du einen Mann, ob er je daran gedacht hat, mit einem anderen Typen zusammenzusein, antwortet er wahrscheinlich: "Bloß nicht. Das ist ekelhaft. Ich könnte nie mit einem anderen Typ zusammensein."

Dann sagst du: "Moment, hast du je daran gedacht?"

"Überhaupt nicht. Ich find's unglaublich, daß du mich so was fragst. Ich hab nie an so was gedacht."

Darauf erwidere ich: "Klar hast du. Wenn du nicht mit einem Typen zusammensein wolltest, **wenn du nie daran gedacht hättest, würdest du nicht so**

schnell sagen, es sei ekelhaft. Wenn du nie daran gedacht hättest, würdest du erstmal überlegen müssen und mir dann antworten."

Meinetwegen können die Leute über mich denken, was sie wollen. Ich färb mir die Haare und lackier mir die Fingernägel, und gelegentlich trage ich Frauenkleidung. Dann beobachte ich die Reaktion der Leute. Sollen sie denken, was sie wollen.

Immer wieder kommen schwule Männer zu mir und fassen mich an. Ich bin bei Schwulen sehr beliebt. Ich habe vermutlich mehr für ihre Anerkennung getan als irgendein anderer Profisportler. Als ich mir 1995 während der Playoffs die Aids-Schleife ins Haar färben ließ, hat das wohl viele Augen geöffnet. Endlich sahen sie jemanden, der sich in der Öffentlichkeit für sie einsetzte. Zum erstenmal ergriff jemand offen für sie Partei ... und ohne daß es ihm irgendwie peinlich gewesen wäre. Es war ein Zeichen für sie, daß es in der Welt des Sports jemanden gab, der sie versteht und nicht so tut, als gäbe es sie nicht.

Ich glaube, daß **ICH MICH AUTOMATISCH ZU MENSCHEN HINGEZOGEN FÜHLE, DIE AM RAND STEHEN.** Ich fühle mich in Gegenwart der Menschen am wohlsten, die die Gesellschaft für Außenseiter hält. In welcher Stadt ich auch war, ich habe mich immer mehr zu Hause gefühlt, wenn ich die miesen Stadtviertel aufsuchte und mich mit Obdachlosen unterhielt, als wenn ich mitsamt einem Haufen Schlipsträger in irgendeinem Schicki-Micki-Restaurant saß.

Das gleiche gilt für Schwule. Sie sind nicht voll akzeptiert, und ich halte mich auch nicht für voll akzeptiert. Da haben wir etwas gemeinsam.

In demselben Artikel in *Sports Illustrated* stand, daß ich Schwulenbars besuche. Das stimmt. Ich fürchte mich nicht davor, und ich fürchte mich auch nicht, es zuzugeben. Man sollte diesen Leute nicht aus dem Weg gehen und sie nicht ignorieren. Ich finde, man kann einiges von ihnen lernen und von dcm, was sie durchgemacht haben.

Immer wieder kommen schwule Männer zu mir und bedanken sich. "Danke, daß du anerkennst, daß wir nicht bloß ein Stück Dreck sind. Danke, daß du anerkennst, daß **ES UNS ÜBERHAUPT GIBT."**

Diese Leute wollen als Individuen anerkannt werden und nicht nur als Krankheit. Sie sind keine Krankheit auf zwei Beinen ... die einige Unwissende für einen Fluch Gottes halten. Nur wegen etwas, das sie tun, sollte man sie nicht zu Menschen abstempeln, die es besser gar nicht gäbe.

Wenn ich mal wieder in Orange County wohne – also immer, wenn es der Basketballspielplan erlaubt –, fahre ich nach Los Angeles und treibe mich im Schwulenviertel von West Hollywood herum. Ich finde es toll da. Ich bin unglaublich gern in diesem Viertel. Ich bin gern in dieser schwulen Atmosphäre, die mir etwas gibt, was ich nirgendwo sonst finde. Sie ist frei, sie ist offen ... **sie ist WEIT offen.** Das sagt mir zu. Wenn man in dieser schwulen Gegend ist, gibt es nur eine Gefahr: **DIESE LEUTE FÜRCHTEN SICH VOR GAR NICHTS.**

Das kommt wohl daher, daß sie **SOLCHEM HASS** und **SO VIELEN BELEIDIGUNGEN** ausgesetzt waren. Als ich in Oklahoma diesen ganzen rassistischen Dreck erlebt habe, hat mich das auch verändert. Es hat verändert, wie ich über Menschen denke, und es hat mich härter gemacht. Außerdem hat es mich nach etwas suchen lassen, das mir Sicherheit und einen festen Halt gab. Das fand ich bei den Riches, und als ich etwas wohlhabender und bekannter wurde, fand ich das gleiche Gefühl von Sicherheit in – ausgerechnet – den finstersten Wohngegenden der Städte.

Schwule sind genauso. Sie schaffen sich Bereiche, wo sie

sicher sind, fürchten sich aber vor niemandem, und sie lassen sich von nichts überraschen.

Als ich jung war, hatte ich wohl keine Angst davor, schwul zu sein. Eigentlich wußte ich nicht, was los war oder was das alle zu bedeuteten hatte. Wenn ich schwul geworden wäre, dann damals. Ich bin nicht davor weggelaufen oder hab es in mir vergraben.

ICH WAR SOWIESO SCHON AM ARSCH, und Schwierigkeiten bei der Entscheidung zu haben, wer ich sexuell sein wollte, kam noch als weitere Sorge hinzu. Als Jugendlicher brauchte ich mir eigentlich keine Sorgen darüber zu machen, ob sich die Mädchen für mich interessierten; ich war eh schon **ein ziemlich HÄSSLICHER, GROSSCHÄDELIGER KLEPTOMANE.**

Meine Neugier über meine Sexualität ist mir bis heute, bis auf diese Bühne gefolgt. **Daß ich Ball spielen kann und 'ne Menge Geld verdiene, heißt noch lange nicht, daß ich plötzlich alle Antworten weiß.** Ich bin für alles offen, und ich stelle immer Fragen. Das ist einfach ein Teil von mir.

Ich kann nicht behaupten, daß ich es nicht mit anderen Männern probiert hätte, aber dann muß man wahrscheinlich erklären, was man unter probieren versteht. Ich habe Männer geküßt, aber so wie man wohl seinen kleinen Jungen oder Sohn im Teenageralter auf den Mund küssen würde. Ich hab keine Scheu, einen guten Freund in die Arme zu nehmen und ihn zu küssen. Da gibt's nichts dran auszusetzen, und mir ist egal, wer mich dabei sieht. Ich zeige damit nur, daß ich für jemanden etwas empfinde. Die Leute halten Homosexualität für schlimm, etwas Böses. Sie ist überhaupt nicht böse, aber die Leute stilisieren sie zum größten Übel der Welt hoch.

Ich habe meine Sexualität in Frage gestellt, war aber nie in einer Situation, wo ich mich hätte entscheiden müssen, ob ich eine homosexuelle Beziehung eingehen wollte. Dazu ist es nie gekommen.

IM KOPF bin ich vermutlich bisexuell. Ich habe über viele verrückte Dinge nachgedacht, und ich habe mental viele verrückte Dinge durchgespielt. Ich weiß nicht, ob ich je physisch bisexuell sein werde. Eines Tages vielleicht, aber bis heute ist es nie soweit gekommen. Was mir alles durch den Kopf gegangen ist, habe ich nicht in die Tat umgesetzt.

ICH STELLE MIR VOR, MIT EINEM ANDEREN MANN ZUSAMMENZUSEIN, und ich habe keine Angst, das zuzugeben. Wenn du mich fragst, das spielt man in der Phantasie unwillkürlich durch. Wenn man ein freier Geist und bereit ist, seine Phantasie nach Belieben schweifen zu lassen, muß man darüber nachdenken. Ich finde es nur natürlich, daß dein Körper sondiert, was er will.

Aber man springt nicht einfach bloß in etwas hinein, nur weil man in Gedanken damit gespielt hat. Es muß etwas sein, womit man anschließend auch leben kann.

Wenn ich in eine Schwulenbar gehe, sprechen mich andere Männer an. Selbstverständlich. Sie denken, wenn du dort bist, hat das auch einen Grund. Aber es ist nun nicht so, daß Schwule zu mir kommen und sagen: "Wenn du Sex mit einem Typen haben willst, dann nimm am besten mich." So läuft das nicht. Falls ich jemals eine homosexuelle Beziehung oder Episode haben sollte, dann nicht in einer Situation, wo ich es nur mache, um es halt mal zu machen.

Und dann gibt es noch etwas Verrücktes in der Sportwelt, das ich einfach nicht begreife: Wenn ein bekannter Sportler etwas Unmännliches macht oder etwas auf eine Art macht, die als unmännlich gilt, gibt es immer einen großen Aufschrei. Dann heißt es: "O Gott … bloß nicht, nicht ausgerechnet *der*."

Warum werden Sportler anders behandelt

als Menschen in der übrigen Gesellschaft? Offenbar fühlt man sich bedroht, wenn ein Sportler etwas tut, das als unmännlich gilt. Als hätte jemand irgendeine imaginäre Grenze überschritten, die man laut allgemeinem Konsens nicht überschreiten darf.

Mit Unterhaltungskünstlern und Schauspielern geht man anders um. Wenn ein Entertainer schwul ist, wird das akzeptiert. Das nehmen die Leute hin, ohne groß zu überlegen. Doch **wenn ein Spitzensportler sein Coming-out hat, ist es irgendwie immer ein Skandal.**

Sehr viele Beispiele gibt es dafür nicht, und das liegt meines Erachtens daran, daß Sportler Angst davor haben, was passieren könnte, wenn sie sich bekennen. Die Karriere des Baseballspielers Glenn Burke wurde zerstört, weil die L.A. Dodgers offenbar herausfanden, daß er schwul war. Damit kam der Verein nicht zurecht, man konnte damit nicht umgehen. Wenn ein Spieler ein Drogenproblem hat oder Alkoholiker ist, können Vereine damit umgehen, nicht aber, wenn sie rausfinden, daß er etwas in seiner Privatsphäre, in seinem Schlafzimmer macht. **DAS IST DOCH ABSURD.**

Wenn ein Sportler sein Coming-out hat, fragt sich die Öffentlichkeit vielleicht: Wird jetzt etwa die gesamte Sportwelt schwul? Anscheinend sollen sich Sportler von allen anderen Schichten und Berufsgruppen unterscheiden. Hat man im Büro einen schwulen Arbeitskollegen, ist das nicht weiter wild. Er ist halt schwul. Aber wenn sich ein Basketball-, Baseball- oder Footballspieler offenbart und zu seinem Schwulsein bekennt, wird er von allen Seiten schräg angesehen. Das finde ich unverständlich. Für uns soll ein anderer Moralkodex gelten.

Die Leute sehen zu uns auf, und warum? Ich habe darauf eine Antwort: Sport und Musik konsumieren die Menschen in erster Linie, um ihrem Alltag zu entfliehen. Sie sehen sich

Sportübertragungen an, lesen über Sport und reden über Sport. Und weil sich so viele Menschen für Sport interessieren, ist es schlichtweg inakzeptabel, wenn sich ein Angehöriger dieses Berufsstands zu seinem Schwulsein bekennt. Da rasten die Leute aus.

Mit anderen Spielern kann ich über so etwas nicht reden. Ich kann sie nicht ganz offen fragen: "Hast du dir schon mal überlegt, wie es wäre, schwul zu sein?" Nicht ein einziger würde antworten: "Ja, allerdings. **Ich wünschte, ich wäre schwul. Ich wünschte, ich dürfte es sein."** Das würde dir kein einziger Spieler sagen, nicht einmal, wenn es zuträfe.

Ich will Jugendliche nicht ermuntern, schwul zu werden, aber wenn sie es sind, sollte sie das nicht davon abhalten, Profisportler zu werden. Man kann schließlich nicht behaupten, ich wäre weniger männlich, weil ich mich gedanklich damit befaßt habe, mit einem anderen Mann zusammenzusein. Damit will ich keinem Jugendlichen einreden, es sei cool, schwul zu sein. **MAN GEHORCHT SEINEM HERZEN,** seinen Gefühlen und seinen Wünschen. Wie bei allem anderen auch.

Laß dir nicht von anderen vor-schreiben, wer du bist.

Wenn ich zu Auswärtsspielen fliege, muß ich manchmal im stillen lachen, wenn ich daran denke, wie sämtliche Gepäckstücke aus dem Flugzeug geholt, auf das Transportband gelegt und von ihren Besitzern in Empfang genommen werden. Alle haben die eleganten Klamotten in ihrem Gepäck, und in meinem Koffer liegen Jeans, T-Shirts ... und ein wenig Frauenkleidung.

Es könnte **EIN STRASSBESETZTES TRÄGERTOP** drin sein. Es könnten ein paar **FRAUEN-LEGGINGS** drin sein. Es könnten einige **ENGE LEDERSHORTS** drin sein. Man weiß nie, was in meinem Reisegepäck drin sein könnte.

Es ist nur eine Vermutung von mir, aber ich nehme an, daß ich der einzige NBA-Spieler bin, der solche Kleidungsstücke zu Auswärtsspielen mitnimmt, um sie anschließend in Bars und Clubs zu tragen. Und ich weiß, daß ich der einzige wäre, der sich outen und es zugeben würde.

Ich habe damit kein Problem. Und wenn ich es als einziger Mann auf der Welt täte, würde mich das nicht davon abhalten. Ich glaube nicht, daß sich viele Leute überlegen, wenn sie aufs Spielfeld sehen, wo alle diese Typen auf und ab laufen und dieses Männerspiel spielen, wer von denen sich nach dem Spiel Frauenkleidung anzieht.

Keiner meiner Mit- und Gegenspieler weiß, daß ich mir Frauenklamotten anziehe. Sie wissen zwar, daß ich ausgefallene, verrückte Klamotten trage, aber wenn sie die ansehen, wissen sie nicht, ob es Frauenkleidung oder bloß Schwulenkleidung ist.

Das läßt sich manchmal schwer feststellen, ich geb's zu. **Als ich bei den MTV Music Awards einen Preis überreichte, hatte ich Frauenkleidung an.** Ich trug ein Frauentop und hatte lackierte Fingernägel.

Es war zwar nicht ganz eindeutig, daß ich Frauenkleider trug, aber bei genauerem Hinsehen hätte man es bemerkt.

Zum erstenmal habe ich meine Nägel Halloween 1994 angemalt. Ich ließ sie orange und schwarz lackieren, und die Leute hielten es hauptsächlich für einen Gag. **Da war RODMAN halt mal wieder RODMAN.** Heute denke ich über meine Nägel nicht mehr groß nach; ich lasse sie ständig lackieren. Etwa einmal die Woche lasse ich ihnen in einem Schönheitssalon einen neuen Anstrich verpassen. Es ist halt mal was anderes, und ich schaue mir gern auf die Finger und sehe die unterschiedlichen Farben.

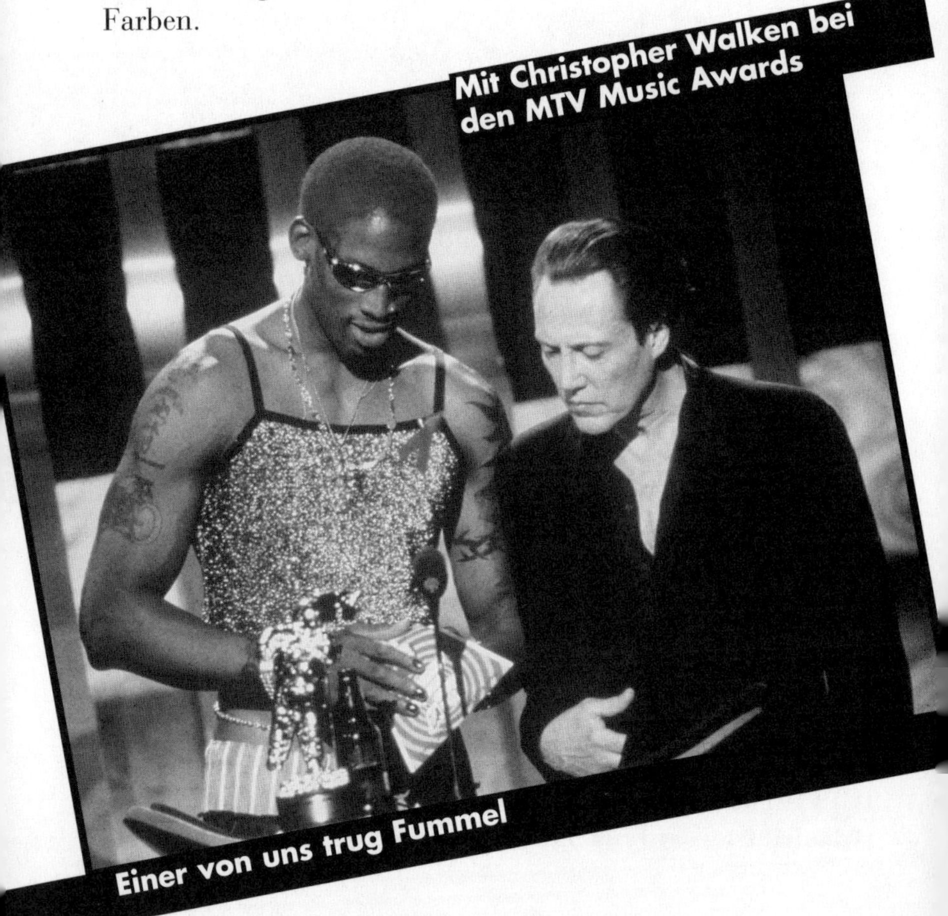

Mit Christopher Walken bei den MTV Music Awards

Einer von uns trug Fummel

Ich halte meine lackierten Nägel für ziemlich unwichtig. Ich sitze auch nicht allein zu Haus und probiere Damenunterwäsche an. Das ist nicht mein Stil. Ich ziehe keine Damenunterwäsche an. So wie ich es tue, ist Cross-dressing vermutlich gängiger als die meisten Leute glauben. Man braucht sich nur die Kleidungsstücke anzusehen, die heute für Männer wie Frauen geschneidert werden. Wenn man in ein Bekleidungsgeschäft geht, läßt sich manchmal kaum noch sagen, ob man in der Herren- oder in der Damenabteilung ist.

Noch vor gar nicht allzulanger Zeit sind alle schier ausgerastet, wenn sie einen Mann mit'm Ohrring gesehen haben.

Ich bin von Frauen umgeben aufgewachsen, und als Kind habe ich mich manchmal als Mädchen verkleidet. Man spielt Mutter und Vater, man spielt Doktorspiele ... das macht jeder, aber einigen Kindern macht es mehr Spaß als anderen. Man zieht sich im Spiel wie eine Frau an und benimmt sich auch so. Das haben bestimmt viele Kinder gemacht. Ich hab manchmal die ganze Palette durchgespielt – **mich wie ein Mädchen angezogen, geschminkt, verhalten.**

Wenn ich heute Frauenklamotten anziehe, ist das für mich nur eine von mehreren Möglichkeiten, um alle Seiten Dennis Rodmans zu zeigen. Ich gebe euch die komplette Palette. Ich werde zum Menschen für alle Gelegenheiten. Ich bin wie der Running Back im Football, der sowohl außen nach vorn stürmt als auch durch die Mitte kommen kann, um einen Paß zu fangen.

Ich mache Dinge, bei denen ich mich wohl fühle. Wo das ist, ist egal. Wenn ich mich in Fummel werfen will, suche ich mir Zeit und Ort aus. Ich habe es in New York, Los Angeles, Chicago, Detroit und Dallas gemacht. Ich gehe in normale Bars, Schwulenbars, ganz egal. **Ich hab keine Angst davor, es überall zu machen.**

In New York gehe ich in den Channel Club oder in den Tunnel. Das sind zwei der Clubs, wo ich mich in dieser Aufmachung wohl fühle. Ich gehe mit Freunden aus, die ich aus verschiedenen Städten kenne, aber nie mit anderen Spielern. Bei Auswärtsspielen unternehme ich mit keinem anderen Spieler etwas, ausgenommen Jack Haley.

Frauenkleider anziehen ist wie alles andere in meinem Leben: Ich denke eigentlich nicht groß drüber nach, sondern **MACH'S EINFACH.** Ich weiß nicht mehr, wann ich es als Erwachsener zum erstenmal getan habe; es gibt keine Gelegenheit, die mir besonders in Erinnerung geblieben wäre. Es war mehr eine allmähliche Entwicklung, die mit Ohrringen und Fingernägeln begann und hin zu Tops und engen Ledershorts führte. Ich mache so etwas seit meiner Anfangszeit in der NBA, aber immer öfter, seitdem ich mich entschieden habe – damals in meinem Pickup auf dem leeren Parkplatz –, mein Leben so zu führen, wie es mir paßt.

Ich habe zwar noch kein Kleid getragen, aber eins gekauft, das ich einmal in Howard Sterns Talkshow tragen wollte. Schließlich kam ich aber nicht früh genug aus dem Bett, um es auch anzuziehen. Ich mußte in aller Eile vom Hotel zum Interview rasen, das um sieben Uhr morgens stattfand.

ICH TRAGE GERN ENGE SACHEN, UND MIR GEFÄLLT STRASS. Gewöhnlich trage ich Hemden, Shorts und Schmuck. Wenn ich Tops anhabe, trage ich gern verschiedene Ohrringe. **Unter meiner Kleidung ziehe ich gern Leggings an,** aber keine Damenunterwäsche. Bei Stöckelschuhen bin ich auch noch nicht angelangt. Ich ziehe einfach meine normalen ledernen Arbeitsstiefel an, die ich auch sonst immer trage.

Ihr wärt überrascht, welche Kleider man in meiner Größe bekommt. Ich kaufe alle Sachen selber. Das übernimmt kein anderer. Ich gehe in Geschäfte für Damenoberbekleidung; das fällt mir nicht schwer. Ich gebe meine Bestellung nicht telefonisch auf und lasse mir alles nach Maß anfertigen, das ist nämlich nicht mein Stil. Außerdem wär das so, als hätte ich was zu verbergen. Ich könnte jemanden zu mir nach Hause kommen und mich vermessen lassen, doch der halbe Spaß ist ja der Gesichtsausdruck der Leute, wenn ich in die Boutiquen gehe und die Klamotten anprobiere.

Die Verkäuferinnen sind hingerissen. Sie können es nicht fassen, daß **ein großer machomäßiger Basketballer ankommt und Frauenkleider kauft ...** und zwar für sich selbst.

Und noch etwas habe ich sofort herausgefunden: Die Frauen sind begeistert. Sie sind *begeistert*. Typen sagen: **"Ich würd so was nicht anziehen, aber dir steht es wirklich"**, aber Frauen rasten schier aus vor Begeisterung. Sie sind entzückt, einen Typen zu sehen, der vor seiner Männlichkeit keine Angst hat. Sie sind begeistert, wenn einer mächtig viel Selbstvertrauen hat, genug jedenfalls, um seine Fingernägel rosa zu lackieren oder eine rosa Harley-Davidson zu fahren. Sie sind begeistert, wenn ein Typ ein straßbesetztes Oberteil anziehen kann und sich darin wohl fühlt.

Alles hängt davon ab, wie ich mich fühle. Es ist nicht wahrscheinlicher, daß ich mir nach einem Sieg oder nach einer Niederlage Frauenkleider anziehe. Nach so etwas gehe ich nicht. Ich gehe nur danach, wie ich mich gerade fühle und welchen Gefühlen ich Ausdruck verleihen möchte.

WENN DIR DANACH IST, ZIEH DIR AN, WAS DU GERADE WILLST.

Das ist die absolute Freiheit. Absolut. Es ist die Freiheit, der zu sein, der du gerade sein willst, und alle anderen sind dabei unwichtig. Es ist bloß eine andere Seite von mir, die sich die meisten anderen Menschen nicht zu zeigen trauen. Ich entdecke immer mehr Seiten an mir, und ich habe keine Ahnung, wie viele noch in mir schlummern.

ZEHN

MADONNA

Eine altmodische Liebesgeschichte

An meinem ersten Abend mit Madonna landeten wir irgendwann in einem Schwulenclub in Miami. Ich saß an einem Tisch und trank etwas und sah mir Madonna und ihre Freundinnen auf der Tanzfläche an. Sie tanzten, aber nicht nur. Madonna tanzte herum, umarmte die anderen Mädchen, drückte sie an sich und küßte sie.

Es war spielerisch und lustig, und ich war mittendrin, sah zu und fragte mich, was mir dieses verrückte Leben verdammt noch mal jetzt wieder eingebrockt hatte. Ich hatte ja keine Ahnung, daß DAS ERST DER ANFANG eines wilden halben Jahrs war.

Madonna tauchte zum erstenmal 1994 in meinem Leben auf, als sie zu sämtlichen Heimspielen der New York Knicks im Madison Square Garden ging. Nicht nur sie war da, sondern jede Menge andere große Stars – Woody Allen, Spike Lee, Billy Crystal. Damals stand sie auf den Knicks-Spieler John Starks, aber wenn ich ehrlich bin, hab ich mich nie groß um ihr Liebesleben gekümmert.

Später, während des 1994er All-Star-Spiels, sagte sie im Fernsehen, sie wolle unbedingt Dennis Rodman kennenlernen. Sie sagte so etwas wie: **"Ich finde DENNIS RODMAN TIERISCH COOL.** Ich finde, er hat seinen eigenen Kopf. Ich halte ihn für echt und will ihn kennenlernen."

An dem All-Star-Spiel hab ich nicht mal teilgenommen. In der Saison hatte ich zwar einen Schnitt von 18,3 Rebounds pro Spiel – so viel wie keiner in der NBA, versteht sich –, aber ins All-Star-Team kam ich nicht.

Danach lief es ungefähr ein Vierteljahr lang so, daß sich der eine PR-Mensch mit dem anderen PR-Menschen unterhielt und versuchte, ein Treffen zwischen Madonna und mir zu arrangieren. Meine Einstellung war, wenn die Frau mich kennenlernen will, **warum treffen wir uns dann nicht einfach und bringen's endlich hinter uns.** Laß uns keine hundert verschiedenen Leute dazwischenschalten, bloß damit wir uns zusammensetzen und unterhalten können. Im April rief mich schließlich irgendein Mitarbeiter von ihr an und bat mich, nach Miami zu kommen, wo mich Madonna für das Hip-Hop-Magazin *Vibe* interviewen wollte. Es hieß, die Zeitschrift habe sie beauftragt, ein Interview mit mir zu führen, und es sollte die Titelgeschichte – mit Fotos und Text – für die Juniausgabe 1994 werden.

Ehrlich gesagt, ich hielt **DAS ALLES FÜR EINEN HAUFEN BLÖDSINN.** Ich glaubte nicht, daß es je dazu käme. Was wollte diese Frau von mir? Die PR-Leute verhandelten endlos lange hin und her, versuchten, uns irgendwie zusammenzubringen. Und dabei erzählte man mir dauernd, sie recherchiere über mich für dieses Interview. Davon glaubte ich, ehrlich gesagt, nicht ein Wort.

Doch als es soweit war, dachte ich mir: Warum eigentlich nicht? Noch ein Abenteuer.

Weil sich das während der Basketballsaison ereignete, sollte ich an einem spielfreien Tag nach dem Training von San Antonio nach Miami fliegen, mich interviewen und fotografieren lassen und rechtzeitig zum Spiel am nächsten Abend zurück nach San Antonio kommen.

Ich flog mit meinem Freund Bryne Rich nach Miami, um sie kennenzulernen und in ihrem Haus abzusteigen. Eine solche Gelegenheit sollte sich Bryne nicht entgehen lassen. Als wir ankamen, gingen wir zur Haustür, und eine junge Frau, Madonnas Managerin, öffnete. Wir traten ein, und Madonna kam die Treppe herunter, um uns zu begrüßen.

Für mich war das, als würde ich irgendwen kennenlernen. Einfach einen anderen Menschen. Daß sie ein Star war, ließ mich ziemlich kalt. Ich sagte: **"Ich bin DENNIS",** und sie sagte: **"Ich bin Madonna",** dann sagten wir beide: "Prima." Das war zwar Madonna, klar, aber ich dachte mir: "Cool … Madonna. Halb so wild." Da gingen nicht meine geheimen Träume in Erfüllung, und ihr ging es bestimmt auch nicht anders.

Ihre Arbeit gefiel mir überhaupt nicht. **Ich mochte ihre Musik nicht**, und das sagte ich ihr auch. Ich hielt sie für eine geniale Entertainerin, aber ihre Musik traf nicht meinen Geschmack. Mit ihrem Album *Bedtime Stories* änderte sie ihren Stil. Das war echt cool, auch wenn es vielen nicht gefiel.

Nachdem wir uns in ihrem Haus alle miteinander bekannt gemacht hatten, interviewte sie mich. Sie saß da, machte sich Notizen und all so was. Die Fragen hatte sie vorformuliert, alle schon aufgeschrieben. Nach einem Teil des Interviews wurden die Fotos gemacht, und **wir konnten**

die Finger nicht voneinander lassen. Vom ersten Foto an hingen wir aufeinander. Madonna hin oder her, für mich war sie einfach eine Frau, und wir hattens aufeinander abgesehen. Die Fotosession endete, ehe wir so richtig in Fahrt kamen. Hinterher landeten wir in der Schwulenkneipe ... ein irres Erlebnis. Dort ließ man sie in Ruhe, weil die Leute sie kannten und an sie gewöhnt waren. Sie ging in Miami gern dortin, wo man sie kannte, wo man kein Riesenaufhebens machte, wenn sie sich blicken ließ.

Irgendwann fuhren wir zurück zu ihr. Ich ging ins Haus und schnurstracks in Richtung Gästezimmer. Ich war wild entschlossen, mich da aufs Ohr zu hauen, doch Bryne lag schon in dem Zimmer und schlief.

Noch ehe ich fragen konnte, wo ich hinsollte, sah Madonna mich verdammt sexy an und sagte: **"DU BLEIBST BEI MIR, IN MEINEM SCHLAFZIMMER."** Keine Widerrede. Sie ließ mich nicht in das andere Zimmer, Bryne hin oder her. Dann machte

Ich sagte ihr, daß mir ihre Musik nicht gefiel

sie die Tür zu und sagte zu ihrer Managerin: "Er übernachtet bei mir."

Ich bettete also mein Haupt dorthin, wo schon all die anderen Macker gelegen hatten. Und eh man sich's versah – Zack! – fummelten wir rum. Wir machten so ungefähr da weiter, wo wir bei der Fotosession aufgehört hatten, bloß daß diesmal niemand zusah.

Nachdem wir uns eine Zeitlang geküßt hatten, hörte sie auf und sah mich an.

"Willst du mir nicht zuerst die **Pussy lecken**?" fragte sie.

Ich sagte: "Ach, so hast du dir das vorgestellt?"

"So hab ich mir das vorgestellt", sagte sie.

"Glaub mir, Darling, das läuft nicht."

Sie sagte: "Du willst mich also nicht lecken? Ich bring mich gern so auf Touren."

Ich antwortete: "Nein, da mach ich nicht mit."

Sie sagte: "Ich hab's gern, wenn mich jemand leckt und so richtig geil macht."

Ich hab's nicht gemacht. Sie war wohl ein wenig überrascht, daß ich ablehnte, aber ich hab's getan: **Ich hab zu Madonna NEIN gesagt.** Eine Menge Typen glauben nicht, daß ich ihr das abschlagen konnte, aber genauso war es.

Doch damit war die Geschichte noch nicht zu Ende. Sie kam drüber weg. Sie fing an, meinen Schwanz zu streicheln, was sie total antörnte, und ziemlich bald war ich in ihr drin, und wir haben gefickt. Man könnte auch sagen, wir hätten uns geliebt, aber man liebt eine Frau nicht in der ersten Nacht, in der man sie kennenlernt.

Wir machten eine Zeitlang weiter, Madonna und ich, da auf ihrem Bett. Ich merkte, daß es ihr gefiel, weil sie voll dabei war. **Sie war zwar keine Akrobatin oder so was, aber wir hatten guten Sex.** Sie ist ein leidenschaftlicher Mensch und fürchtet sich nicht, die Lust rauszulassen. Damals dachte ich, damit wäre die Angelegenheit erledigt, das war's wohl, noch einer von zahllosen Ficks.

Am nächsten Morgen flogen Bryne und ich zurück, und **kaum war ich zur Tür herein, da RIEF MADONNA AN.** Am selben Abend rief sie wieder an, und wieder. Sie rief an und rief an und rief an. Sie rief pausenlos an, und sie schickte mir Faxe am laufenden Band.

Das war ziemlich irre. Ich wußte nicht recht, wie ich damit umgehen sollte. Was ich für eine Ausrede gehalten hatte, um einmal mit Dennis Rodman zusammenzukommen, wurde zu einer richtigen Beziehung. Sie wollte eine echte Liebesbeziehung. Ich dachte, sie wäre auf Sex aus, aber sie suchte nach jemandem, der sich um sie kümmerte. An abartig oder pervers kein Gedanke. Sie war auf der Suche nach dem richtigen Mann, und ich war der Auserwählte Nummer eins.

Eins brachte sie immer wieder zur Sprache: Sie wollte ein Kind. Das erwähnte sie von Anfang an. Mich nannte sie den **"Musterkörper"** für ihr Kind. **Nie ließ sie mich ein Kondom überziehen ... NIE.** Sie wollte unbedingt schwanger werden. Sie schickte mir Faxe, auf denen normale Sachen standen wie: "Ich will wirklich mit Dir zusammensein, Du fehlst mir." Doch es kamen auch andere, auf denen standen Sachen wie: **"Spritz alles in mich ab.** Ich laß Deinen Samen nicht wieder raus, weil ich ein Kind von Dir will."

Madonna redete ständig vom Kinderkriegen. Andauernd, Mann. Sie wollte so sehr, so sehr ein Kind, es war kaum zu fassen. Ich glaube, sie wollte alles von Dennis Rodman – **HEIRATEN, Kinder, alles.** Sie hatte das Gefühl, endlich jemanden gefunden zu haben, der mit ihr auf einer Ebene ist, und den wollte sie nicht wieder aus den Händen geben.

Sie war diejenige, die sich mit aller Macht für unsere Beziehung einsetzte. Als sie anfangs entschied, sich mit mir zu treffen, wollte sie wohl nur herausfinden, was für ein Mensch ich bin, und dann mit mir vögeln. Das war wohl ursprünglich ihre Absicht. So wie ich das sah, wollte sie eigentlich keine ernsthafte Beziehung. Es sollte bloß eine Affäre sein, aus und vorbei.

Wie sich herausstellte, existierte die Story für *Vibe* wirklich, aber gedruckt wurde sie nie. Später fand ich heraus, daß die Story den Zeitschriftenleuten nicht gefallen hatte, also legten sie sie zu den Akten. Es hätte die Titelgeschichte werden sollen, aber das Interview war nicht so, wie sie es sich vorgestellt hatten.

Unserer Beziehung erging es besser als dem Artikel. Wir lernten uns kennen und fanden heraus, daß wir viel gemeinsam haben. Unsere Einstellung zum Leben ist so ziemlich identisch. Wir denken ganz ähnlich, und wir wissen beide, wie dumm das Leben auf dieser Murmel ist, auf der wir leben. **Wir sind zwei Menschen, die in ihrem Leben tun, was ihnen gefällt, und wir kommen damit durch.** Uns kann man nichts vormachen, allen beiden nicht.

Sportler und Unterhaltungskünstler sind gar nicht so unterschiedlich. Wir haben den gleichen Ansatz. Sie weiß, daß sie nicht ewig eine Sexgöttin sein wird, und ich weiß, daß ich auch nicht mehr viel länger ein Leistungssportler der Extraklasse sein werde. Man kann nicht ewig oben bleiben, und das ist uns beiden klar. Wir leben nicht in einer Phantasiewelt, reden uns nicht ein, daß wir alles das, was wir jetzt haben, unser Leben lang behalten werden. Doch wir wollen beide soviel wie möglich erleben, solange wir im Rampenlicht stehen.

Und uns ist beiden klar, **mit was für einem MIST DICH DIE LEUTE EINDECKEN, wenn du**

berühmt bist. Wir kennen unsere Freunde, und wir kennen die Leute, die nur auf ihren eigenen Vorteil aus sind. Damit haben wir beide jede Menge Erfahrung.

Sie fuhr auf mich ab, weil sie spürte, daß ich echt bin. Sie sah, daß ich ganz anders bin als die meisten anderen Leute, mit denen sie was gehabt hatte oder die sie kennt. Sie sah etwas in mir. Ich kam nicht dahinter. Was machte ich bloß mit ihr? Ich kam mir vor wie in einer anderen Welt.

Doch eins brachte ich nicht über mich: **Ich konnte sie nicht MADONNA nennen.** Ich konnte mir einfach nicht vorstellen, wie ich "Hey, Madonna" zu ihr sagte. Es klang einfach nicht richtig, Mann. Zu abgefahren. Sie ließ sich einen Namen für mich einfallen; sie nannte mich "Daddy Longlegs". Ich nannte sie "Tita". Keine Ahnung, woher der Name kam, ich mochte ihn einfach und beschloß, sie so zu nennen. Er kam mir einfach in den Sinn, und ich dachte: *Was soll's. Hört sich cool an.*

Sie fühlte sich unter anderem von mir angezogen, weil sie Basketballer mag. Eine Zeitlang redete sie sogar mal davon, einen Verein zu kaufen. Sie ist mit Brian Shaw zusammengewesen, als der für die Miami Heat spielte. Sie könnte sagen, **daß sie Brian Shaw gemacht hat. Sie gab ihm eine Identität.** Darauf konnte ich verzichten. Mir hat sie erzählt, daß Brian Shaw rumlief und sich damit brüstete, er war stolz darauf. Da sagte ich zu ihr: **Ich bin nicht Brian Shaw.**

"Wer du bist, ist mir scheißegal", sagte ich. "Ich bin nur mit dir zusammen, weil ich mit dir zusammensein will, nicht weil du Madonna bist und mir dabei helfen kannst aufzufallen."

Für Madonna sind Basketballspieler so ähnlich wie Balletttänzer oder Tänzer ganz allgemein. Sie findet, Basketballer sind genauso graziös und elegant wie Tänzer. Sehr geschmeidig. Das gefällt ihr daran. Sportler machen sie an,

weil sie jeden zu schätzen weiß, der sich so geschmeidig bewegt.

MADONNA IST EINE KÖRPEREXPERTIN. Sie studiert Körper und beobachtet sie genau. Wenn man so viel in der Welt herumgekommen ist wie Madonna, hat man wahrscheinlich mehr gesehen als sonst irgendwer. Man sollte irgend etwas genießen, und sie genießt Körper.

Wenn sie einen Basketballer sieht, will sie wissen, wie er das macht, was er macht. Das interessiert sie wirklich, und sie möchte rausfinden, ob sie das jeden Tag in ihrem Leben haben will. Sie kann jeden auf der ganzen Welt haben – jeder Mann hält sie für den ultimativen Fick –, hat also die freie Auswahl.

Sie hat sich wohl für mich entschieden.

Tita und Daddy Longlegs

Jeder, der was mit Madonna hat, genießt Aufmerksamkeit. Wenn es irgendein Typ mit Madonna treibt, den niemand kennt, wird ihn ziemlich bald jeder kennen. Als ich mit Madonna zusammen war, war die Aufmerksamkeit bombastisch. Etwas Vergleichbares hatte ich noch nie erlebt, und einige Leute glaubten bestimmt, ich wäre nur mit ihr zusammen, um so beachtet zu werden.

In Wirklichkeit steckte viel mehr dahinter. Die Beachtung, die einem geschenkt wurde, wenn man mit Madonna zusammen war, war das Schlimmste an diesem Zusammensein. Madonna war toll, aber auf alles andere konnte ich verzichten. Wenn ihr wissen wollt, warum wir beide nicht mehr zusammen sind, ist das ein guter Ausgangspunkt.

Ich hatte immer noch keine Ahnung, wie ernst es ihr war, bis sie in Utah auftauchte. Utah war gewaltig, Mann. Wir spielten gerade in der ersten Runde der Playoffs gegen die Jazz, und Madonna ließ sich aus Los Angeles einfliegen – wo sie auch ein Haus hat –, um uns im dritten Spiel dieser Serie spielen zu sehen.

Ich packte es nicht, daß sie da rausgeflogen kam, **um mich in Bumsdorf, Utah, Basketball spielen zu sehen.** Wer will schon nach Utah, von jemandem wie Madonna ganz zu schweigen? Sie hatte sich unser letztes Spiel der regulären Saison angesehen, doch das war gegen die Clippers in Los Angeles gewesen, und in Los Angeles war sie sowieso. Doch das hier war etwas völlig anderes.

Als sie mir sagte, daß sie vorbeikäme, glaubte ich ihr nicht. Ich sagte nur: "Klar, in Ordnung ... wir sehen uns dann, wenn du da bist." Am Tag des dritten Spiels war ich gerade im Hotel, hing bloß auf meinem Zimmer rum, als sie anrief und sagte: "Ich schick dir einen Wagen, der dich abholt."

Ihr war es WIRKLICH SCHEISSERNST. Wenn man sich nur für Sex interessiert, fliegt man nicht nach Utah, um mit jemandem zusammenzusein. Ihr Interesse an mir hatte nicht nur mit Sex zu tun, und das hätte ich ihr gegenüber auch sofort anerkennen müssen. Ich hätte ihr für ihren Besuch danken und ihr sagen sollen, daß mir klar war, wie anstrengend es für sie ist, irgendwohin zu kommen, aber ich hab das nicht gebührend gewürdigt. Ich dachte, sie hätte halt gerade ein wenig Zeit und wollte mich mal eben besuchen. Ich fühlte mich wohl immer noch ein bißchen geschmeichelt, weil sie sich für mich interessierte, und wollte mir nicht eingestehen, daß es mehr war als nur eine Affäre.

Das dritte Spiel der Serie fand am 3. Mai 1994 statt. Wir verloren die Best-of-five-Serie in vier Spielen, und natürlich machte man mich dafür verantwortlich, weil **ICH WIEDER MAL FÜR GROSSE UNRUHE GESORGT HATTE.** Ich war ein Unruheherd wegen Madonna, und ich war ein Unruheherd, weil ich im dritten Spiel nicht mitgespielt hatte.

Ich war nicht dabei gewesen, weil ich eine Strafe von zehntausend Dollar hatte zahlen müssen und gesperrt worden war, weil ich – wie es die Liga formulierte – John Stockton mit einem Hüftstoß zu Boden gestreckt hatte. Ich hab's getan, ich geb's zu, aber vergeßt nicht, was ich weiter oben erwähnt habe: **John Stockton ist der mieseste linke Vogel der Liga.** Er verteilt mehr versteckte Fouls als sonstwer, den ich kenne. Außerdem haben sie mich drangekriegt wegen eines Schlags gegen Karl Malone – ich glaube heute noch nicht, daß ich ihn getroffen habe –, und weil ich Tom Chambers von hinten einen mit dem Ellbogen verpaßt habe, eine Art Tomahawkschlag.

Ich kann dazu nur sagen, es waren körperbetonte Spiele.

Daher wurde ich dafür verantwortlich gemacht, daß wir die Serie verloren, wobei es keinen kümmerte, daß **David Robinson – wieder mal – nicht weiter auffiel.** Man gab mir die Schuld, weil ich in einem Spiel gesperrt war und weil beim dritten Spiel in Utah Madonna auftauchte.

Ich wohnte nicht bei der Mannschaft in Salt Lake City. Das waren meine Alternativen: mit 'nem Trupp Kerlen im Marriott absteigen, sich der Autogrammjäger erwehren, auf meinem Zimmer hocken und fernsehen, oder mit Madonna in den Bergen in einer großen Ferienwohnung unterschlüpfen. Wofür hättet ihr euch entschieden? Sie mietete eine Bleibe in einem Ferienort über Salt Lake City. Die Wohnung war abgesperrt, vor der Tür wartete eine Limousine. Mir fiel die Wahl leicht.

Die Limousine war in diesen paar Tagen so was wie mein Zubringerbus. Ich schlief oben in den Bergen, nahm dann den Wagen zum Training oder dem Spiel und fuhr anschließend wieder mit dem Wagen den Berg rauf. An dieses Leben hätte ich mich problemlos gewöhnen können.

Madonnas Ruhm basiert auf Sex, und sie ist ein sehr leidenschaftlicher Mensch, gehört aber nicht zu denen, die es drei- oder viermal am Tag treiben wollen. Sie brauchte nur **einen guten Fick** und hoffte, **davon SCHWANGER zu werden.** Viele sagten zu mir: "Ein Kind mit Madonna? Sieh es doch mal so: Diesmal kriegst du die Alimente." So dachten die Leute; keiner glaubte, es sei mehr dabei, als daß zwei Prominente miteinander rummachten.

Abgesehen vom Spiel wollte ich damals während des Aufenthalts in Utah nichts mit der Mannschaft zu tun haben. Weder den Trainern noch dem Vereinsmanagement sagte ich, wo ich war. Da Jack Haley mein einziger richtiger Freund in dieser Mannschaft war, verriet ich ihm, wo ich wohnte und was ich machte. Ich gab ihm eine Telefonnummer mit der Anweisung, die könne er weitergeben, **"ABER NUR IM NOTFALL."**

Das war natürlich alles eine Riesensache ... brachte Unruhe. So wie immer bei mir. Aber wer fuhr eigentlich drauf ab? **Die Mannschaft fuhr drauf ab, und John Lucas fuhr darauf ab, der Coach.**

Da saß Madonna am Spielfeldrand, und alle waren schier aus dem Häuschen. Ich dachte mir: Verdammt, was soll ich denn eurer Meinung nach tun? Ich bin mit ihr zusammen. Andere haben doch auch ihre Freundinnen hier, oder? Oder ihre Frauen. Bloß weil meine Freundin zufällig die berühmteste Unterhaltungskünstlerin der Welt ist, darf ich sie nicht zu den Spielen mitbringen?

Im dritten Spiel, bei dem ich gesperrt war, spielte die Mannschaft grauenhaften Basketball. Wir verloren 105 zu 72. Es war peinlich, einfach grausig. David Robinson holte sechzehn Punkte und elf Rebounds, spielte aber keine Rolle. Wollt ihr wissen, wie schlecht das Spiel war? In diesem Spiel wurde Jack Healey lange eingesetzt ... und er lieferte ein gutes Spiel. **David brachte in der ganzen Serie gar nichts.**

Sollte ich bei der Mannschaft wohnen oder bei Madonna? Hmmm...

Ich sah mir das Spiel oben in den Bergen mit Madonna an. Wir saßen in der Ferienwohnung und sahen fern. Ich ging nicht hin, weil ich gesperrt war. **Wenn man mich nicht spielen ließ, hatte ich was Besseres zu tun.**

Diese Serie hätten wir nie verlieren dürfen. Das erste Spiel gewannen wir zu Hause, verloren dann drei in Folge. Und damit war unsere Saison beendet. Im letzten Spiel wurde es eng – 95 zu 90 –, und ich hatte zwanzig Rebounds, doch diesem Team fehlten Herz und Mumm, um weiterzukommen. Wir machten Utah im ersten Spiel fertig, um dann drei Spiele in Folge zu verlieren.

Nach dem letzten Spiel ging ich in den Umkleideraum, schnappte mir meine Sachen und setzte mich zu Madonna in die wartende Limousine. Ich sagte zu keinem ein Wort. Ich ging, bevor Coach Lucas seine Rede zum Saisonabschluß hielt. Ich gab keinem die Hand und verabschiedete mich von keinem. Meine Saison war aus und vorbei. **Sie konnten mir nichts erzählen, was ich nicht schon wußte.** Ich zog mir die Trainingsklamotten über und ging in meinem Sportdress. Mein nächster Halt hieß Los Angeles, wo Madonna und ich in ihrem Haus blieben.

Das war Anfang Mai, und danach verbrachten wir viel Zeit zusammen. Ich sah sie in New York und L.A. Wir wohnten anderthalb Wochen gemeinsam in Atlanta, im Ritz-Carlton, während sie eine CD aufnahm.

Alle Offiziellen der Spurs – und einige Spieler – übten derbe Kritik an mir, weil ich mich von der Mannschaft abgesetzt hatte, als Madonna dort war, um mich spielen zu sehen. Ihnen paßte nicht, daß ich nicht beim Team wohnte, aber wollt ihr mal was ganz Seltsames bei dieser ganzen Madonna-Geschichte hören? Alle wollten, daß es zwischen uns funkte. Alle waren völlig fasziniert davon, daß sie mit mir zusammen war. Sie benahmen sich wie die Kinder.

Und so war es von Anfang an. In der Öffentlichkeit tauchte Madonna zum erstenmal bei unserem letzten Spiel der regulären Saison auf, gegen die Clipper in Los Angeles. In dem Spiel erzielte David Robinson 71 Punkte und machte den Titel als Topscorer klar. Doch in der Mannschaft war nicht David das Hauptgesprächsthema, sondern daß Madonna auf der Tribüne saß und mich beobachtete.

Im Grunde ist es ein Riesenwitz, daß die Spurs und ihr gesamtes Umfeld dachten, ich sei wegen Madonna ein großer Unruheherd. Ich wollte diese Sache runterspielen. **Ich habe immer versucht, meine Privatangelegenheiten vom Spielfeld fernzuhalten.** Ich hab sie nicht nach dem Spiel in den Umkleideraum gezerrt. Das war John Lucas. Ich habe nicht vor der Umkleidekabine gestanden und Fotos mit ihr gemacht. Das waren die anderen Spieler. Ich wollte sie nicht im Umkleideraum haben. Ich fand es nicht sehr stilvoll, sie durch den Umkleideraum stolzieren zu lassen, bloß weil sie mit mir zusammen war.

Nach dem Clipper-Spiel kam John Lucas zu ihr, schnappte sie sich – *schnappte* sie sich – und marschierte mit ihr den ganzen Weg zurück in den Umkleideraum. Der Mann war der Cheftrainer. Und wer saß da und sagte: "Wir müssen Madonna haben. Wir müssen Madonna zum Spiel hier haben"? Das waren die Funktionäre der Spurs, das waren ihre Worte.

Davon redet keiner. Keiner sagt, die Vereinsführung der Spurs – oder John Lucas – hätten Unruhe ins Team gebracht, weil sie sich so aufführten, als Madonna auftauchte. Nein … ich war der große Unruheherd.

Ich wollte sie sehen, wollte aber nicht, daß sie zu den Spielen kam. Ich wußte, daß man ein Riesenaufhebens um sie machen würde. Der Verein wollte sie dabei haben, weil man wußte, daß sie Unmengen von Zuschauern anlocken würde. Ein Haufen Leute sollte kommen. Alle sollten kommen und Madonna sehen.

Sie wollte die Spiele aber sehen, und das war ihr gutes Recht. Wenn sie sich ein Basketballspiel ansehen will, weil sie mit einem der Spieler befreundet ist, sollte ihr niemand den Spaß daran verderben. **LASS DIE FRAU EINFACH IN FRIEDEN, MANN.**

Nach dem Spiel gegen die Clippers waren alle völlig überdreht. Es war wie 'ne Art große Party. Jeder wollte mit Madonna aufs Foto. Sogar Jack Haleys Familie war mit von der Partie, wollte Fotos. Jeder wollte irgendwas von ihr und von mir.

Zu der Zeit war ich gefühlsmäßig ziemlich verwirrt. Was ich auch machte, es war verkehrt. Ich sollte mit Madonna zusammensein, aber wenn ich mit ihr zusammen war, galt ich als großer Unruheherd. Wo war da die Logik?

Für John Lucas sprang dabei nichts raus, darum begreife ich nicht, warum er voll auf die Sache abfuhr. Er hing sich mehr rein als sonst irgendwer. Es hieß nur noch Madonna, Madonna. Genauso war's: Madonna ist in der Halle. Seht euch Madonna an.

Andere Spieler waren genauso. **Sie machten einen ZIRKUS aus der Sache.** Die NBA machte einen Zirkus draus, die Spurs machten einen Zirkus draus, meine Mitspieler machten einen Zirkus draus. Da sitzt Madonna in der ersten Reihe und sieht Dennis Rodman zu. **IST DAS NICHT UNGLAUBLICH?**

In dieser Phase ihres Lebens war Madonna bereit, ein geregeltes Leben zu führen. Es war wirklich angenehm in ihrer Nähe ... sie war sanft, zurückhaltend, liebevoll. In der Öffentlichkeit gilt sie als hart und schwierig, doch unter der Oberfläche ist sie ein sensibler Mensch. Sie läßt sich gern in den Arm nehmen und trösten.

Aber ich war nicht bereit, ein geregeltes Leben zu führen. Sie hätte es gern gesehen, wenn ich ein wenig ruhiger geworden wäre, es genossen hätte, einfach nur mit ihr zusammenzusein und einen Gang runterzuschalten.

Sie sagte immer: "Diese Phase hab ich hinter mir. Wild und ausgeflippt war ich schon." **Sie wollte, daß auch ich meine wilde Phase beendete**, aber ich konnte nicht einfach alles fallenlassen. Ich hatte immer noch meinen Spaß, suchte nach neuen Herausforderungen. Ich wollte mit meinem Boot rausfahren, mich mit meinen Freunden amüsieren, doch sie konnte das nicht. Wenn sie's getan hätte, wären alle schier ausgerastet. **Sie war immer auf der Suche nach Gelegenheiten, wo sie EIN MENSCH und NICHT MADONNA sein konnte,** was ihr aber sehr schwer gemacht wurde. Sie konnte nicht einfach nach Dallas kommen und sich mit mir und meinen Freunden amüsieren. Die wären total ausgeflippt, und am Ende wäre eine verfahrene Situation dabei herausgekommen.

Ich muß mich nicht hinter verschlossenen Türen verbarrikadieren. Ich glaube, wenn die Leute sich daran gewöhnt haben, etwas zu sehen, wird es ziemlich rasch etwas ganz Normales. Nicht lange, und es ist keine große Sache, ob man mich in einem Club sieht. Ich hab versucht, sie zum Ausgehen zu überreden, aber davor fürchtete sie sich. In ihrer Position steht wohl immer die Angst im Hintergrund, daß ihr jemand was antun könnte. Wenn man dermaßen prominent ist, **WEISS MAN NIE, OB SICH NICHT IRGENDEIN IRRER AN EINEN HERANMACHT,** wie dieser Hoskins, der sagte, wenn er sie nicht bekäme, wollte er ihr die Kehle von einem Ohr bis zum anderen aufschlitzen; er wurde dann von ihrem Leibwächter erschossen. Sie konnte nicht einmal problemlos in ein Restaurant gehen; es bestand immer die Möglichkeit, daß die Leute sie belagerten, sie bedrängten, ihr keinerlei Bewegungsfreiheit ließen.

Irgendwie ist es traurig. Sie ist eine Gefangene ihres Ruhms. Sie kann nicht das machen, was normale Menschen tun. Sie kann gehen, wohin sie will, es gibt immer einen Mordsaufstand. Wenn die Leute mich sehen, betteln sie mich um Autogramme an und so was, aber ich laß mich dadurch nicht davon abhalten, das zu tun, was mir Spaß macht. Wenn ich ausgehen will, gehe ich aus. Ich will so normal wie möglich sein. Das kann Madonna eigentlich nicht. Sie kann kaum einmal ganz sie selbst sein.

Sie ist eine tolle Frau. Wenn man sie im Fernsehen oder in ihren Videos sieht, hat man den Eindruck, daß sie echt knallhart drauf ist, beispielsweise wie sie zwanzig Minuten lang in David Lettermans Talkshow "Fuck" gesagt hat. Im persönlichen Umgang **ist sie ganz anders.** Ich kann mich nicht erinnern, daß sie exzessiv Schimpfwörter benutzt hat, wenn wir zusammen ausgingen. Sie benahm sich immer wie eine Lady.

Zwischen uns gab es nie Probleme. Ich hatte kaum eine so angenehme Beziehung wie mit ihr. Der Sex war prima – nicht sensationell, aber befriedigend –, doch das war nicht alles. Wir verstanden uns so gut, es war fast beängstigend.

Doch so lieb sie auch war, in ihrer Gegenwart war mir immer bewußt, daß ich mit einer Frau zusammen war, die Macht hatte und sie auch einsetzen konnte. Als Geschäftsfrau ist sie eine große Nummer, und sie weiß genau, was sie will. Man muß sich nur ansehen, wie sie mich nach Miami geholt hat: Sie setzte sich mit der Zeitschrift *Vibe* in Verbindung, was sie dann benutzte, um mich nach Florida zu holen. Sie wollte mich kennenlernen, und so geschah es.

Sie kann jeden haben, den sie will. Sie hat unendlich viel Geld. Sie ist eine mächtige Frau. Das fand ich an ihr anziehend. **Für sie sprang sonst nichts dabei heraus.** Ich hatte nichts, was sie haben wollte. Es gab keine Hintergedanken; es ging einfach bloß darum, daß man den anderen mochte und gern mit ihm zusammen war. Ich mußte mir keine Sorgen machen, daß wir uns womöglich verkrachten und sie dann nur noch mein Geld haben wollte. Scheiße, **MEIN GELD WAR FÜR SIE NICHTS ALS EIN TASCHENGELD.**

Und Sex mit ihr war sehr unterhaltsam, was auch nicht verkehrt war. Er war unterhaltsam, mehr möchte ich dazu eigentlich nicht sagen. Da spielte sich nichts Wildes, Verrücktes oder Abartiges ab. So war es überhaupt nicht im Bett; es war einfach sehr unterhaltsam.

Jeder denkt, toller und ausgefallener als mit ihr könnte Sex gar nicht sein, und jeder Typ will mit Madonna schlafen. Ich hab irgendwann aufgehört, sie so zu sehen. Wir fühlten uns wohl miteinander, und der Sex war völlig natürlich und befriedigend. **SIE WAR ZWAR KEINE AKROBATIN, ABER AUCH KEIN TOTER FISCH.**

EINS DARF ICH NICHT VERSCHWEIGEN: Während ich mit Madonna zusammen war, hatte ich die ganze Zeit über noch eine Freundin, Kim. Sie wohnte bei mir in San Antonio, doch die Beziehung war am Ende, weil ich sie verdächtigte, daß sie nicht die war, als die sie sich ausgab. Außerdem erzählte sie andauernd, sie hätte massenhaft Geld. Wie sich herausstellte, tischte sie mir haufenweise Lügen auf, was es mir leichter machte, mit einem guten Gewissen Madonna zu treffen.

Kim wußte, daß ich Madonna traf, und das sorgte für einige Schwierigkeiten. Daß unsere Beziehung aus war, wußte sie. Sie sah die vielen Faxe und Briefe von Madonna. Sie wußte, daß ich andauernd mit Madonna telefonierte. Wir trennten uns, und von da an sah ich Madonna häufiger.

Nach unserer Trennung nahm ich Kim mit nach Las Vegas. Ich wollte nach Las Vegas, aber nicht allein, deshalb nahm ich Kim mit. An unserem ersten Abend dort kommt auf einmal Madonnas Assistentin zu mir an den Würfeltisch und sagt: **"Oben ist jemand, der Sie sprechen möchte."** Normalerweise reiste Madonna nicht mit Gefolge, aber diesmal hatte sie etliche Leute mitgebracht.

Ich denke: *Ach du lieber Himmel.* Und **MADONNA WAR IM HAUS.** Sie hatte mich in Las Vegas aufgespürt. Ich fahre mit Kim dahin, und Madonna kriegt das raus und kommt hinterher. Sie war nicht nur im selben Hotel, sie hatte auch noch **DAS ZIMMER DIREKT NEBENAN GENOMMEN.** Sie hatte herausbekommen, in welchem Zimmer ich wohnte, und den Raum daneben gemietet.

Madonna wußte, daß ich ein Las-Vegas-Fan bin, und als sie herausfand, daß ich San Antonio verlassen hatte, folgte sie mir nach Las Vegas. Das war wohl keine große Kunst, weil ich in solchen Dingen ziemlich leicht auszurechnen bin.

Wenn ich mich amüsieren will, gehe ich nach Las Vegas. Wenn ich nach Las Vegas komme, steige ich im Mirage ab. Das dachte sich Madonna, bekam dann heraus, in welchem Zimmer ich wohnte, und nahm das daneben. Ich hab's euch ja gesagt ... sie weiß, was sie will, und sie weiß, wie sie's kriegt.

Nachdem mich also Madonnas Assistentin geholt hatte, stand ich vom Tisch auf – ich allein – und ging zu Madonna. Im Treppenhaus sagte sie zu mir: **"DU LIEBST MICH. DU WILLST MIT MIR ZUSAMMENSEIN. REIS JETZT SOFORT MIT MIR AB UND VERGISS DEINE FREUNDIN."** Und was hab ich gemacht? Ich finde natürlich, daß ich genau das Richtige tat, indem ich meinen Kram holte und mit Madonna abreiste. Wir bestiegen ein Flugzeug und flogen in ihr Haus nach Los Angeles. Kim kam zwar wohlbehalten nach Hause, doch danach war von unserer Beziehung nicht mehr viel übrig.

Madonna hat viel für Schwule getan, und ich bemühe mich auch darum. Sie drückt ihr Engagement musikalisch aus und ich dadurch, daß ich mir während der Playoffs gegen die Lakers in meinem letzten Jahr bei San Antonio die bunte Aids-Schleife in meine Haare einfärben ließ.

Madonna und ich sind uns in vieler Hinsicht ähnlich. Madonna gibt sich manchmal bisexuell – ob sie es wirklich ist, steht auf einem anderen Blatt –, und ich bin es nur im Kopf. Madonna ist nicht sexbesessen. Sie geht nicht in einen Club, sucht sich eine Frau aus und sagt: "Mit der will ich heute nacht schlafen." Ich glaube, sie findet andere Ausdrucksformen. Wenn sie von einer anderen Frau liebkost werden will, läßt sie sich von einer anderen Frau liebkosen. Aber sie sucht sich keine andere Frau, um mit der irgendwas Abartiges zu treiben.

Mich hat sie oft gefragt: **"Möchtest du mir gern zusehen, wenn ich mit meinen Freundinnen zusammen bin?"**

Ich sagte dann immer kategorisch: **"NEIN."** Das hat ihr wohl am besten an mir gefallen. Sonst ist sie wohl nur mit Typen zusammen, die auf so was stehen. Die geilt das mächtig auf. Sie wollten bei ihr sein, wenn sie mit ihren Freundinnen zusammen war.

Daran war ich nicht interessiert, und falls es mich interessiert hätte, hätte ich keine Gelegenheit dazu gehabt. Wenn ich bei ihr war, trieb sie sich nie mit ihren Freundinnen rum. Nach diesem ersten Abend im Schwulenclub hab ich sie in dem halben Jahr, in dem wir zusammen waren, nie wieder mit einer anderen Frau gesehen. Nicht, daß ich ihr das ausgeredet hätte ... überhaupt nicht. Wenn wir zusammen waren, wollte sie halt bloß mich um sich haben, und zwar nur mich. **WIR HATTEN EINE GUTE BEZIEHUNG.**

Manchmal ging Jack Haley mit uns aus, und hinterher sagte er dann: "Ihr beide seid verliebt, Mann."

Sie mußte sich genau überlegen, wohin wir in der Öffentlichkeit ausgehen wollten. Wir versuchten es meist dort, wo man sie bereits kannte – in Schwulenclubs, kleinen Bars in der Nähe ihrer Hauses. Ich wollte immer woandershin, in größere Clubs oder Kneipen, wo mehr Leute waren.

Irgendwann merkte Madonna wohl, daß ich es nicht ruhiger angehen lassen wollte. Ich sagte ihr das auch. Das gehörte zu unserer Beziehung: Wir waren völlig ehrlich zueinander. Ich sagte ihr beispielsweise, daß **IHR HAUS IN LOS ANGELES SCHEISSE WAR.** Man fühlte sich dort einfach nicht wie zu Hause; es kam einen vor wie ein kaltes leeres Gemäuer, nicht wie ein Haus, in dem man es sich gemütlich machen konnte. Aber ihr Haus in Miami war toll ... riesig, direkt am Meer, einfach ideal. Sie sagte mir: "Wenn du mal für Miami spielst, kannst du hier wohnen. Zieh einfach bei mir ein."

Darauf ich: "Ich kann hier nicht wohnen. Das ist nicht mein Haus."

"Wenn wir zusammen sind, ist es dein Haus", sagte sie.

So ging sie mit mir um. Sie war ausgesprochen großzügig und offen. Vermutlich war sie früher verletzt worden und wollte so was nicht noch mal durchmachen, wenn sie also jemanden fand, mit dem sie sich wohl fühlte, wollte sie diesen Zustand unbedingt beibehalten. Für mich war sie nicht Madonna, und das gefiel ihr wohl. Für mich war sie ein erfolgreicher aber verletzlicher Mensch, wie alle anderen auch.

Sie setzte mich nicht unter Druck, gab mir nur zu verstehen, wieviel ich ihr bedeutete, doch es war ziemlich klar, daß eine Heirat nicht ausgeschlossen war, falls meine Gedanken in diese Richtung gingen.

Manchmal frage ich mich, warum ich mich nicht ernsthafter auf sie eingelassen habe. Sie gefiel mir, weil sie Köpfchen hatte, außerdem hatte sie sich ihren Namen und ihr Vermögen allein geschaffen – genau wie ich.

Am Ende wurde nichts draus, weil **ich nicht als Madonnas Playboy, als ihr LUSTKNABE gelten wollte.** Die Leute sollten nicht denken, ich sei Madonnas Quietscheentchen in der Badewanne. Ich wollte nicht, daß man mich für jemanden hielt, mit dem sie spielen konnte, wenn ihr danach war.

Ich wußte, daß sie das nicht so sah, aber viele Leute dachten das. **Das störte mich, ich geb's zu.** Mir ist normalerweise scheißegal, was andere Leute von mir denken, aber diesmal konnte ich damit nicht umgehen.

Möglicherweise war ich da nicht souverän genug, glaube aber, **DAS IMAGE ALS MR. MADONNA HÄTTE ICH NUR SCHWER ABSCHÜTTELN KÖNNEN.** Ich wollte nicht, daß das, was ich geschaffen hatte, mit dem durcheinandergeriet, was das Zusammensein mit ihr geschaffen hätte. **Es war alles sehr verwirrend,** das gebe ich zu, aber weil ich wußte, was alles damit zusammenhing, konnte ich mir nicht vorstellen, mich auf eine dauerhafte feste Beziehung mit ihr einzulassen.

Meiner Ansicht nach habe ich ein Image von mir aufgebaut, bei dem jeder Dennis Rodman als Dennis Rodman erkennt und nicht als Dennis Rodman mit Madonna. Wäre ich mit ihr zusammen, brächte man immer alles mit ihr in Verbindung.

Außerdem war ich mir nicht sicher, ob ich mich so hätte binden können, wie sie sich das vorgestellt hatte. Ich weiß nicht, ob ich so viel bei ihr hätte sein könnte, wie sie das gebraucht hätte. Sie suchte nach einem Mann, der ihre rechte Hand, ihr Seelenverwandter war. Sie wollte einen richtigen Beschützer.

Ich mag sie immer noch. Manchmal denke ich noch an das eine oder andere zurück, was sie mal gesagt hat, was sie von bestimmten Leuten hielt, und **manchmal** wünschte ich, ich hätte mehr für eine funktionierende Beziehung getan.

In der Welt, in der sie lebt, halten sie alle für wüst, sexy und ausgeflippt. Doch es gibt von ihr auch eine andere, eine weichere Seite, die sie für sich behält. Diese Seite habe ich kennengelernt.

WIR HATTEN SO VIELE GEMEINSAMKEITEN. Alles, was sie macht, alles, was ich mache ... wir paßten absolut und perfekt zusammen. Ich glaubte das, und sie wußte es.

Ich sagte manchmal zu Leuten: "Ich glaube, sie liebt mich."

Darauf hieß es immer: "Das glaubst du doch selber nicht."

"Doch, und ob."

Seit ihrer Ehe mit Sean Penn war sie nicht mehr so verliebt gewesen. Ich kam genau zum rechten Zeitpunkt, und sie dachte wohl, sie hätte den Richtigen gefunden.

Wir reden nicht mehr miteinander. Ich glaube, es schmerzt sie, jetzt mit mir zu reden. Ich will nichts erzwingen. Ich hab's versucht, und es ist nichts draus geworden. Doch jetzt will ich gar nichts mehr erzwingen. **WENN SIE MIT MIR REDEN WILL, KANN SIE MICH ANRUFEN.** Sie weiß, wo ich bin, wie sie mich erreicht. Ich glaube, sie redet vor allem deshalb nicht mit mir, weil sie fürchtet, es würde sie sehr verletzen.

Sie weiß, was sie für mich empfindet – oder wenigstens empfand –, und jetzt ist alles kaputt. Alles ist ein Scherbenhaufen, obwohl ich das nicht gewollt habe. Ich wollte nur meine eigene Identität haben und nicht im Schatten ihres Ruhms leben müssen. Dieser Wunsch war wohl stärker als alles, was ich für sie empfand.

Sie sagte immer: "Du mußt verstehen, daß die Leute alles mögliche sagen werden, wenn du mit mir eine Beziehung hast. Sie werden behaupten, du tätest das nur für dein Image."

"Wenn die Leute so was sagen, stört mich das überhaupt nicht", sagte ich. "Aber ich will nicht, daß du irgendwas unternimmst, um mir zu helfen."

Das sagte ich zu ihr. Keiner sollte denken, ich würde von ihr profitieren. Darüber dachte ich viel nach, und ich wußte, viel von dem Mist, den ich mir hätte anhören müssen, hätte ich wegen Madonna abbekommen. Das wollte ich nicht. **Ich bin nicht irgendso'n beschissener Trittbrettfahrer.** Ich will mir alles selbst verdienen.

Sie war nicht wütend auf mich, nur traurig. Ich bemühte mich um unsere Beziehung, aber nur unter meinen Bedingungen. Ich nahm die Angelegenheit nicht mehr sehr ernst, denn nachdem wir gevögelt hatten und zusammen gesehen worden waren,

kam ich nicht
dahinter,
was sie mit
einem wie mir
eigentlich
wollte.
Ich kann mit all
diesen anderen
Typen nicht
konkurrieren,
mit denen sie
was hatte.

Ich halte mich immer noch für jemanden, der sich von einem Putzmannjob auf dem Weg nach oben durchbeißen mußte, um es im Leben zu was zu bringen. Ich konnte mich also nicht zu einer Entscheidung darüber durchringen, wie ernst es mir mit Madonna war.

Das Ganze war mehr als nur ein Spiel. Ich war nicht bloß auf einen guten Fick aus. Es war kein Spiel. Na schön, ich habe mit Madonna geschlafen. Darauf hatte ich es aber nicht abgesehen. Als ich in Howard Sterns Talkshow war, redete er andauernd davon, das sei doch ein guter Fick, und daß man so von ihr dachte, hat sie wohl gekränkt.

Als ich mit Madonna zusammen war, war die Aufmerksamkeit gewaltig. Wo wir auch hinkamen, drängten sich die Fotografen. Wo wir auch hinkamen. Ich dachte nur: "Bloß nicht." Jeder wollte diese Beziehung mit aller Macht. Als die Öffentlichkeit zuerst davon erfuhr, hörte man fast, wie alle "Jawoll!" sagten. Das war wirklich ein Ding. Das war das Größte, was sich die NBA erhoffen konnte, daß die **BEIDEN AUSGEFLIPPTESTEN MENSCHEN DER WELT ZUSAMMEN WAREN.**

Als ich sie kennenlernte, stellte ich mir vor, daß ihr Haus von Fotografen regelrecht belagert würde, aber da trieben sie sich nicht herum. So schlimm war es nicht. Nur: wohin wir auch ausgingen, sie waren da. Keine Ahnung, wie sie so was rauskriegen, aber wenn wir in ein Restaurant oder in einen Club fuhren, tauchten sie plötzlich auf, wie von Zauberhand herbeigeholt. Wenn sie herausfinden, wo die Superstars sind, sind immer irgendwelche Leute da.

Für mich war das nicht: "Wow, ich bin mit einem berühmten Menschen zusammen, **MIT DER BERÜHMTESTEN FRAU DER WELT,** der Sexdiva schlechthin." So hab ich das nie gesehen. Eher so, daß ich da jemanden gefunden hatte, der **EINFACH EINZIGARTIG** war.

Man stößt nur sehr selten auf einen wahrhaft einzigartigen Menschen, mit dem man zusammensein kann.

Wir hatten eine Menge Spaß miteinander. Es war toll. Zwei sehr unabhängige Menschen, die eine kosmopolitische Beziehung eingingen. Wir wollten gemeinsam unabhängig sein – jedenfalls wollte ich das –, und alles andere auch.

Seither habe ich festgestellt, daß viele Frauen mit mir zusammensein wollen, weil sie wissen, daß ich was mit Madonna hatte. Sie finden das cool. Sie denken, da ich was mit der sogenannten Sexgöttin hatte, wollen sie rausfinden, ob sie da mithalten können.

Wenn ich so was höre, muß ich immer lachen. Ist mir unbegreiflich, wieso die Leute auf so einen Quatsch etwas geben. Klar, Madonna war wohl die ultimative Promi-Freundin, aber so habe ich sie nie gesehen. Ich wär nie auf diese Idee gekommen. "Madonna, Madonna, Madonna, ich träume von ihr und begehre sie" – ach was. Als ich sie richtig kennenlernte, hab ich gemerkt, daß sie 'ne coole Tussi ist. Das war's auch schon. Die ganze Machtchose spielte gar keine Rolle.

Alle sagen, sie hat mich abgeschoben, dabei war's umgekehrt. Weil sie Madonna ist, nimmt jeder an, daß sie mich abgeschoben hat. **Sie hat mich abgeschoben, weil ich sie nicht oft genug treffen wollte.** Wenn ihr das abschieben nennen wollt – nur zu.

Madonna und ich hatten im Sommer 1995 noch eine letzte Chance für einen zweiten Versuch. Nachdem alles in die Brüche gegangen war und sich unsere Wege getrennt hatten, verbrachten wir in Los Angeles noch drei Tage zusammen. Ich hätte nicht gedacht, daß wir noch mal eine längere Zeit miteinander verbringen würden, aber wir wollten rausfinden, ob sich da noch was ergab. **Es funkte immer noch zwischen uns, und wir mußten herausfinden, ob die Funken für ein Feuer reichten.**

Ich flog für eine Woche nach L.A. und stieg im Hotel Nikko ab. Sie besuchte mich drei Tage hintereinander, und wir redeten und redeten. Überall waren Paparazzi ... wirklich überall, Mann. Jack Healey kam mich besuchen, und ich trug sein sechs Monate altes Söhnchen aus dem Hotel. Sämtliche Paparazzi und Reporter schrien: **"IST DAS MADONNAS BABY?"**

Es war irre. Der Kleine war weiß, blond und blauäugig ... da hatten sie wirklich gut geraten. **WAR MIR WIE AUS DEM GESICHT GESCHNITTEN.**

Als sie vorbeikam, um mit mir zu reden, waren wir seit einem knappen Jahr getrennt. Sie kam vorbei, und wir unterhielten uns. Es hatte nichts mit Sex zu tun, wir redeten auch nicht übers Kinderkriegen oder so was. Wir haben einfach geredet, herauszufinden versucht, ob wir die Sache wieder auf die Reihe bekamen, und mußten wohl feststellen, daß das nicht ging.

Als sich nach der Woche in Los Angeles nichts ergab, sagten alle: "Aha, diesmal hat sie ihm aber wirklich den Stuhl vor die Tür gesetzt." Ich war dabei, und so war es nicht.

Das begreift niemand. Weil sie Madonna ist, denkt automatisch jeder, daß sie mir den Stiefel gegeben hat.

Während eines Interviews fragte sie einmal, halb im Scherz: "Meinen Sie, ich sollte ihn heiraten?" Für mich hörte sich das an, als ob ich dabei nicht gefragt würde. Ich lehnte mich zurück und sagte: **"Nein, ich meine, du solltest ihn nicht heiraten, nicht, ehe er sich dazu geäußert hat."**

"Madonna, den Popstar" wollte ich nicht. Den hatte ich,

ich hab's mit ihr getrieben, es war toll. Ich wollte vielmehr die coole Person, mit der ich einiges unternommen und mich herrlich amüsiert hatte. Irgendwann fanden wir heraus, daß zuviel Ballast im Weg war, als daß das funktioniert hätte.

Ich glaube erst, daß zwischen uns alles aus ist, wenn sie heiratet. Dann ist vielleicht alles aus. Aber wir empfanden so viel füreinander; es könnte sein, daß wir wieder zusammenfinden. Wenn ich Madonna jetzt gleich haben wollte, wenn ich einen Großangriff startete – mit schweren Waffen –, um sie zurückzubekommen, dann würde sie darauf ansprechen. Wenn ich aufschreie, ich sehne mich heute nach Madonna, würde irgendwas passieren. Glaub mir, Mann. So war es beim letztenmal.

Solange ich mit ihr zusammen war, ging mir ein Gedanke nicht aus dem Kopf: **ICH HATTE MIT DIESER SITUATION NICHTS ZU TUN.** Daß sie ein Star war, imponierte mir nicht, andererseits wußte ich nicht, wie mir so was passieren konnte. Von all den unwahrscheinlichen Dingen, die mir passiert sind – daß ich Dallas verließ, es in die NBA schaffte, ein Star wurde –, war diese Sache am schwersten zu begreifen. Ich und Madonna, eine Liebesbeziehung, bei der alle Welt zusah.

Manchmal sagte ich zu ihr: "Ich sollte gar nicht hier sein. Du willst nicht mich, du willst einen anderen. **DU FINDEST GARANTIERT EINEN BESSEREN ALS MICH."** Das hab ich ihr oft genug gesagt, und darauf erwiderte sie: "Ich glaube, du bist gut genug. Du bist gut im Bett, und wenn ich einen finde, der gut im Bett ist, fühle ich mich mit ihm wohl. Das bist du."

Ich versuch seit langem, mich ganz normal zu benehmen, wie ein gewöhnlicher Mensch behandelt zu werden. Mit ihr zusammen war das unmöglich. Ich konnte nicht normal sein. Oder ich hätte all die alten Schlachten von neuem ausfechten müssen.

Irgendwann rückte sie mit der Idee heraus, daß **sie alles stehen, und liegenlassen und nach San Antonio ziehen wollte.** Sie wollte zu mir in mein Haus ziehen. Das sah sie als die Lösung aller Schwierigkeiten, den goldenen Weg, alle Probleme aus dem Weg zu räumen und eine funktionierende Partnerschaft aufzubauen.

"Ich wollte es dir leichtmachen", sagte sie. "Ich wollte mein Leben zu dir bringen, aber du hast es nicht angenommen."

Davon redete sie immer und immer wieder. Sie weinte um mich, und ich wußte, daß es ihr ernst war. Aber ich sprach darauf nicht an. Da war einfach nichts, Mann. Diese Gefühle spürte ich nicht. **ICH KONNTE EINFACH NICHT MADONNAS BOY SEIN.** Als ich mich schließlich entscheiden mußte, konnte ich nicht alles aufgeben, um diesem Traum nachzujagen.

ELF

TODES-SEHNSUCHT

Das schnelle, intensive Leben

Im August 1993 **VERLOR ICH IN NICHT MAL EINER WOCHE** im Mirage, Las Vegas, **35 000 DOLLAR.** Ich stand in diesem Kasino und überließ ihnen mein Geld. Je mehr, desto besser.

Anscheinend suchte ganz Detroit nach mir. Sie machten Witze darüber, ob sie – wie in den USA bei Vermißten üblich – **mein Konterfei auf einen Milchkarton drucken lassen sollten.** Das Trainingslager stand kurz bevor – mein letztes Trainingslager als Piston –, und der Verein hatte keine Ahnung, wo ich steckte. Ich wollte es so. Deshalb wußten sie es nicht.

Zur Rodman-Legende gehört, daß ich es darauf anlegt hatte, dieses Geld zu verlieren, daß ich mit 35 000 Dollar in der Tasche in das Kasino marschiert bin und beschlossen hatte herauszufinden, wie schnell ich die loswerden konnte.

Das ergibt vielleicht eine bessere Story, stimmt aber nicht ganz.

Anfangs wollte ich gewinnen. Ich spiele immer, um zu gewinnen. Doch als ich anfing zu verlieren, kam mir die Idee: *Verlier alles.* Pack einfach alles auf den Tisch und verlier's. **Überlaß es anderen Leuten, sollen die doch mit den damit verbundenen Problemen fertigwerden.** Mehr bedeutete Geld für mich damals nicht: Probleme. Als ich in diesem Kasino stand und zusah, wie mein Geld von den Tischen gefegt wurde, war mir egal, ob ich je wieder einen einzigen Dollar besitzen würde.

Beim Roulette setzte ich mein Geld auf Rot und drückte Schwarz die Daumen. Am Würfeltisch entschied ich mich für irgendwelche Zahlen und hoffte, daß andere kämen. Wie so oft in meinem Leben, wollte ich dorthin zurück, wo ich gewesen war, bevor ich das alles besaß. Ich wollte in eine Zeit zurück, als ich keine 35 Dollar gehabt hatte, geschweige denn 35000. Ich wollte dieses Gefühl wieder zurückhaben, das Gefühl von Hunger und Überlebenskampf. All das sollte sich einstellen, und um das zu erreichen, fiel mir nichts anderes ein, als das ganze Scheißgeld auf den Tisch zu werfen und zu verlieren. **Ich brauchte die Verzweiflung.**

Da Geld alles nur komplizierter macht, bot sich die Lösung an, es loszuwerden. Ich glaube, mein Leben muß hart sein. Wenn ich vor meinem Spind sitze und Pearl Jam höre, **VERSETZE ICH MICH GEDANKLICH AN DIE SCHLIMMSTEN ORTE, DIE**

MAN SICH VORSTELLEN KANN. Ich versetze mich in ein Krankenhaus mit sterbenden Kindern, und vor meinem Spind empfinde ich die Schmerzen und das Leid, die sie empfinden. Die Musik durchdringt mich und versetzt mich dorthin. Die Musik handelt von Schmerzen und Leid, denen man nicht entkommen kann. Das brauche ich, um mich zu lösen und mir in Erinnerung zu rufen, daß es nicht immer so einfach war. Ich versetze mich in Gedanken auf die Straße zu obdachlosen und hungrigen Menschen und sage mir, daß ich für diese Leute Basketball spiele. Ich muß an das Schlimmste denken, um sicherzugehen, daß ich nicht faul werde oder alles als selbstverständlich hinnehme.

Darum ging es mir in diesem Kasino. Ich wollte den Schmerz spüren, den man spürt, wenn man gar nichts besitzt. Ich wollte wieder der Rookie sein, **der Typ, der hyperventilierte, als er einen Vertrag unterschrieb, und der beim Training herumgerannt ist, als stünde seine Hose in Flammen.** Das war der Typ, den die Leute mochten.

DAS WAR DER TYP, DEN ICH MOCHTE.

Ich wollte wieder normal sein, nichts mehr hören von dem ganzen Mist, der auf einen zukommt, wenn die Leute wissen, wer man ist. Um mich normal zu fühlen, um unter Leuten zu sein, fliege ich nach Las Vegas. Was gibt es Besseres als Las Vegas? Man steht herum wie alle anderen, legt sein Geld neben ihres und hofft auf das gleiche wie sie.

Für mich war das eine miese Zeit. Meine Ehe mit Annie war **gescheitert,** Chuck Daly war **weg,** die Mannschaft **ging zum Teufel,** und ich war **VERWIRRT.** Ich wußte nicht, was ich wollte, sondern nur, daß ich nicht das wollte, was ich hatte. Ich mußte wieder zurück in die Zeit von damals, als mich noch niemand kannte und als

AUTOFAHRER DEN FUSS VOM GAS NAHMEN, UM BESCHIMPFUNGEN HINTER MIR HER ZU SCHREIEN UND MICH ZU BELEIDIGEN.

In Detroit war ich sehr beliebt, doch als es um Vertragsverhandlungen ging, stand ich ganz unten auf der Liste. Zu dieser Zeit wurde mir klar, daß es keinerlei Verpflichtungen, keine Loyalität, kein gar nichts gibt. Da ging mir etwas von dem Reiz dieses Sports verloren, weil mir klar wurde, wie beschissen seine geschäftliche Seite ist.

Meine kurzfristige Antwort darauf lautete, das Geld zu verlieren und mir einzureden, ich müßte mich erneut mit Zähnen und Klauen zurück nach oben kämpfen. Ich wollte den Schmerz fühlen.

Die Zeit vor meiner letzten Saison bei den Pistons gehört zu meinen Tiefpunkten. Ich fühlte mich von den Pistons verraten und durfte meine Tochter nicht sehen. Und ich verdrängte meine Gefühle auch nicht. **Ich schloß mich in meinem Haus ein und ging nicht an die Tür;** niemand sollte wissen, wo ich war. Ich ging nur nach Mitternacht raus, entweder um in Gold's Gym zu trainieren oder um was zu essen zu kaufen.

Das mache ich jetzt in Chicago auch. Ich gehe um Mitternacht oder ein Uhr nachts raus zum Training. Ich hab die Trainingsräume gern für mich allein, und ich fühl mich gut, wenn ich so etwas mache, während alle anderen im Bett liegen.

Als ich in Detroit so viel Mist durchmachen mußte, änderte ich ein paarmal meine Telefonnummer. Ich ließ mir dann von der Telefongesellschaft die jeweils neue Nummer nicht mitteilen. Ich dachte mir, wenn ich sie nicht wüßte, könnte auch keiner anrufen und mich stören.

Wenn ich frustriert und eingesperrt bin, werde ich depressiv, aber je mehr ich mein Gehirn schule, diese Depressionen zuzulassen, desto stärker macht mich das. Anstatt ihnen auszuweichen und danach zu streben, mich besser zu fühlen, gebe ich ihnen nach und fühle sie mit meinem Körper. Das versetzt mich wieder in die Vergangenheit und bringt mich mental in Schwung. **Wenn ich ganz unten angelangt bin, kann ich das Problem angehen und dorthin kommen, wohin ich will.**

Nicht zufällig hatte ich während meines letzten Jahres in Detroit eine tolle Saison. Obwohl das Team zerfiel und mein Leben in Scherben lag, führte ich mit einem Schnitt von 18,2 Rebounds pro Spiel die Liga immer noch an.

Ich traue dem nicht, was dieses Leben mir gegeben hat. Ich traue weder dem Geld noch der Aufmerksamkeit oder den Leuten, die behaupten, sie liebten mich. Ich traue all dem nicht, weil ich weiß, daß es vergänglich ist. Dieses Leben geht vorbei, und sobald deine Karriere aus ist, vergessen dich alle. Dann gibt es jemand anderen, den sie vergöttern können, und wenn du dann dastehst, alt und am Ende, und diese Leute fragst: "He, was ist mit mir?", dann nennt man dich traurig und erbärmlich. Ständig sehe ich ehemalige Spieler zurückkommen, auf der Suche nach dem, was sie einmal hatten. Das passiert mir nicht. **Sobald ich die NBA verlasse, werden die mich nie wiedersehen.** Ich ziehe weiter und fange mit meinem Leben etwas Neues an.

Mir ist klar, daß man nicht immer im Licht der Öffentlichkeit steht. Mir ist klar, daß diese Aufmerksamkeit nur kurz andauert, und wer sie mir schenkt, tut das nicht mir zuliebe … diese Leute tun das für sich. **Denen geht's nur um das, was sie aus mir rausholen.** Wenn du darauf reinfällst, bist du verrückt; wenn du nicht weißt, warum diese Aufmerksamkeit überhaupt da ist, begreifst du es später nicht, wenn sie weg ist.

Falls ich jung sterben sollte, werden alle sagen, sie hätten es kommen sehen. Sie werden behaupten, ich hätte eine Todessehnsucht gehabt, ich hätte Hilferufe ausgesandt, die keiner gehört habe.

Aber noch wahrscheinlicher ist, daß sie sagen werden, ich hätte Drogen genommen.

Ich weiß, was der Durchschnittsbürger in Minnesota oder Utah von mir hält. Der sitzt mit seinem Bier vor der Glotze und sagt: **"Dieser Knilch mit den grünen Haaren ist entweder irre oder rauschgiftsüchtig."**

Ich weiß, daß die Leute das denken ... sollen sie ruhig. Ich kann die Ansichten anderer Leute nicht ändern, sie dürfen also denken, was sie wollen.

In Wahrheit habe ich noch nie auch nur einen Joint geraucht. Ich habe nie Kokain, LSD oder irgendwelche anderen Drogen probiert. Ich brauche keine Drogen, um in Schwung zu bleiben. Ich brauche keine Drogen, um Energie zu kriegen, Spaß zu haben oder dem zu entfliehen, was mir gerade durch den Kopf geht.

Im Sport werden Drogen genommen, wenn auch weniger als früher. Früher nahm man sie offener, heute läuft das alles versteckter ab. **Wo Geld ist, gibt es immer auch Drogen, es wäre also dumm zu behaupten, in der NBA gäbe es keine Drogen.** Doch die Spieler wissen inzwischen, worum es geht. Sie wissen, daß sie sich von ihrer gesamten Karriere verabschieden können, wenn sie sich Drogen ausliefern. Mittlerweile sind die meisten informiert genug, um die Finger davon zu lassen.

Als ich in der Liga anfing, nahm mich Rick Mahorn beiseite und sagte: "Komm mit mir und bleib in meiner Nähe. Ich zeig dir, was Sache ist." So war so ziemlich die ganze Truppe drauf. John Salley und ich kamen gleichzeitig als

Rookies ins Team, und die älteren Spieler erzählten uns vom Leben auf dem Spielfeld und außerhalb. Sie sagten uns, was wir erreichen könnten, wenn wir am Ball blieben und alle Ablenkungen aus unseren Leben verbannen würden.

Ein Jahr, nachdem ich zu den Pistons gekommen war, hatte der Verein als ersten William Bedford gedraftet, einen 2,13 Meter großen Centerspieler von der Uni Memphis State. Er hätte ein großartiger Spieler werden können; der Mann war unglaublich talentiert und körperlich wie geschaffen für Basketball.

Als William auftauchte, war ich wohl gerade an der Reihe, jemandem zu helfen. Ich wünschte nur, ich wäre dabei erfolgreicher gewesen.

Wir merkten wohl alle sofort, daß Bedford nicht so erfolgshungrig war, wie er es hätte sein sollen, aber uns war nicht klar, wie groß seine Schwierigkeiten wirklich waren.

Ich weiß noch, daß ich unterwegs zu einem Auswärtsspiel in sein Zimmer kam und sofort merkte, daß etwas nicht stimmte. Es war dunkel und kalt. Mitten im Winter pustete die Klimaanlage. William hockte da und glotzte stumpf vor sich hin. Bald war uns allen klar, daß dieser Typ – ein dermaßen begabter Kerl – sein ganzes Geld die Nase raufkokste.

Ich sorgte immer dafür, daß er bei Auswärtsspielen oder zum Training in Detroit den Bus erwischte, doch das war ihm anscheinend egal. Wir dachten alle, wir bekämen ihn schon wieder auf die Reihe, doch er steckte zu tief drin. Nach mehreren positiven Drogentests wurde er schließlich **aus der Liga gespült.**

Falls es einer zusätzlichen Motivation bedurft hätte, um mich von Drogen fernzuhalten, so lieferte sie mir William Bedford. Er ließ sein ganzes Talent vor die Hunde gehen. In vier Jahren bei den Pistons machte er im Schnitt 3,5 Punkte pro Spiel. Wenn ich daran denke, wie gut er hätte sein können und wieviel besser unsere Mannschaft hätte sein können, wenn er keine Drogen genommen hätte, dann kommen mir beinahe die Tränen. Dieser Typ hatte alles und stand am Ende mit gar nichts da.

Wenn Leute meinen, ich würde Drogen nehmen, dann habe ich immer eine Antwort parat: **Zehn Jahre in der Liga.** Mehr bräuchte ich eigentlich nicht zu sagen, denn **DIE SPIELER MIT DROGENPROBLEMEN HALTEN SICH NICHT IN DER LIGA.** William Bedford konnte sich nicht halten. Chris Washburn war auch so ein Fall: 1986, im selben Jahr, als ich anfing, bekamen ihn die Golden State Warriors als topgesetzten Spieler beim Draftpick. Er verließ die Uni North Carolina State nach seinem zweiten Studienjahr und brachte in der NBA nie etwas zustande. Er fiel bei Drogentests durch und verschleuderte schließlich auch sein Talent.

Nehmen wir Roy Tarpley. Er blieb länger als die meisten, weil man ihm immer wieder eine Chance gab. Aber er hatte einen Vertrag über 23 Millionen Dollar, und er schmiß ihn weg. Er fiel bei einem Drogentest nach dem anderen durch, und schließlich fiel er bei einem zuviel durch, so daß die Richtlinien der Liga verlangten, daß er endgültig abtrat.

Als ich in der NBA anfing, hätte ich in Richtung Drogen abdriften können. Jedem Profisportler bietet sich die Gelegenheit. Auch heute noch. Wenn ich irgendwo in einen Club gehe, kommt es vor, daß mir jemand die Hand schüttelt und dabei versucht, mir ein Stückchen mit Acid getränktes Löschpapier zu geben. Beim erstenmal hab ich das kleine Papierstückchen angesehen, ohne zu wissen, was das ist. Dann erzählte mir jemand, daß das Acid sei. Diese Leute – übrigens nie ein NBA-Spieler – wollten einfach bloß erzählen können, **sie hätten mit DENNIS RODMAN Acid eingeworfen**, oder mit mir Marihuana geraucht oder Kokain genommen. Das erzählen sie sowieso, auch wenn es gar nicht stimmt, ich stehe da wohl auf verlorenem Posten. Aber ich brauche keine Drogen; mich putscht es schon genug auf, wenn ich das Feld betrete und Basketball spiele.

ICH KÖNNTE JETZT SOFORT LANDESWEIT IM FERNSEHEN AUFTRETEN UND MICH AUF DROGEN TESTEN LASSEN. Ich könnte einen Monat lang täglich einen Drogentest machen.

Im Sport stehen Drogen heute etwas weniger im Vordergrund als früher. Jeder weiß, was passieren kann, wenn man erwischt wird: Die gesamte Karriere ist futsch. Bei all dem, was ein Profi erreichen kann, muß er sich Zeit für die Frage nehmen: **Was hilft mir auf lange Sicht weiter, Drogen oder Sport?** Was gibt mir Sicherheit und Einkommen für mein ganzes Leben?

Diese Frage müssen sich nicht nur Profisportler stellen, sondern alle. Du mußt dich fragen, ob du dich lieber darauf verlassen willst, daß du deine eigenen Begabungen dorthin bringst, wo du hin möchtest, oder ob du das Wagnis eingehen willst, mit der Lüge zu leben?

Klar, Drogen können dich wirklich hochbringen … **und zwar so hoch, daß du wieder runterplumpst und in einem zwei Meter tiefen Loch landest.**

ICH DENKE VIEL ÜBER DEN TOD NACH. Ich habe keine Angst vor dem Sterben. Ich werde so weiterleben wie bisher – schnell, intensiv –, und eigentlich ist mir völlig egal, ob mir irgendwer unterstellt, ich sehnte mich nach dem Tod. Das höre ich häufig: Dennis Rodman hat eine Todessehnsucht.

ICH HABE WIRKLICH EINE TODESSEHNSUCHT. Die ist vorhanden. Was nicht bedeutet, daß ich immer mit einem Auge in Richtung Tod schiele. Es bedeutet nicht, daß ich insgeheim flehe, jemand möge mich aufhalten, bevor ich Selbstmord begehe.

Meine Todessehnsucht bedeutet, daß ich keine Angst vor dem Sterben habe. Wenn ich mit meinem Ferrari einen Unfall baue und sterbe, war das eben vorherbestimmt. Falls ich auf meinem Motorrad sterbe, war das vorherbestimmt. Ich will bloß nicht, daß die Leute mir nachtrauern und sagen, sie hätten mich vorher aufhalten sollen. Nein. Wenn ich sterbe, sterbe ich.

Mir macht am Tod nur der Schmerz angst. Warum unter Schmerzen sterben? Auf solche Schmerzen kann ich verzichten. Ich würde diese Welt lieber verlassen, bevor der Schmerz zuschlägt. Wahrscheinlich werde ich kein alter Mann. **Für meine Herkunft bin ich schon alt.** Für Sozialsiedlungen? Bin ich schon alt.

Nachdem mich die Polizei auf dem Parkplatz vom "Palace" gefunden hatte, schickten mich die Pistons zum Psychiater. Der erzählte mir, mir fehle gar nichts. "Sie sind nicht verrückt", sagte er. "Sie sind ganz und gar nicht verrückt."

Vor der Saison 1994/95 beurlaubten mich die Spurs bei vollem Gehalt, weil ich nicht zurücksteckte, als sie ihr Versprechen brachen, mir einen neuen Vertrag zu geben. Sie schickten mich zu einem Psychiater, und der sagte das gleiche wie der andere.

"Sie sind nicht verrückt", sagte er. "Die Funktionäre sind nur den Umgang mit jemandem wie Ihnen nicht gewohnt und wissen nicht, wie sie sich verhalten sollen."

Ich glaube, die Leute verlegen sich bloß auf die Idee, ich sei verrückt oder drogensüchtig, weil sie nach einer einfachen Erklärung dafür suchen, daß ich so bin, wie ich bin. Statt sich damit auseinanderzusetzen, **stecken sie mich einfach in ein Kästchen, auf dem VERRÜCKT oder DROGEN steht,** und damit können sie alles beantworten. Sie können sagen, ich würde am Spielfeldrand meine Schuhe ausziehen, weil ich verrückt sei und nicht, weil ich Probleme mit den Füßen hätte. Sie können sagen, daß ich schnell mit meinem Ferrari fahren, dem Glücksspiel frönen oder in meinem Speedboot fahren würde, weil ich insgeheim sterben wolle.

Einige der Geschichten über mich sind so abgedreht, daß sie nicht mal lustig sind. Die Leute trauen mir alles zu, deshalb glauben sie alles, was man über mich erzählt. Mir haben Leute berichtet, sie hätten gelesen, daß ich in den Halbzeitpausen meinen Dress aus- und meine Straßenkleidung anziehen würde. Dann zöge ich irgendwie wieder meine Sportkleidung an, um mich rechtzeitig vor dem dritten Viertel aufzuwärmen. Ich habe keine Ahnung, wo das anfing, aber viele nehmen das für bare Münze, weil sie bereit sind, alles über mich zu glauben.

In Wirklichkeit ziehe ich mir in der Halbzeit die Schuhe und manchmal das Trikot aus, um statt dessen ein T-Shirt anzuziehen. So mache ich es mir halt bequem, damit der Körper durchatmen und sich frei fühlen kann. Aber wenn manche glauben wollen, daß ich mir in der Halbzeitpause eine lange Hose anziehe und die Stiefel schnüre, dann kann sie wohl nichts davon abhalten.

Ich interessiere mich mehr dafür, meine Klamotten aus-, als noch mehr anzuziehen. Und so halten mich die Leute unter anderem auch deshalb für verrückt, weil **ich mein letztes Spiel in der NBA nackt bestreiten will.** Das habe ich mal zu einem Reporter gesagt, und es wurde mächtig aufgebauscht. Ich weiß, daß ich eigentlich nicht ein ganzes Spiel lang nackt herumlaufen kann, aber vielleicht fällt mir noch was ein.

Nach meinem letzten Spiel habe ich folgendes vor: Wenn ich vom Feld gehe, ziehe ich bei jedem Schritt ein Kleidungsstück aus. Zuerst mein Hemd, das ich signieren und irgendeinem Kid im Publikum geben werde. Dann schmeiß ich meine Schuhe ins Publikum, dann meine Shorts, dann meine Unterhose. Dann bin ich so etwa in der Spielfeldmitte angelangt und lege den restlichen Weg in die Umkleidekabine nackt zurück. Das hat noch keiner getan, und es könnte mein Abschiedsgeschenk an die NBA werden.

Falls ich jung sterbe, werden alle sagen: "Schuld daran waren die Drogen. Es müssen die Drogen gewesen sein." Das werden alle als erstes von sich geben. Dann werden sie sagen: "Er war selbstmordgefährdet. Von Anfang an war er selbstmordgefährdet, seht euch doch an, wie er Basketball gespielt und was er in seiner Freizeit getrieben hat."

Nach meinem ersten Profijahr bin ich zurück nach Dallas, um ein paar Freunde aus unserer Gegend zu besuchen. Der eine Typ ist ein großer Drogendealer, und er wollte mich in einen Club einladen, wo viele Dealer und sonstige Drogenleute herumhingen. Wir gingen da rein und waren noch keine zwei Schritte weit gekommen, als **JEMAND AN DER THEKE EINE KNARRE ZOG UND AUF UNS FEUERTE.** Blitzartig war mein Freund wieder draußen und ich hinterher, sobald mir klar wurde, was für 'ne Scheiße da ablief. Wir rannten zum Auto und hauten ab, bevor sie uns verfolgen konnten.

Mit gesenktem Kopf saß ich im Wagen und dachte:

Ich bin ein NBA-Spieler. Was zum Teufel mach ich eigentlich hier?

Diese Story tauchte nie in der Presse auf, vermutlich weil mich noch kein Schwein kannte. Aber könnt ihr euch die Schlagzeilen vorstellen, falls heute so was passieren würde? DENNIS RODMAN BESCHOSSEN ALS ER MIT DEALER BAR VERLIESS ... und zwar landesweit. Und alle würden das gleiche sagen: Sie hätten es schon immer gewußt.

Alles hängt vom Image ab – die Wirklichkeit spielt dabei keine Rolle –, und ich habe herausgefunden, daß sich **amerikanische Unternehmen abschrecken lassen,** wenn es um jemanden geht, der ein wenig anders ist. In meinem letzten Jahr mit den San Antonio Spurs war ein Werbevertrag zwischen mir und der Hustensaftfirma Robitussin unterschriftsreif, doch die Firma nahm davon Abstand, als die Verantwortlichen Mike Silvers Artikel in *Sports Illustrated* lasen.

In diesem Bericht ging es um meine Phantasien, mit einem Mann zusammenzusein, und darüber, daß ich mir überlegt hätte, Selbstmord zu begehen, und da hat Robitussin wohl Schiß bekommen. Sie sagten, das in diesem Artikel skizzierte Image passe nicht zu dem Image, das ihnen für ihr Unternehmen vorschwebe. Ich sagte: Schön, das heißt, **DAS IMAGE IHRER FIRMA PASST AUCH NICHT ZU MEINEM IMAGE.**

Wie ich heute weiß, haben sie am Ende Shaquille O'Neals Mutti genommen. Da gibt's wohl keine Imageprobleme.

Als ich damals im April 1993 auf dem Parkplatz vom "Palace" saß, die Flinte neben mir, mußte ich mir die Frage stellen, ob ich mich wirklich einfach so umbringen könnte. Sobald ich mir darüber im klaren war, daß ich es tun könnte, versuchte ich, eine andere Lösung zu finden, mit meinen

Problemen fertigzuwerden. Man könnte sagen, ich war ganz unten angekommen und zog mich nun wieder nach oben.

Unter anderem rang ich damit, **ob ich abdrücken** und schnell sterben oder wie bisher weitermachen und einen langsamen Tod sterben sollte. So wie ich damals lebte, stand mir ein langsamer Tod bevor.

Heute bin ich mit mir und meinem Leben zufrieden. Ich weigere mich, das Leben so zu führen, wie es andere von mir erwarten. Ich weiß, was die Leute denken und was sie sagen, aber das läßt mich kalt. Ich habe soviel Scheiße überlebt, daß mir wohl keiner mehr vorschreiben kann, wie ich zu leben hätte. In diesem wilden Leben habe ich oft genug eine neue Chance gekriegt, und diesmal werde ich zu meinen Bedingungen leben.

Wenn es für mich nichts mehr zu leisten gibt, wenn ich keine Ziele oder Träume mehr habe, weiß ich, daß mein Leben vollendet ist. Wenn ich älter werde und es soweit ist, werde ich mich wahrscheinlich irgendwohin zurückziehen – in die Wälder oder ins Gebirge – und dort in mich gehen. Ich werde mein Leben noch mal Revue passieren lassen und eine Zeitlang drüber nachdenken. **DANN WERD ICH EINE KNARRE NEHMEN UND MICH IN DEN KOPF SCHIESSEN.** So wird es enden, kurz und schmerzlos.

ZWÖLF

DER GROSSE UNRUHE-HERD

In San Antonio fand man einen Sündenbock

Die San Antonio Spurs begannen die Playoffs 1995 mit falschen Vorstellungen. Die meisten Spieler sowie der Trainer glaubten, wir könnten locker bis in die NBA-Finals durchmarschieren, weil wir am Ende der regulären Saison mit 62 Siegen das beste Team der Liga waren.

Doch sobald man in die Playoffs kommt, ist die reguläre Saison belanglos. Wie viele Spiele man gewonnen hat, interessiert dann keine Sau mehr. Man kann in den Playoffs nicht

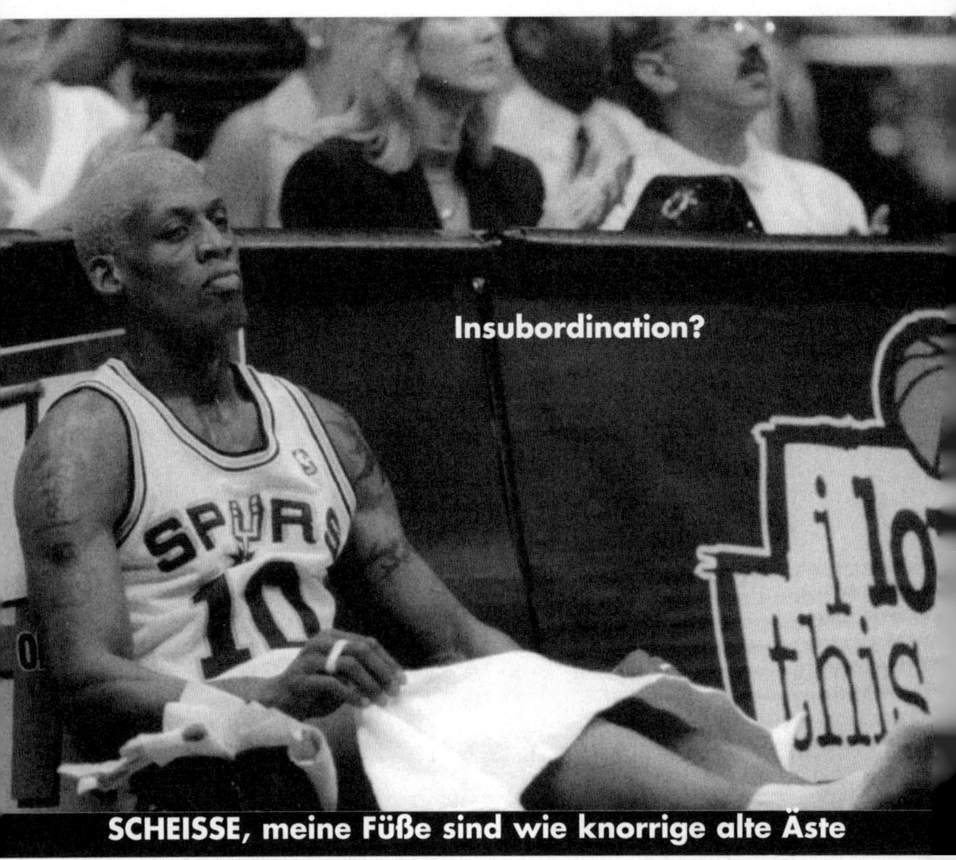

SCHEISSE, meine Füße sind wie knorrige alte Äste

so spielen wie in der regulären Saison. Man muß einen Gang zulegen. Man muß alles andere – Familie, Freunde, Anhang – ausklammern können. Man muß **körperbetontes und aggressives Basketball spielen können, und zwar Abend für Abend.**

Diese Mannschaft hat den fünften Gang nie gefunden. Dieser Mannschaft fehlte das Herz, um das zu tun, was den Pistons gelang, als ich in Detroit war.

Das Team bekam eine Lektion in Playoff-Basketball erteilt, und ich bekam eine Lektion – die nächste – darüber erteilt, was es heißt, wenn man verraten, verkauft und allein gelassen wird und **wenn man für die Fehler einer ganzen Mannschaft den Kopf hinhalten muß.**

Der Anfang vom Ende waren die Halbfinalspiele der Western Conference gegen die L.A. Lakers. Im dritten Spiel der Serie, das wir verloren, kam ich in der zweiten Halbzeit aus dem Spiel und zog mir am Spielfeldrand die Schuhe aus. Das machte ich in fast allen Spielen. Da ich keinen freien Sitzplatz sah, legte ich mich neben den Pressetisch, den man hinter der Grundlinie aufgebaut hatte. Da war ich nun, in Strümpfen und mit einem Handtuch über'm Kopf, und sah entspannt dem Spiel zu.

Später, während einer Auszeit, stand ich nicht auf. Ich ging nicht zum Huddle, der Einsatzbesprechung des Trainers. Ich blieb sitzen, wo ich war, und sah zu. Die ganze Zeit über fingen mich die Fernsehkameras ein, genau wie immer, und so sah mich alle Welt dasitzen, gegen den Pressetisch gelehnt, mit ausgezogenen Schuhen.

Trainer Bob Hill gefiel das nicht. Manager Gregg Popovich gefiel das nicht.

In diesem Spiel wurde ich nicht mehr eingesetzt. Zu mir sagte man kein Wort; offenbar hatte man einfach beschlossen, mich nicht wieder zu bringen. Nach der Niederlage führten wir in der Serie immer noch, mit zwei zu eins Spielen, und die Spurs beschlossen vereinsintern, mich für Spiel vier zu sperren. Es hieß, die Sperre erfolge wegen "Insubordination". Nachdem wir dann dieses Spiel gewonnen hatten, beschloß man, daß ich auch im Spiel fünf nicht spielen sollte.

Ich sehe ja ein, daß es keinen besonders guten Eindruck machte, als ich in der Ecke lag, während sich die Mannschaft zum Huddle versammelte. Das sehe ich ein. Aber ich finde auch, daß man einen viel zu großen Wirbel darum gemacht hat. Man ließ sich so sehr von mir ablenken, daß die Mannschaft ihre Linie verlor. Man konnte mich nicht einfach eine Zeitlang in Ruhe lassen und sich später mit mir befassen. Man mußte es sofort zu einer Riesensache aufbauschen, weil man mir klarmachen wollte, wer das Sagen hat.

WIEDER BEHANDELTEN SIE MICH WIE EIN KIND. Weil ich mich schlecht benommen hatte, wurde ich bestraft.

Die Spieler wollten mir einen Dämpfer verpassen. Die Funktionäre wollten mir einen Dämpfer verpassen. Der gesamte Verein wollte mir eine Lehre erteilen.

Einige Spieler – mir fällt da **DOC RIVERS** ein – **SAGTEN, ICH SEI UNREIF** und schade mit meinem Verhalten der Mannschaft. Da wurde mir erst klar, daß ich im nächsten Jahr nicht mehr zu diesem Team gehören würde. Spieler befanden, ich sei der Mühe nicht wert, **die Mannschaft sei ohne mich besser dran.**

Die Sperre war Popovichs Entscheidung, aber meiner Meinung nach hatte er die Zustimmung von Trainern und Spielern. Die sagten nichts, was er nicht hören wollte.

Wenn ein anderer Spieler das gemacht hätte, was ich getan hab, wär mir das am Arsch vorbeigegangen. Da hat einer also nicht am Huddle teilgenommen – na und. Wie ich bereits sagte, viele Spieler passen im Huddle nicht auf … was macht das schon? Ich war nicht im Spiel, ich sollte nicht so bald wieder eingesetzt werden, warum sollte das also so wichtig sein? Es kommt nur auf den äußeren Eindruck und das Image an, und ich vertrat die Spurs nicht so, wie sie vertreten werden wollten.

Kein einziger Spieler ergriff für mich Partei. Als das passierte, verlor ich 'ne Menge Respekt vor den Spielern dieser Mannschaft. Sie ließen mich allein im Regen stehen, nur um ihre eigene Haut zu retten. Sie gingen auf Nummer Sicher. Sie wußten, daß es der Mannschaft schaden wird, wenn ich auf der Bank sitze, und sie wußten, daß ich nicht die Wurzel allen Übels war, aber sie **hatten nicht den Mumm,**

aufzustehen und den Mund aufzumachen.

Wir standen in den Playoffs, und ihnen war es wichtiger, mich abzustrafen, als die Spiele zu gewinnen. Das verstehe wer will.

Bei diesem Sport läuft es immer auf dasselbe hinaus: Geld. Sobald es ums Geld geht, macht keiner einen Mucks. **Wenn bei jemandem** im selben Jahr oder im Jahr darauf **Vertragsverhandlungen anstehen,** wird er sich in so einer Situation nicht gegen den Manager stellen. **Er wird still sein, die Klappe halten und sich bemühen, auf keinen Fall anzuecken,** weil er nichts sagen will, was der Boß nicht hören möchte. **Das kommt davon, wenn man seine Seele verkauft.**

Genau weiß ich es nicht mehr, aber das waren vermutlich dieselben Spieler, die zu Beginn der Serie gegen die Lakers zu mir kamen und sich erkundigten, was wir in Detroit gemacht hatten und was wir tun müßten, um die Serie zu gewinnen. Sie kamen vor den Spielen zu mir und redeten vom Kampf um den Titel, fragten mich nach Tips, wie man gewisse Spieler nehmen, worauf man bei den Schiedsrichtern achten mußte, wie man mit gesteigerter Intensität spielt.

Doch am Ende ist sich jeder selbst der Nächste. Wenn sich ein Spieler am Karriereende befindet, wird er den Mund halten, weil er weiß, man könnte ihm den Laufpaß geben, wenn dem Manager nicht paßt, was er sagt. Wer stellt sich da wohl hin und reißt das Maul auf? Ein Typ, bei dem es um einen neuen Vertrag geht, wird die Klappe halten. Wer in ein, zwei Jahren vom Manager einen neuen Vertrag haben möchte, wird die Klappe halten. Gelegentlich verärgert man die Vereinsführung schon mit einer Kleinigkeit, und **niemand wird sich für einen einsetzen, der so unbeliebt ist wie ich.**

MIR GEFIEL NICHT, WIE IN DEN PLAYOFFS GECOACHT WURDE. Ganz einfach.

Bob Hill ließ die Halbfinal- und die Finalserien so spielen, als ginge es am Saisonanfang gegen Minnesota. Er setzte neun oder zehn Spieler pro Match ein. In den Playoffs macht man das nicht. Man läßt mich nicht lange Phasen auf der Bank versauern, wenn ich der beste Rebounder des Teams, der beste Verteidiger und weit und breit der einzige mit zwei Meisterschaftsringen bin. Das ist absurd. In den Playoffs läßt man nur sechs oder sieben Spieler rotieren und sorgt dafür, daß die Stars vierzig Minuten pro Spiel auf dem Feld stehen. Nur so kann man gewinnen.

Bei Coach Phil Jackson kann Michael Jordan nur bei drei von achtzehn Versuchen treffen und bleibt trotzdem mehr als vierzig Minuten auf dem Feld. Man darf einen Spieler nicht abschreiben, nur weil er schlecht anfängt.

Nachdem wir zu Hause die ersten beiden Spiele der Serie gewonnen hatten, fiel es ihnen mächtig leicht, hart gegen mich durchzugreifen. Jeder hielt das für einen mutigen Entschluß der Vereinsführung, aber ich hätte gern gesehen, was sie gemacht hätten, wenn wir nicht nach Spielen zwei zu eins vorn gelegen hätten, als sie mich sperrten.

Nachdem wir Spiel drei verloren hatten, gewannen wir zwei der nächsten drei und stießen in die Finals der Western Conference gegen die Houston Rockets vor. **SIE GEWANNEN IN LOS ANGELES OHNE MICH.** Das gebe ich zu. Ich saß auf der Bank, und sie gewannen. Das kriegten die Spurs hervorragend hin: Sie konnten wieder einmal zeigen, daß sie Dennis Rodman "zähmten", und die Mannschaft gewann die Serie. Na klasse.

Während der Spiele in Los Angeles waren die Fernsehkameras ständig auf mich gerichtet, und gegen die Rockets ebenfalls. Ich war so eine Art Nebenvorstellung zum eigentlichen Spiel, und die Medien wollten sich nichts entgehen lassen ... weder auf dem Feld noch außerhalb. **Offenbar hatten sie in den gesamten Playoffs eine Kamera nur für mich reserviert.**

Ich glaube, daß diese öffentliche Aufmerksamkeit die Spurs auf den Trichter brachte, sich mir gegenüber so zu verhalten. Seit Jahren hatte ich mir auf der Bank die Schuhe ausgezogen; keinem im Verein war das neu. Ich hatte es in Detroit gemacht, und es hat nie jemanden gestört. Ich mache es, weil ich die Füße atmen lassen will, und ich will mich frei fühlen, wenn ich nicht im Spiel bin. Wenn ich spiele, kriege ich wunde Füße, und wenn ich auf der Bank die Schuhe ausziehe, fühle ich mich wohler, wenn ich wieder im Spiel bin. **Ich ziehe mir die Schuhe ja nicht aus, um sie jemandem ins Gesicht zu drücken.**

Es gibt dafür einen Grund.

Doch kaum hatten mich alle landesweit ohne Schuhe gesehen, beschlossen die Spurs – und wahrscheinlich die NBA –, jetzt sei die Zeit reif zum Handeln. Sie konnten nicht den Eindruck entstehen lassen, sie hätten die Kontrolle über einen ihrer Spieler verloren. Es gilt ein Image zu schützen ... das des NBA-Mannes.

Nachdem wir die Lakers geschlagen hatten, mußten wir drei Tage bis zum ersten Finalspiel der Western Conference gegen die Rockets warten. Houston hatte sieben Spiele gebraucht, um die Phoenix Suns zu schlagen, und das letzte Spiel dieser Serie fand am 20. Mai statt, zwei Tage nachdem wir die Lakers rausgeworfen hatten.

Ich wollte während dieser freien Zeit nach Las Vegas, also

ich es auch. Ich nahm meinen Freund Dwight Manley mit und Mike Silver, einen Journalisten von *Sports Illustrated.* **NATÜRLICH BRACHTE DAS DIE SPURS KOMPLETT ZUM AUSRASTEN.** Sie wußten nicht, wo ich war, und sie hatten Angst, ich könnte das Team einfach sitzenlassen.

Jack Haley rief mich in Las Vegas an und sagte mir, daß die große Panik ausgebrochen sei. Er sagte mir, ich müßte an diesem Samstagabend, dem 20. Mai, zurück in San Antonio sein, um an einem Mannschaftsessen mit Ehefrauen teilzunehmen. Dann rief mich Bob Hill an und sagte, ich müsse unbedingt kommen, sonst … Ich hatte also die Wahl: in Vegas bleiben und mich amüsieren oder nach San Antonio zurückzufliegen und mit den anderen und ihren Frauen rumzusitzen.

Eigentlich hatte ich vorgehabt, zum siebten Spiel der Playoff-Serie, die Rockets gegen die Suns, nach Phoenix zu fliegen. Ich wollte einfach in die Halle gehen und am Spielfeldrand Platz nehmen, damit sie alle baff wären. Sie hätten gedacht: **WAS IST BLOSS MIT DIESEM TYP LOS? DER IST ÜBERALL.** Das hätte ich echt cool gefunden, da aufzutauchen und zu gucken, wer unser nächster Gegner werden würde.

Dieses Aura wollte ich verbreiten: die eines Typen, der überall ist. Wenn man mir erzählt, meine Haare würden durchs häufige Färben irgendwann ausfallen, entgegne ich, daß ich mir dann eben auf den Hinterkopf zwei Augen tätowieren lassen werde. Augen im Hinterkopf – ist das nicht geil? Und das mach ich auch … **DAMIT ALLE WISSEN, DASS ICH IMMER ALLES IM BLICK HABE.**

Ich ging jedenfalls zu dieser Mannschaftsparty. Ich hörte auf Jack Haley und Bob Hill und beschloß, nach San Antonio zu kommen. Jack war in diesem Team der einzige, mit dem ich reden konnte, und die Spurs benutzten ihn wohl, um an mich heranzukommen. Jeder in der NBA – und alle Fans – **hielten Jack für meinen BABYSITTER.**

So charakterisierte man ihn immer, entweder als meinen Babysitter oder als meinen Dolmetscher.

Mich störte das nicht. Wenn die Leute unbedingt so was glauben wollten – okay. Jack weiß, daß er mich nicht zu jedem Training wecken muß. Er weiß, wie wichtig mir Basketball ist, und daß ich hart arbeite, um für das Spiel in Form zu bleiben. Es kam so weit, daß man in San Antonio nicht mehr glaubte, ich könne zu einem Spiel oder einem Training kommen, ohne daß mich Jack bei der Hand nehmen müßte. Jack und ich sind Freunde, und er gibt mir manchmal Ratschläge, was für mich am besten ist, aber manchmal klingt Jack zu sehr wie ein Trainer. Und das sage ich ihm auch andauernd.

Ich lasse Jack seine Rolle. Ich diskutiere mit keinem darüber. Wenn es Jack hilft, schön. Aber wie die Spurs Jack benutzt haben, das hat mir nicht gefallen. Sie haben Jack benutzt, um mit mir zu reden, dann sind sie Jack in den Rücken gefallen und haben beschissene Sachen über ihn gesagt. Sie sagten: "Jack Haley spielt scheiße. Er ist nur wegen Dennis im Verein." Das stimmt nicht. Behandelt den Mann gefälligst ordentlich. Erst haben sie ihm erzählt, er sei der Mittelsmann und Vermittler – und sind ihm ständig **in den Arsch gekrochen,** wenn er für sie diese Rolle spielen sollte –, **DANN SIND SIE IHM IN DEN RÜCKEN GEFALLEN.** Erst haben sie auf ihn gehört und seinen Rat angenommen, dann haben sie schlecht über ihn geredet.

Typisch.

Nach dem zweiten Spiel im Finale der Western Conference gegen Houston, als wir also nach zwei Heimniederlagen mit zwei zu null zurücklagen, stand in der Umkleidekabine Avery Johnson vor allen Spielern und den meisten Funktionären auf und sagte:

"Wenn wir darauf warten, daß David Robinson für uns die Initiative ergreift, können wir gleich einpacken."

David Robinson war dabei, saß mitten unter uns. Als Avery fertig war, saß David immer noch. Er hockte da und wehrte sich nicht.

Wir verloren diese Serie in sechs Spielen, dann putzten die Rockets die Orlando Magic in vier Spielen weg und holten den Titel. So gesehen könnte man vermutlich sagen, daß wir das zweitbeste Team der NBA waren. Das ist aber nicht gut genug, weil ich glaube, **WIR HÄTTEN DIE ROCKETS SCHLAGEN KÖNNEN, JA SCHLAGEN MÜSSEN.**

Natürlich machte man mich für den Verlust der Serie verantwortlich. Jeder sagt, ich hätte die Spurs verraten, ich hätte nicht gespielt, **ich sei ein großer Unruheherd gewesen.** Es kam sogar soweit, daß man die Vorfälle dieser beiden Playoff-Serien – gegen die Lakers und die Rockets – zum Schlüsselereignis meiner gesamten Karriere erklärt hat.

Ich behaupte aber, daß auch diese Geschichte zwei Seiten hat.

Wo war David in der Serie gegen Houston? In der gesamten Serie hatte er gegen Hakeem Olajuwon **nicht den Hauch einer Chance.** Man bat mich, Olajuwon zu decken, und ich weigerte mich. Bob Hill kam zu mir und fragte, ob ich Hakeem nicht in der ersten Spielhälfte übernehmen könnte, doch ich lehnte ab. In der zweiten Hälfte hätte ich ihn gedeckt, aber nicht in der ersten. Jeder Trainer wird euch bestätigen, daß man seinen besten Verteidiger nicht in der ersten Spielhälfte gegen den besten

Angreifer der gegnerischen Mannschaft verheizt. In der zweiten Hälfte geht man aufs Ganze. So hat es unter Chuck Daly in Detroit funktioniert, und ich weiß, daß es Phil Jackson in Chicago genauso sieht.

Man versucht, den dominanten Angreifer in der ersten Halbzeit in Schach zu halten und dafür zu sorgen, daß der beste Verteidiger nicht schon früh im Spiel zu viele Fouls bekommt. **Gegen Hakeem muß man körperbetont spielen,** und ich bringe nichts mehr, wenn ich schon in der ersten Halbzeit mit drei oder vier Fouls belastet bin. Wenn ich dann jemanden anfasse, wird sofort Foul gepfiffen. In den Halbfinalspielen gegen die Lakers konnte ich Elden Campbell nicht anfassen, ohne daß ich ein Foul angehängt bekam, und Elden Campbell wird von den Schiris nicht so bevorzugt wie Hakeem.

Wenn ich ihn also in der zweiten Halbzeit decken soll – kein Problem. David bekam gegen Hakeem sogar ein Foul gepfiffen, als er selber umfiel. David bat mich um Hilfe, und ich hab ihm mitten in sein verfucktes Gesicht gesagt: "Das mach ich nicht." Ich wollte ihm nicht helfen. Er sagte nichts zu mir, weil es nichts mehr zu sagen gab. Vor diesen Spielen **WAR ER OFFENBAR SO VERDAMMT VERÄNGSTIGT, DASS ER IM UMKLEIDERAUM PAUSENLOS ZITTERTE.**

Als man mich bat, Olajuwon zu doppeln, weigerte ich mich. So wie unsere Verteidigung aufgezogen war, hätte ich unmöglich wieder in die Zone kommen können, während mein Gegenspieler jenseits der Linie oder weit hinten an der Grundlinie war. Diese Abwehrtaktik machte überhaupt keinen Sinn, was ich Bob Hill auch gesagt habe. Er sah mich nur an und erwiderte: "Mit dieser Verteidigung werden wir spielen."

Im Training fragte Coach Hill jeden Tag: "David, glauben Sie, daß Sie Olajuwon direkt übernehmen können?" Dann zuckte David nur mit den Schultern und sagte: "Wenn ihr wollt, könnt ihr mir alle gerne helfen." Nicht ein einziges Mal hat er gesagt, er könnte ihn allein übernehmen. Der Typ war in dieser Saison **MVP, wertvollster Spieler der Liga,** und man bezahlte ihm **acht Millionen Dollar im Jahr.** Man kann nun wirklich verlangen, daß der sich ein Herz faßt und wenigstens mal sagt, er könne es allein schaffen. Er sollte die führende Spielerpersönlichkeit des Teams sein.

Diese Leute haben mich zwei Jahre lang verarscht, und dann kommen sie zu mir und bitten mich, für sie die Kohlen aus dem Feuer zu holen. Darauf lief's nämlich hinaus. Ich tat, was ich zu tun hatte. Ich brachte sie ins Finale der Western Conference. Dahin brachte ich sie, aber wir hätten es weiter bringen müssen.

In dieser Serie gegen Houston spielte ich. **ICH SPIELTE MIT VOLLEM EINSATZ.** Das sage ich bis zu dem Tag, an dem ich sterbe: Ich habe gespielt. Andere sagen, ich hätte als Individuum gespielt, hätte den ganzen Ruhm einheimsen wollten. Wenn ihr das glaubt, habt ihr nicht aufgepaßt; dann kennt ihr weder mich noch meine Karriere.

Ich half dieser Mannschaft, aber sie hörte nicht auf mich, bis es zu spät war. Wir verloren die ersten beiden Spiele – und zwar zu Hause –, weil wir eine absurde Abwehrtaktik hatten. David wurde innen fertiggemacht, und Robert Horry machte uns von außen fertig.

Wollt ihr wissen, wer die Verteidigung für die nächsten beiden Spiele in Houston umgestellt hat? Das war ich. Ich erkannte, was wir falsch machten, und ging daran, es zu ändern. Endlich brachte ich Bob Hill dazu, es so zu sehen wie ich, und es funktionierte. David spielte direkt gegen Hakeem. Hakeem bekam, was er ohnehin bekommen hätte, aber wir schalteten alle anderen aus. Nur so kann man sie aufhalten: Laß Hakeem seine Punkte machen und bekämpfe alle anderen. **Das zu begreifen, ist doch gar nicht so schwer.**

Wir gewannen die beiden Spiele in Houston, so daß die Serie nun zwei zu zwei unentschieden stand. Im vierten Spiel landeten wir einen Kantersieg, 103 zu 81. Sie erzielten gegen uns nur 81 Punkte, weil wir richtig verteidigten. Dann ging's zum fünften Spiel zurück nach San Antonio, die Serie stand zwei zu zwei unentschieden. Obwohl wir so mies begonnen hatten, mußten wir jetzt nur noch zwei von drei möglichen Spielen gewinnen, davon zwei – Spiel fünf und Spiel sieben – bei Heimvorteil. Es sah so aus, als hätten wir unser Spiel endlich auf die Reihe gekriegt.

Und was passierte bei unserem nächsten Heimspiel? Hill beschloß, wieder so zu verteidigen wie bei den ersten beiden Spielen. Es war unfaßbar. Wir doppelten weit vor der Zone und kriegten innen den Arsch voll. Dann versuchten wir es andersherum und konzentrierten uns auf die Zone, woraufhin sie den Ball Horry gaben, ihrem Distanzschützen, der uns mit Dreipunktwürfen erledigte. In dieser Serie machten wir Horry zum Star.

Die Rockets schlugen uns glatt in zwei Spielen und kamen ins Finale. **Ich war so dermaßen WÜTEND, unglaublich.** Nachdem mich die Spurs abgegeben hatten, beschrieb Bob Hill meine Saison mit den Worten: "Dennis fuhr beim ersten Training des Jahres nicht im Mannschaftsbus mit, und er war nach dem letzten Spiel der Playoffs nicht bei uns. Ziehen Sie daraus ihre eigenen Schlüsse."

Ich war nach dem letzten Spiel nicht bei ihnen, weil ich nicht bei ihnen zu sein brauchte. Wir beendeten die Saison durch eine Niederlage im sechsten Spiel in Houston, und ich machte mich allein auf den Weg. Ich mußte nicht bei ihnen hocken, während sich alle gegenseitig auf den Rücken klopften und so taten, als hätten wir unser Bestes gegeben. Wir hatten zwar eine gute Saison gehabt, aber **wir hatten nicht alles getan, was möglich gewesen wäre.** Wir hatten den Titel verschenkt, und mir war nicht danach, so zu tun, als sei das in Ordnung.

Ich hab darüber mit Phil Jackson gesprochen, und er hat genau das gleiche gesagt: David hätte in dieser Situation gegen Hakeem spielen müssen. So wie Horry und Kenny Smith den Ball aus der Distanz werfen können, gab es keine andere Möglichkeit. David hätte Mann gegen Mann gegen ihn spielen müssen, direkt, ohne Hilfe.

Man kann mir zwar die Schuld geben – das ist mir scheißegal –, aber **wo war denn Sean Elliott?** Hat er Clyde Drexler je ausgeschaltet? Hat Sean ihn auch nur ein einziges Mal aufgehalten? Meine Antwort heißt nein. Clyde entzauberte Sean mit dreißig Punkten pro Abend ... und zwar jeden Abend. Was ich Sean nicht zum Vorwurf mache, weil es in der Mannschaft nur einen gab, der Clyde hätte ausschalten können, nämlich mich.

Ein letztes Mal frage ich: **Wo war David?** Als er mit etwas nicht fertig wurde, da sollte ich ihm helfen. Den Teufel werd ich tun. Scheiß drauf. Wer hilft denn Sean Elliott? Keiner. Wenn ich also Hakeem ausschalte, wer bremst dann Clyde? Keiner.

WENN DU WERTVOLLSTER SPIELER DER LIGA BIST, MUSST DU GEFÄLLIGST DIE VERANTWORTUNG ÜBERNEHMEN UND DEINE ARBEIT MACHEN.

Im Grunde läuft es darauf hinaus, daß mir die Taktik des Trainers nicht paßte. Wenn ich die gesamte Schuld übernehmen soll, na gut. Ich bin Manns genug, die Verantwortung zu übernehmen. Ich habe in den Playoffs einiges getan, worauf ich besser verzichtet hätte, das gebe ich zu. Ich habe die Größe, das zuzugeben. Aber warum können sie nicht zugeben, was sie getan haben? Wo war David Robinson? Wo war Sean Elliott? Der einzige in diesem Team, der aufstand wie ein Mann und in der Serie gegen Houston wirklich spielte, war Avery Johnson.

Bob Hill kam mit den Belastungen einer solchen Finalserie nicht zurecht. Er konnte damit nicht umgehen. Wenn ich der Trainer bin, schicke ich David Robinson raus und laß ihn sich schwindlig spielen. John Lucas hat das gemacht. Und so lief es auch früher in Detroit. Weil wir wußten, daß wir Michael Jordan nicht kaltstellen konnten, ließen wir ihn seine vierzig Punkte holen und setzten alles dran, alle anderen kaltzustellen. Doch die Spurs haben gegen Houston versucht, Olajuwon *und* alle anderen lahmzulegen. Wir versuchten, alles zu machen, und schafften gar nichts. Wir blieben offen, innerhalb der Zone und draußen.

Hakeem war UNGLAUBLICH. Indem er seine Mannschaft zum zweiten Titel in Folge führte, hievte er sich auf eine Ebene mit Michael Jordan, Magic Johnson und Larry Bird. Mit Robinson hat er gemacht, was er wollte. Er legte an der Grundlinie los und versenkte im Zurückfallen einen Sprungwurf, oder er zog direkt zum Korb durch, oder er täuschte zweimal an, lockte David in die Luft und versenkte einen kleinen eingesprungenen Hakenwurf. Sein Wurfrepertoire ist so groß, und er ist so stark, daß man kaum dahinterkommt, wie man ihn nehmen soll.

Als wir in Detroit zwei Titel in Folge gewannen, war das meiner Ansicht nach eher eine Mannschaftsleistung. Houston hatte zwar um Olajuwon herum ein gutes Team versammelt – besonders Clyde Drexler und Robert Horry –, aber sie bekamen Wurfchancen durch ihn. Alles ging von Hakeem aus und verteilte sich dann irgendwie an die anderen. Bei den Pistons war Isiah Thomas der Star, aber man konnte jedem seiner Mitspieler eine beispielgebende Rolle zusprechen.

Der Artikel in der Zeitschrift *Sports Illustrated*, der meine Kurzreise nach Las Vegas zwischen den Habfinalspielen und den Finalspielen dokumentierte – ich habe ihn bereits erwähnt –, erschien am 29. Mai, genau in der Mitte unserer Serie gegen die Rockets.

Ich hatte mit dem Erscheinungsdatum dieses Artikels nichts zu tun, und trotzdem schob man mir die Schuld dafür in die Schuhe. Ich dachte, er sollte viel später erscheinen, und auf einmal – Zack! – bin ich auf dem Titelbild, in Ledershorts und mit einem Hundehalsband. Auf meiner rechten Hand saß einer meiner Papageien.

Und schon ging's wieder los – **die nächste große Unruhe.** Es kommt zu einer neuen Kontroverse. Die Spurs werden stinksauer und sagen: "Er kann's einfach nicht lassen ... er ist auf seinem Solotrip."

Mit dem Erscheinungsdatum des Artikels hatte ich nichts zu tun. Er wurde zu einem Riesenproblem, weil drinstand, was ich in meiner Freizeit tue. Aber genau das geht keinen was an. Ihnen war nicht klar, daß ich so was machen konnte; ich konnte nach Vegas fahren und mich trotzdem mental voll aufs Basketballspielen konzentrieren. Ich bin lange genug in diesem Sport dabei, um zu wissen, wie man mit so was umgeht. Nicht umgehen konnte ich damit, wie diese Leute – besonders Popovich – rumliefen und sich fragten, was zum Teufel ich eigentlich vierundzwanzig Stunden am Tag so trieb.

Mehrere Funktionäre des Vereins wollten von mir wissen, warum ich bei diesem Artikel mitgemacht hatte. **"Warum haben Sie das ausgerechnet mitten in den Playoffs gemacht?"** So lautete ihre Frage, aber sie hörten mir nicht zu, wenn ich ihnen antwortete, ich hätte mit dem Timing nichts zu tun, und außerdem bliebe meine Leistung auf dem Spielfeld davon völlig unberührt.

Wir lagen zwei zu null Spiele hinten, und sie wollten alles mir anhängen. Sie saßen da, wie Avery Johnson, und zogen über David Robinson her, dann machten sie in der Öffentlichkeit eine Kehrtwendung und lasteten alles mir an. **Über David fiel in der Öffentlichkeit kein böses Wort,** schließlich sind sie alle Freunde. Avery sagte es ihm mitten ins Gesicht – dazu war er Manns genug –, aber wenn Avery das über mich gesagt hätte, wäre es am nächsten Tag in sämtlichen Zeitungen breitgetreten worden. Statt dessen, weil es um David ging, hielten sie's geheim. Es wurde nie bekannt, daß **AVERY IM UMKLEIDERAUM AUFGESTANDEN IST UND GESAGT HAT, DAVID KÖNNE SEINE AUFGABE NICHT ERLEDIGEN.**

In Spiel fünf gegen Houston – das wir 111 zu 90 verloren – blieb ich teilweise auf der Bank sitzen, und danach hielt ich es einfach nicht mehr aus. Ich ging in die Umkleidekabine und ging den Trainer und den Verein frontal an. Ich war so wütend darüber, wie alles gehandhabt wurde und gehandhabt worden war, daß ich es nicht länger für mich behalten konnte.

Ich erzählte ihnen, was ich von ihrer Taktik (sie war beschissen) und von ihrem Management (es war beschissen) und von allem anderen hielt, was mir einfiel. **Ich knöpfte mir Bob Hill vor. Ich sagte ihm, er sei ein Verlierer.** Ich sagte ihm, er käme mit den Belastungen in den Playoffs nicht zurecht. Ich sagte, es sei eine Schande, daß sie erst erzählten, sie wollten die Serie gewinnen, und dann aufs Feld gingen und **DIE DUMPFBACKENSCHEISSE ABZOGEN, DIE SIE ABGEZOGEN HABEN.** Das war dermaßen dämlich, daß ich immer noch wütend werde, wenn ich bloß daran denke.

Als ich loslegte, versammelten sich alle um mich und versuchten mich zu besänftigen. Avery haben alle in Ruhe gelassen. Er redete sich seinen Frust vom Leib, und das war's. Mir wurde das nicht gestattet.

Ich hätte pro Spiel vierzig Minuten eingesetzt werden müssen, in jedem Spiel. Das war unsere einzige Chance. Das wird jeder Trainer in der Liga bestätigen. Man setzt keinen Spieler auf die Bank, der jahrelang in den Playoffs gestanden hat und weiß, wie er mit jeder nur möglichen Situation fertigwird. Ihn zwanzig Minuten lang auf der Bank schmoren zu lassen, ist blanker Irrsinn. In den Playoffs darf man nicht nach Schema F auswechseln.

Wegen der Sache mit dem Huddle ging ich Hill auch an. Wenn man ein Coach ist, und David Robinson will nicht an der Beprechung teilnehmen, macht man dann eine Staatsaffäre draus? Wenn Michael Jordan für sich am Spielfeldrand sitzen will, wird man ihn dann irgendwie bestrafen?

Alle wollten sich profilieren, doch **es war der falsche Zeitpunkt, um sich zu profilieren.** Sie wollten mir klarmachen, ich müßte im Huddle in jeder Kacksekunde Bob Hill ins Gesicht sehen. Ich wußte, was der Mann zu sagen hatte; ich wußte, welche Spielzüge er anordnen würde. Sogar als ich nach Chicago kam, sah ich Phil Jackson nicht ins Gesicht. Ich hörte zu, sah ihm aber nicht in die Augen.

Aber anscheinend muß ich in Bob Hills Gesicht sehen und sagen: "Genau, Bob ... so müssen wir's machen." Nein. Ich weiß genau, wie der Ball läuft. Er kommt direkt zu David.

Muß ich Bob Hill in die Augen schauen, um das rauszufinden?

Das größte Problem in San Antonio war Gregg Popovich, der Manager. Der wollte Trainer und Manager sein. Er stand rum, hielt jeden Tag Bob Hills Händchen und sagte: "Also, jetzt mußt du folgendes machen. Es ist Zeit, daß du auf mich hörst." Wenn Hill sich nicht daran hielt, ging ihm Popovich an die Gurgel, und Hill drehte sich um und ging einem anderen an die Gurgel. **Scheiße fließt bergab, und ich war anscheinend immer GANZ UNTEN.**

Von den Playoffs abgesehen, hatte ich mit Bob Hill keine großen Probleme. Man hat ihn genauso benutzt wie mich. Popovich wollte als derjenige in die Geschichte eingehen, der Dennis Rodman zähmte, und für diese Drecksarbeit benutzte er Hill. Das war Popovichs große Herausforderung. **Mr. Military wollte aus mir einen braven kleinen Jungen machen, einen guten Soldaten.** Alles andere verlor er aus den Augen, und als er dann merkte, daß sich mit mir nichts anfangen ließ, machte er mich schlecht und verschenkte mich sozusagen. Anschließend tat er, als sei das gut für die Mannschaft.

Mir ist klar, daß nicht die Spurs mir den Vertrag gaben, den ich in Detroit vor der Saison 1990 unterschrieben hatte. Niemand hat mich damals zur Unterschrift gezwungen, und ich kam nicht gut dabei weg, wie sich später herausstellte. Es war nicht die Schuld der Spurs, daß der Markt aus den Fugen geriet und ich in die Röhre guckte. Doch all das ist unwichtig, weil **DIE SPURS ERKLÄRTEN, SIE WOLLTEN MIR SIEBEN MILLIONEN DOLLAR IM JAHR GEBEN, UND DIESES VERSPRECHEN HABEN SIE GEBROCHEN.** Wenn sie nie etwas von einem neuen Vertrag gesagt hätten, hätte ich damit leben können, aber das haben sie. Als ich ins

Büro ging, sagte Popovich: "Wir werden Sie schon zufriedenstellen." Dann behauptete er gegenüber den Zeitungen, so etwas habe er nie gesagt, und von einem neuen Vertrag habe er nie etwas gehört. **Wärt ihr nicht auch STINKSAUER, wenn euer Chef euch so behandeln würde?** Natürlich wärt ihr das. Das wär jeder.

Als ich gewechselt hatte, stellten die Spurs Sean Elliott und David Robinson zufrieden. Der Verein zerriß ihre Verträge und verhandelte neu, um sicherzugehen, daß die beiden den Rest ihrer Karriere bei den Spurs blieben. Ich verlangte also nichts, wovon das Management noch nie gehört oder woran man nie gedacht hatte. Ich wollte keinen Vertrag, der mich für den Rest meiner Laufbahn an den Verein gebunden hätte. Ich weiß, daß ich nicht so jung bin wie diese Typen ... darum wollte ich nur einen Zweijahresvertrag, der mich für all das entschädigte, was ich der Mannschaft und der NBA gegeben hatte. Doch den bekam ich nicht.

Alle anderen halten die Klappe und hoffen aufs Beste. **ICH SAGE, WIE ES IST, UND MIR IST SCHEISSEGAL, WEN DAS STÖRT.**

In San Antonio läßt sich alles auf folgende Kurzformel bringen: **ICH BIN VERRATEN UND VERKAUFT WORDEN**, und zwar von den Spielern, den Trainern und dem Management. Der gesamte Verein hat mich verraten und verkauft. Ich war da draußen auf einer Insel und eine gute Zielscheibe für alle.

Wenn irgendwas schieflief, hatten sie eine einfache Antwort. GEBT DENNIS DIE SCHULD.

DREIZEHN

DIE GROSSE FLUCHT

Der Zirkus kommt nach Chicago

Ich glaube nicht, daß es je eine Situation gegeben hat, in der sich die Verantwortlichen mit Dennis hingesetzt und besprochen haben, was sie wollen. Wir haben uns diese Mühe gemacht, um herauszufinden, wie es um ihn stand, ob er sich in den Dienst der Mannschaft stellen würde. Er ist bereit, er ist dazu in der Lage, und wir wissen, daß er voll engagiert mitarbeiten wird.

Phil Jackson, Trainer Chicago Bulls

Die Spurs gaben mich an die Chicago Bulls ab und nahmen im Tausch für den Center **WILL PERDUE, EINEN TYPEN, DER NICHT BASKETBALL**

SPIELEN KANN. Einfach so, gegen Will Perdue, Mann. So dringend wollte San Antonio mich loswerden.

Man hat mich gefragt, ob ich beleidigt sei, weil sie mich für 'n Appel und 'n Ei abgaben, und meine Antwort lautet: Mich beleidigt das überhaupt nicht. Die Spurs sollten beleidigt sein. Eigentlich müßten sie beleidigt und peinlich berührt sein.

Sie hätten mich für DAS SCHWEINCHEN NAMENS BABE abgeben können, und mir wär's scheißegal gewesen. Mir ist gleichgültig, was die Spurs für mich bekamen. Ich wollte nur weg aus San Antonio.

Nach meinem Wechsel meldeten sich einige meiner ehemaligen Mannschaftskameraden von den Spurs zu Wort und fielen mir in den Rücken. Ich find's immer wieder erstaunlich, wie so was funktioniert. Da kann sich einer für sein Team den Arsch aufreißen, und sobald er verkauft oder geschaßt wurde, melden sich einige Leute zu Wort und erzählen, was er doch für ein übler Kerl gewesen sei, oder daß er kaum etwas für die Mannschaft geleistet habe.

Mit anderen Worten, sie behaupten Dinge, die sie dem entsprechenden Menschen nie ins Gesicht sagen würden. Aber wenn sie nach meinem Wechsel über mich herziehen, dann **sage ich halt, wie es wirklich war.**

David Robinson hat gesagt: "Für uns war das letzte Jahr ein Zoo. Manchmal hatte ich das Gefühl, ich wär in Hollywood. Jetzt sind wir wieder eine Basketballmannschaft."

Das erzählen sie in San Antonio seit zehn Jahren: "Jetzt sind wir eine Basketballmannschaft." Was zum Teufel soll das eigentlich heißen? Daß wir keine Basketballmannschaft waren, als ich dabei war? Daß wir keine Basketballmannschaft waren, als wir die meisten Siege in der NBA hatten und es bis ins Finale der Western Conference schafften? Und jetzt glaubt David Robinson vermutlich, sie seien wieder eine

David Robinson behauptet, jetzt seien sie eine Mannschaft? Dämlicher geht's wohl nicht

Basketballmannschaft, weil sie Will Perdue haben? **DAS IST SO SCHEISSDÄMLICH, DASS MAN NICHT MAL DRÜBER LACHEN KANN.**

Vielleicht wären sie eine komplettere Basketballmannschaft, **wenn David Robinson nicht bei jedem wichtigen Spiel zur Salzsäule erstarrte.** Unter Umständen sollte er mal bei sich selber anfangen, wenn er eine Basketballmannschaft haben will.

Dann wäre da noch Chuck Person. In San Antonio hatte ich mit Chuck Person nie Schwierigkeiten. In dem Jahr, als er da war, habe ich mit Chuck Person vielleicht zwei Worte gewechselt, wie sollte ich da also Schwierigkeiten mit ihm haben?

Nach meinem Wechsel erklärte Chuck Person: "Was die Chemie angeht, hab ich das Gefühl, daß wir jetzt schon besser sind. Jeder wird pünktlich erscheinen, jeder wird sich verantwortungsvoll betragen."

Das ist alles geradezu verflucht ideal, **wenn man ein Scheißpfadfinderlager befehligt.** Dann ist es toll, daß alle pünktlich in Reih und Glied strammstehen, ihre Uniformen tragen und vor der Flagge salutieren. Aber, wie David Robinson ja weiß, hier ist von einer *Basketballmannschaft* die Rede. Was will man von einem Basketballteam? Alle sind pünktlich und lächelnd im Umkleideraum, umarmen sämtliche Spielerfrauen? Oder will man einen Basketballer haben, der weiß, wie es ist, wenn man gewinnt, und der euch vielleicht das eine oder andere darüber beibringen könnte, wie man das selbstgesteckte Ziel erreicht?

Ich traute meinen Ohren nicht ... Chuck Person fiel nach meinem Wechsel über mich her. Ausgerechnet Chuck Person. Der hat in den Playoffs überhaupt nichts gebracht. Der Mann hatte in den Playoffs eine Wurfquote von etwa 30 Prozent, und **der hat die FRECHHEIT, sich hin-**

zustellen und mich **SCHLECHTZUMACHEN?**

Wenn ich Fehler gemacht habe, gebe ich das zu. Klar, ich habe einiges falsch gemacht. Vielleicht bin ich in manchem zu weit gegangen. Aber hat sonst irgendwer in den Spielen gegen die Rockets seine Leistung gebracht? Ich frage Chuck Person: Hast du Leistung gebracht? Hast du in den Playoffs den Korb getroffen? Nein, du hast keine Leistung gebracht, und du hast den Korb nicht getroffen. Also **halt's Maul.**

Chuck Person hatte während der Saison aus dem Feld eine Trefferquote von 42 Prozent. Er ist Offensivspieler – der keine Rebounds holt und in der Verteidigung nicht viel wert ist – und hatte in dieser Saison im Schnitt 10,8 Punkte pro Spiel. Und da **SOLL ICH GLAUBEN, SEINE MEINUNG WÄRE VON BELANG?**

Ich nehme es mit jedem dieser Typen auf, wenn's um die Leistungen auf dem Basketballfeld in den Playoffs geht … oder um jeden anderen Zeitpunkt, während ich bei den Spurs war.

Genau das kann ich an den Leuten in diesem Geschäft nicht ausstehen. Wenn ihr wissen wollt, warum mich dieser Sport und die Leute, die ihn spielen und managen, so runterzieht, habt ihr das beste Beispiel. Zuallererst suchen alle **NACH EINEM ARSCH, IN DEN SIE KRIECHEN KÖNNEN.**

Typen wie Chuck Person sahen sich um und hielten es für das beste, wenn sie mich nach meinem Wechsel als erstes schlechtmachten. Jeder einzelne dieser Typen wußte, was Popovich hören wollte. Der wollte nicht hören, daß sie einen miesen Tausch gemacht hatten, daß die Mannschaft nach meinem Weggang schlechter geworden war. So was wollte er nicht hören, daher zieht einer wie Chuck Person gegen mich vom Leder … damit er selbst besser dasteht.

Sie haben mir das eine ins Gesicht gesagt, dann drehten

sie sich um und fielen mir in den Rücken. Als ich bei den Spurs war, kam Chuck Person manchmal zu mir und sagte: "He, Dennis, ich möchte von dir lernen." Dann drehen sich solche Typen um und verbreiten in der Zeitung dümmlichen Scheiß über mich, um sich bei Popovich lieb Kind zu machen.

Was will Chuck Person eigentlich von mir hören? Vermutlich soll ich so was sagen wie: "Du hast recht, Chuck Person, ich habe während meiner Zeit bei euch schlimme Dinge über dich verbreitet ... obwohl ich in meiner gesamten Zeit da bloß zwei beschisssene Worte mit dir gewechselt habe."

Wenn du mit mir darüber reden willst, sag's mir ins Gesicht. **FALL MIR NICHT IN DEN RÜCKEN, UM VIELLEICHT DEINE ERBÄRMLICHE KARRIERE ZU RETTEN.** Chuck Person kann nicht mal ansatzweise irgendwas Schlechtes über mich sagen, weil er in den Playoffs gar nichts geleistet hat. Er hat nur eine einzige gute Playoff-Serie gespielt, nämlich als er 1991 in Indiana gespielt und in fünf Spielen gegen Boston einen Schnitt von 26 Punkten pro Spiel erzielt hat. Und als er das tat, hatte er sich nicht unter Kontrolle. Er winkte den Fans zu und machte allen möglichen verrückten Kram, so daß alle in Boston sauer auf ihn waren ... bei so was kenne ich mich aus. Außer dieser Serie hat Chuck Person in seiner gesamten Laufbahn nichts geleistet.

Mir ist gleichgültig, ob mich diese Typen hassen oder nicht. Ich führe mein Leben nicht für sie. **WENN MAN STIRBT, STIRBT MAN ALLEIN.** Wenn meine Karriere beendet ist, sieht mich dieser Sport nicht wieder. Dann brauch ich diese Typen nicht mehr. Lieber geh ich nach Hause zurück und arbeite für sechs Dollar fünfzig die Stunde – sogar wieder auf dem Flughafen –, als mich im Dunstkreis dieses Spiels herumzutreiben und nach einem Job als

Fernsehkommentator zu geiern. Denn das wollen sie alle: lange genug dabeibleiben, damit ein Job als Fernsehkommentator für sie abfällt.

Diese Typen in San Antonio können MICH MAL AM ARSCH LECKEN, besonders Popovich. Der hat mir permanent nichts als Ärger gemacht. Erst wollte er mich "zähmen", und als er dann rausfand, daß ich nicht sein Schoßhündchen war, gab er sich alle erdenkliche Mühe, um meinen Namen in der NBA in den Schmutz zu ziehen. Und was hat es ihm gebracht? Will Perdue hat es ihm gebracht, mehr nicht. Wenn er ein wenig klüger gewesen wäre und den Mund gehalten hätte, hätte er vielleicht was Besseres bekommen.

Das Traurige daran ist, daß sie vielleicht sogar geglaubt haben, mit Will Perdue besser zu werden. Es hieß, er passe – ihrer Ansicht nach – besser in ihre Mannschaft, weil **er mehr der Typ Familienvater sei.** Er zieht nicht los und macht, was ich mache. Er macht das, was sie von ihm verlangen und wann sie es von ihm verlangen, und genau das wollen sie **da unten in ihrer stockweißen, stockkonservativen Stadt.**

So wie ich das sehe, ist er eine hervorragende Ergänzung bei den Mannschaftspicknicks und den Mannschaftsessen mit Ehefrauen, aber auf dem Spielfeld wird er nicht gerade Bäume ausreißen.

Popovich hat behauptet, Bob Hill sei von dem Tausch begeistert, doch das glaube ich nicht. Bob Hill hätte mich gern behalten. Es war nicht Bob Hill, der mich mit aller Macht loswerden wollte. Er ist Basketballfachmann, und er wollte, daß ich bleibe, weil er wußte, was ich für das Team bedeutet habe. Trotz all dem Mist, der passiert ist, wußte Bob Hill, daß ich da war, um den Druck von David zu nehmen. Jetzt muß David in der regulären Saison verdammt viel mehr leisten, damit die Spurs eine Spitzenmannschaft bleiben. Ich hab so meine Zweifel, ob er das schafft.

David Robinson ist ein ausgezeichneter Spieler, aber ich glaube nicht, daß er das Niveau erreichen kann, auf dem Olajuwon spielt. Um ehrlich zu sein, das kriegt er in diesem Leben nicht mehr hin. Olajuwon ist einfach zu verdammt gut. Er hat ein eigenes Niveau erreicht, vor allem in den Playoffs, und meiner Meinung nach kann man diese beiden wohl kaum in eine Kategorie einstufen.

Wenn man **SICH ANSIEHT, WAS SEIT MEINEM WECHSEL ZU CHICAGO PASSIERT IST,** mag man kaum glauben, daß mein Wechsel dorthin solche Wellen geschlagen hat. Nachdem wir einen Rekordstart hinlegten und bis zur Saisonpause zum All-Star-Spiel bei 42 Siegen nur fünf Niederlagen einstecken mußten, war das ganze Gerede verstummt, ob ich auch wirklich in die Mannschaft passen würde … und zwar völlig zu recht. Ich glaube, das hat etwas über mich bewiesen, und es hat gezeigt, wie erbärmlich San Antonio mit der Situation umgegangen ist. Jetzt diskutieren alle darüber, ob die Bulls das beste Team aller Zeiten sind. Dazu wäre es wohl nicht gekommen, wenn ich der wäre, als den mich die Spurs hinstellen.

Der Wechsel nach Chicago wurde erst perfekt, als **die Bulls mit so ziemlich jedem geredet hatten, dem ich je über den Weg gelaufen bin.** Sie riefen alle an: ehemalige Mannschaftskameraden, ehemalige Trainer, Freunde … so ziemlich jeden, der ihnen unter die Finger kam. Ich weiß zwar, warum sie das taten, doch es wäre besser gewesen, wenn sie nur meine Leistung auf dem Spielfeld geprüft und ihre Entscheidung danach getroffen hätten.

Als man schließlich fast soweit war, zu einem Abschluß zu kommen, ließ man mich noch mal antanzen und drei Tage lang mit Jerry Krause, dem Manager, und anderen Leuten aus dem Verein reden. Ich kam zwar gern nach Chicago, war aber auch beleidigt, daß man mich dieser großen Prüfung und Befragung unterzog, nur um herauszufinden, ob ich für den Verein Basketball spielen konnte. Ich dachte mir halt, daß sie nicht an Dennis Rodman glaubten, ehe ich nicht vor ihnen saß und ihnen, von Angesicht zu Angesicht, die Dinge sagte, die sie hören wollten. Irgendwie hab ich das wohl schon verstanden, aber diese ganze Prozedur war entwürdigend.

Eins sollte jeder begreifen: **ICH MAG MEINEN CHARAKTER.** Was in San Antonio passiert ist, hat der Einschätzung meines Charakters in der Liga geschadet, und das ist traurig. Ich hätte das alles in Chicago nicht über mich ergehen lassen müssen – und die Bulls hätten es nicht für nötig gehalten –, wenn sich San Antonio nicht redlich bemüht hätte, mich als Risikofaktor zu brandmarken.

Irgendwann dachte ich mir einfach, das gehört nun mal zu dem ganzen Müll, an den ich mich in den letzten Jahren habe gewöhnen müssen. Ich wollte so dringend weg aus San Antonio, daß es fast egal war, was ich über mich ergehen lassen mußte. Die Bulls wollten von mir hören, daß ich mit ihren Regeln keine Probleme hatte und daß ich mir alle Mühe geben würde, pünktlich zu sein und für möglichst wenig Unruhe zu sorgen. **Coach Phil Jackson war cool.** Er sagte: "Das sind unsere Regeln, und wenn Sie glauben, Sie kommen mit irgend etwas davon nicht klar, lassen Sie's uns wissen."

Ihre Regeln unterschieden sich nicht von den Regeln anderer Vereine. Es war das gleiche – pünktlich sein, sich auf bestimmte Weise kleiden, den Verein auf eine bestimmte Weise vertreten –, was ich schon tausendmal gehört hatte.

Ich hatte gegen keine davon irgendwelche Einwände. Allerdings gab es Unterschiede zu den Regeln in San Antonio: Wenn ich mich in San Antonio verspätete, auch nur um dreißig Sekunden, dann mußte ich 500 Dollar Strafe zahlen, und sie machten ein Riesenaufhebens drum. Es stand in den Zeitungen, es kam in den Nachrichten … die ganze Chose, Mann. Und wenn man bei den Bulls zu spät kommt, brummt einem Jackson fünf Dollar Strafe auf und gibt einem die Gelegenheit, das bei einem Freiwurftraining wieder auszubügeln. Man darf sich zwei Burschen aussuchen und dann mit denen gegen drei andere Spieler werfen. Ich nehme immer Michael Jordan und den Drei-Punkte-Spezialisten Steve Kerr, so daß ich immer noch eine Siegeschance habe, und wenn ich noch so schlecht werfe.

Als publik wurde, daß die Bulls mit mir Gespräche führten, rasteten die Medien in Chicago aus. Es gab eine große öffentliche Debatte über die "Charakterfrage" bei mir, ob ich – haltet euch fest! – **ein großer Unruheherd in der Mannschaft sein würde.** San Antonio gab sich jede erdenkliche Mühe, mich als Risikofaktor hinzustellen, was den Eindruck verdarb, den die Leute in der NBA von meinem Charakter hatten. Andernfalls hätten es die Bulls nicht für nötig gehalten, mich tagelang zu befragen. Doch meiner Ansicht nach **GEHT ES DABEI ÜBERHAUPT NICHT UM MEINEN CHARAKTER.** Es geht um meine Fähigkeit, der Mannschaft dabei zu helfen, Basketballspiele zu gewinnen. Alles andere ist unwichtig.

Ich finde nicht, daß mein Charakter durch meine beiden Jahre in San Antonio gelitten hat. Andere sind da vielleicht anderer Ansicht, aber ich bin in der Zeit gewiß nicht verändert worden. Ich glaube, daß die Spurs einfach nicht zu würdigen wußten, was meine Persönlichkeit dem Team und der Stadt hätten geben können.

Es ging das Gerücht, ich hätte, als man mich die drei

Tage in Chicago befragte, bei Jerry Krause zu Hause gewohnt. Das stimmt nicht; ich stieg in einem Hotel ab. **ES WAR KEINE PYJAMAPARTY** oder so was, sondern eine geschäftliche Besprechung.

Bei dieser in Krauses Haus stattfindenden Besprechung redete vor allem Krause sehr viel. Ich bin viel intelligenter, als er dachte, aber weil ich nicht viel sagte, glaubte er wohl, selbst viel reden zu müssen. Allerdings mußte er nicht tausend verschiedene Dinge runterrasseln, um mir klarzumachen, worauf es dem Verein ankam. Ich begriff das alles von Anfang an, aber das war ihnen wohl nicht klar.

Eigentlich war alles ganz einfach. Es ließ sich auf die eine Frage reduzieren: **Wollte ich ein Chicago Bull sein oder nicht?**

Ich habe kein einziges Mal gesagt: "Ja, ich würde liebend gern in Chicago spielen." Das ist nicht mein Stil. Sie mußten sich entscheiden, ob sie das Risiko Rodman eingehen wollten, wie sie es fomulierten. Das lag ganz bei ihnen. Ich sagte ihnen, ich würde mit vollem Einsatz spielen, wo auch immer ich war, daß ich auch weiterhin das tun würde, was ich in meiner gesamten Karriere getan hatte.

Was mich und meinen Fall betraf, nahmen die Bulls einige Tatsachen zur Kenntnis: 1. Ich hatte in der Saison 1994/95 bei den Spurs genau ein Training versäumt; 2. Ich war unzufrieden damit, wie die Vereinsführung mich belogen hatte, als es um die Vertragsverhandlungen ging; 3. Daß Popovich es persönlich genommen hat, als er mich nicht zähmen konnte, und daher jede Gelegenheit wahrnahm, mich in der Öffentlichkeit schlechtzumachen. Vermutlich genügte das den Bulls, denn sie entschieden, daß die Vorteile die Risiken überwogen.

ICH WUSSTE, WAS SACHE WAR. Ich wußte, daß die Bulls jemanden brauchten, **der auf dem SPIELFELD die DRECKSARBEIT erledigte.**

Sie interessierten sich für mich, als sie merkten, wie sehr sie durch den Wechsel von Horace Grant gelitten hatten. Er wurde in Chicago überhaupt nicht gewürdigt, weil er im Schatten der vielen großartigen Korbjäger spielte. Was sie an ihm hatten, merkten sie erst, als Michael seine Karriere wieder aufnahm und ihnen klar wurde, was diese Mannschaft hätte leisten können, wenn Horace nicht bei Orlando unterschrieben hätte. Und auf einmal, ganz plötzlich, erzählten alle, Horace Grant sei *tatsächlich* der Schlüsselspieler dieses Teams gewesen. Vielleicht hatten sie sogar recht. Horace Grant war *wirklich* das Herz dieser Mannschaft gewesen; jedes Team braucht einen, der die Fehler der anderen ausputzt, der den Stars das Leben erleichtert. Eben das, was ich während meiner ganzen Karriere gemacht habe.

Horace Grant ist mental sehr belastbar, genau wie ich. Wir sind sehr ähnliche Spielertypen, und deshalb haben wir uns früher einige tolle Schlachten geliefert. Er gehört zu den Spielern, die ich am meisten respektiere, denn **WENN ICH GEGEN IHN SPIELE, WERDE ICH IRGENDWANN IMMER WÜTEND.** Und wenn ich wütend bin, werde ich besser. Das verschafft mir einen klaren Kopf.

Kaum jemand zweifelt daran, daß die Bulls 95 alles hätten gewinnen können, falls Horace Grant noch bei der Mannschaft gewesen wäre. Sie wußten, daß sie die Lücke füllen mußten, die er hinterlassen hatte, und daß ich derjenige bin, dem das gelingen könnte. Wie oft sie auch mit mir sprachen, wie oft sie auch mit Jack Haley über mich sprachen, es führte kein Weg drum herum: Sie brauchten mich in Chicago, wenn sie wieder dorthin kommen wollten, wo sie waren, als sie drei NBA-Titel in Folge gewonnen hatten.

MICHAEL JORDAN UND SCOTTIE PIPPEN MUSSTEN DEM TAUSCH ZUSTIMMEN, der mich nach Chicago brachte, und ich hatte nichts dagegen. Wenn einer von ihnen schwerwiegende Einwände

Jordan und Pippen mußten meinem Wechsel zustimmen

gehabt hätte, wäre ich woandershin gegangen. Milwaukee hatte Interesse gezeigt und signalisiert, daß sie bereit seien, mir einen neuen Vertrag zu geben, um mich zufriedenzustellen. Aber Jordan und Pippen war wohl klar, daß ich nicht den großen Mann der Bulls markieren wollte. Ich geh raus und spiele meine Rolle; **ICH BIN KEINE BEDROHUNG FÜR DIESE JUNGS.** Ich kann ihnen nur helfen, ihnen die Arbeit erleichtern.

Nachdem ich bei den Bulls unterschrieben hatte, **sagten Michael und Scottie, sie hätten gewisse Bedenken wegen mir** als neuem Mannschaftskameraden, doch diese Bedenken wurden im Trainingslager ausgeräumt. Michael sagte, niemand habe den komplizierten Angriff der Bulls so schnell begriffen wie ich … nicht einmal er selbst. Alle waren von meinem Basketballwissen beeindruckt – und wohl auch überrascht. **VIELLEICHT HATTEN SIE MICH IN**

DEN LETZTEN NEUN JAHREN NICHT BEOBACHTET.

Nicht ein einziges Mal habe ich gesagt: "O toll, ich darf mit Michael Jordan und Scottie Pippen zusammenspielen." Ich respektiere zwar ihr Können und bin gern mit ihnen auf dem Spielfeld, aber mich hat nicht die Ehrfurcht vor ihnen gepackt. Ich erstarre nicht, weil ich mit diesen Stars in einer Mannschaft spiele.

Ich absolvierte das Trainingslager, ohne außerhalb der Arbeit auch nur zwei Worte mit Michael Jordan zu wechseln. So ist es mit allen. **Ich rede eigentlich mit keinem.** Ganz egal, wo ich bin oder mit wem ich zusammenspiele. Man könnte mich nach Miami oder Minnesota verfrachten, und es wäre genauso. Was nicht heißt, daß ich mit Michael nicht zurechtkäme. Wir fahren beide das gleiche Ferrarimodell, klar, daß wir uns darüber unterhalten haben. Und wir reden über Basketball. Auf dem Feld kommen wir alle miteinander zurecht, und darauf kommt es an.

Ich glaube, dieses Team in Chicago kann genauso gut sein wie damals die Pistons, aber für diese Mannschaften damals in Detroit werde ich immer eine Schwäche haben. Damals hat alles gepaßt, und für mich war es etwas Besonderes, weil ich dort mit Basketball angefangen und es richtig gelernt habe.

Wenn man über die Bulls heute redet, muß man auch die Liga erwähnen. Die NBA ist zur Zeit ziemlich mies. In ihr spielen so viele grauenhaft schlechte Teams, daß man nur schwer sagen kann, wie man die Bulls im Vergleich zu den anderen großen Mannschaften der Geschichte einzuschätzen hat. Ich weiß bloß, daß sie wegen dieser Liga besser etwas unternehmen sollten, bevor es zu spät ist.

Uns geht's in Chicago ziemlich gut, mit drei der größten Attraktionen des Basketballs im Team. Man schenkt uns unglaublich große Beachtung. In jeder Stadt, bei jedem Spiel, an jedem einzelnen Tag. Wohin wir auch kommen, sogar in Orten wie Sacramento, muß man Polizeieskorten aufbieten. So was hat die NBA noch nie gesehen.

Jeder weiß, daß Michael Jordan mal eben so fünfzig Punkte erzielen kann. Sobald er in eine Zone kommt, ist es aus. Es ist unglaublich mitanzusehen, wie einige Spieler die Lücken finden und zum Korb vorstoßen, und das **ERSTAUNT MICH AN MICHAEL AM MEISTEN.** Man kann über sein Sprungvermögen und seine Dunks erzählen, was man will, aber wer sich im Basketball wirklich auskennt, ist mehr davon beeindruckt, wie er einen Weg zum Ring findet ... wie er immer einen Wurf anbringt. Scottie Pippen ist auch so einer. Er hat mich irrsinnig beeindruckt, als ich das erste Mal in Chicago war, und ich finde ihn **BEEINDRUCKENDER, WENN MAN MIT IHM, ALS WENN MAN GEGEN IHN SPIELT.**

Als Scottie Pippen neu in der Liga war, habe ich allen, die es hören wollten, erzählt, er werde einmal **einer der BESTEN FORWARDS werden, die je in diesem Sport aktiv waren.** Das sah ich an seinen athletischen Fähigkeiten und daran, daß er auf so vielen verschiedenen Positionen einsetzbar ist ... er ist ein prima Verteidiger, er ist ein verdammt guter Rebounder, und er kann von überall und jederzeit werfen. Für mich war er keine Überraschung.

Ich glaube, **TONI KUKOC** war von meinem Wechsel am meisten betroffen. **Vom besten Spieler in ganz Europa wurde er zum viertbesten Spieler in seiner Vereinsmannschaft.** Ich will nicht sagen, daß er hingerissen war, als ich auftauchte, aber er muß einsehen, daß es bei dem Team, das sie hier zusammengestellt haben, gleichgültig ist, wer die Lorbeeren erntet. Diese Mannschaft gibt ihm die Freiheit, das zu tun, was er zu tun hat; das muß er nur verstehen und die richtige Einstellung finden.

Wir werden Kukocs Fehler ausbügeln. Er ist ein ausgezeichneter Werfer, kann also leicht fünfzehn Mal pro Spiel werfen und sechzehn oder siebzehn Punkte im Spiel machen.

Kukoc kann in dieser Mannschaft Vinnie Johnsons Rolle als jederzeit einsetzbarer Angreifer übernehmen.

Doch bei den Bulls hängt immer alles von Jordan ab. Immer. Es gab jede Menge Nachfragen, ob Jordan dafür gesorgt hat, daß ich mich als Teil der Mannschaft in Chicago wohl fühle. Ich muß erklären, daß es so nicht abläuft. Mir ist egal, ob ich mich wohl fühle, **UND ER HAT NICHT DIE AUFGABE, DAFÜR ZU SORGEN, DASS ICH MICH WOHL FÜHLE.** Mir ist egal, ob mich alle mögen. Ja, womöglich spiele ich sogar besser, wenn ich mich nicht komplett wohl fühle.

Wenn man von einer Stadt in eine andere zieht, muß man das Gefühl haben, gebraucht zu werden. Was das Basketballspielen betrifft, so hatte ich in Chicago von Anfang an das Gefühl, gebraucht zu werden, weil ich nämlich genau wußte, was ich dort zu tun habe. Ich wußte, was der Verein braucht, und ich wußte, daß ich es bringen kann. Sie hatten kein Interesse daran, mich zu zähmen oder zu disziplinieren. Und genau diese Gewißheit brauchte ich, um mich wohl zu fühlen.

Michael wurde mit dem Satz zitiert, seiner Meinung nach könne ich in seinem Team im Schnitt zehn oder elf Rebounds pro Spiel holen. Vermutlich hätte ich das als Beleidigung interpretieren können – zehn oder elf Rebounds pro Spiel schaffe ich in einer guten Halbzeit –, doch ich wußte, wie es gemeint war. Er meinte, daß ich nicht mehr als zehn oder elf pro Spiel holen müsse, um in dieser Mannschaft etwas zu bewirken. Er sagte nicht, ich könne siebzehn oder achtzehn Rebounds im Spiel holen – oder ich **müsse** im Schnitt so viele holen –, um mich nicht unnötig unter Druck zu setzen. Wenn ich der Typ wäre, der sich von Druck beeinflussen ließe, was nicht der Fall ist.

Zu Saisonbeginn fehlte ich einen Monat wegen einer Wadenmuskelzerrung, aber sobald ich genug Spiele absolviert hatte, war ich wieder der führende Rebounder der Liga. **Zur Saisonpause, in der das All-Star-Spiel stattfand, hatte ich im Schnitt die meisten Rebounds in**

der NBA, und zwar mit einem Vorsprung von fast drei Brettern vor dem Nächstbesten, **ich kam aber trotzdem nicht in das All-Star-Team.**

Reden wir Klartext, Mann: Hätte ich ins All-Star-Team gehört? Logo hätte ich das. Das war übrigens nicht nur meine Meinung. Michael Jordan vertrat diese Ansicht, und Fernsehkommentatoren wie Danny Ainge sahen das genauso. Alle wußten es, doch die Trainer der Eastern Conference befanden, ich hätte diese Ehre nicht verdient.

Und zwar deshalb: Das Spiel fand in San Antonio statt, Mann. Könnt ihr euch vorstellen, was los gewesen wäre, wenn ich zum All-Star-Spiel nach San Antonio zurückgekommen wär? Darauf konnte man gut verzichten. Für mich wäre es zu schön gewesen, um wahr zu sein. Ich wäre dahingekommen und hätte die gesamte Aufmerksamkeit von den Auserwählten der NBA abgezogen, und das konnte man auf keinen Fall zulassen. Man gönnte mir nicht die Befriedigung, unter diesen Umständen wieder zurückzukommen. Das hatte nichts mit dem zu tun, was auf dem Feld passiert, aber vermutlich hätte ich inzwischen daran gewöhnt sein müssen.

Vor meinem Wechsel hatten es die Fans in Chicago nicht gerade eilig, dem Dennis-Rodman-Fanclub beizutreten. Als ich noch für Detroit spielte, haßten sie mich sogar.

Damals lieferten wir uns einige großartige Gefechte mit den Bulls. Nachdem wir Boston als bestes Team des Ostens abgelöst hatten, waren die Bulls unsere nächsten Herausforderer. Schließlich lösten sie uns ab, gewannen dreimal hintereinander den Titel nach unseren beiden Titeln in Folge, und wenn wir aneinandergerieten, gab es jedesmal **böses Blut auf dem Spielfeld.**

Manchmal gab es sogar **RICHTIGES BLUT AUF DEM SPIELFELD.** Einmal war es **Scottie Pippens Blut ...** und es war meine Schuld. In einem Finalspiel der Eastern Conference gab ich ihm irgendwie von hinten einen Stoß mit, und er landete mit dem Kinn zuerst in der ersten Sitzreihe.

Er zog sich eine schlimme Rißwunde zu – die Narbe sieht man heute noch –, und ich kriegte fünftausend Dollar Strafe aufgebrummt.

Als ich zu Chicago wechselte, fragten sich die Leute natürlich, wie ich eigentlich in eine Stadt und eine Mannschaft passen sollte, die mich schon seit so langer Zeit nicht leiden konnten.

Ich sehe es so, daß die Leute mal wieder nicht begriffen haben, wie Sportler denken.

Ich erwarte nicht, daß Scottie Pippen mir verzeiht, was ich ihm damals angetan habe. Ich erwarte auch nicht, daß er es vergißt. Wenn mir andere mal etwas antun, ist es genauso; manchmal verzeiht man ihnen nicht, kann aber mit ihnen zusammenspielen. Was früher gegen die Bulls vorgefallen ist, ist weder bei Jordan noch bei Pippen oder sonst irgendwelchen Mitspielern überhaupt ein Thema.

Damals zu Zeiten der Pistons gegen die Bulls haben wir uns hart bekämpft, und wir alle wußten, was Sache war, als ich ins Team kam. Wir wußten, daß wir jetzt genauso hart spielen würden … diesmal gemeinsam.

Es herrschte immer gegenseitiger Respekt, auch wenn wir uns wie Hund und Katze bekämpften. Darum waren das so tolle Spiele. Gegen jemanden, den wir nicht respektierten, hätten wir nicht so hart gespielt … nicht so hart spielen müssen. Wenn also einer dachte, ich wäre an meinem ersten Arbeitstag als Bull in die Umkleidekabine gegangen und **GLEICH ZU SCOTTIE MARSCHIERT UND HÄTTE GESAGT: "HEY, MANN, TUT MIR LEID"** – das ist verrückt. Es ist nicht so, daß ich so was tun würde, und er würde meine Entschuldigung annehmen und mir die Hand geben, und alles wäre Friede, Freude, Eierkuchen. So läuft das nicht … so muß es auch nicht laufen.

Damals als "Bad Boy" habe ich so einiges gemacht. Das gehörte einfach dazu. Heute mache ich es immer noch, bin aber wohl ein wenig cleverer dabei geworden. Ich glaube, Pippen hat sich nach diesem Zwischenfall damals selbst aus dem Spiel genommen. Ich glaube nicht, daß ich ihn aus dem Spiel genommen habe. **Ich habe ihm wohl ein wenig im Kopf herumgespukt.** Wenn er ein Spiel anfing, dachte er wohl: *Dieser Scheißkerl weicht mir nicht von der Pelle.* Er konnte nichts machen.

Und ganz plötzlich hatte er einen Migräneanfall. Viele glauben, da sei nichts dran, aber der Meinung bin ich nicht. **VIELLEICHT SASS IHM RODMAN IM HIRN.** Wenn man Kopfschmerzen hat, geht man raus und spielt. Aber er hatte eine schwere Migräne. Bei so was kann man nicht spielen, weil man sich nicht konzentrieren kann.

Ich glaube eigentlich nicht, daß ich ihm die Migräne verpaßt habe. Ich glaube, es waren die Medien, die ihm während der ganzen Serie so auf die Nerven gingen. Ich machte nur meine Arbeit auf dem Feld, was ihn darüber nachgrübeln ließ, wie er am nächsten Tag seine Fehler wieder ausgleichen konnte, und das mißlang ihm eben bei diesem Spiel. Damals schaltete ich jeden aus, nicht bloß Scottie Pippen.

Als ich nach Chicago kam, entschied ich mich für die Trikotnummer 91, nur um was Besonderes zu sein. Die Liga mußte dem zustimmen – die Liga muß jeder Nummer über 55 zustimmen –, und das tat sie auch. Erstaunlich. Vielleicht wollten sie mir mal ein Zuckerbrot geben. Ich entschied mich für die 91, weil ich meine alte Nummer nicht haben konnte ... Bob Love hatte sie in Chicago getragen, und sie wurde aus dem Verkehr gezogen. Und neun und eins addiert ergibt ja schließlich zehn, also was soll's? Außerdem: Welches sind die ersten beiden Ziffern, die man in den USA in einem Notfall wählt? Alles klar? **WEN RUFT MAN AN, WENN DAS FEUER GELÖSCHT WERDEN MUSS?**

Unser erstes Spiel vor der regulären Saison fand in Peoria statt. So wie uns die Menschen umdrängten und schrien, hätte man meinen können, eine Rockgruppe sei auf Tournee. Was sagte Phil Jackson zu seinem Sohn, nachdem sie mich nach Chicago geholt hatten? **"Wir brauchen nicht in den Zirkus zu gehen. Er ist zu uns gekommen."**

In diesem ersten Spiel **bekam ich einen kleinen Tobsuchtsanfall.** Die Ersatzschiedsrichter waren völlig überfordert und pfiffen ein Foul gegen mich, mit dem ich überhaupt nicht einverstanden war. Da nahm ich den Ball und schmiß ihn gegen die oben an der Korbanlage befestigte Shot clock; natürlich bekam ich ein technisches Foul.

Ein Jahr bei Bob Hill hatte mich soweit konditioniert, daß ich sofort zum Trainer hinübersah, sobald ich irgendwas anstellte. Der stand dann auf und schrie irgendeinem zu, er solle aufs Feld gehen und mich aus dem Spiel nehmen. Dabei hatte er so einen gräßlichen Gesichtsausdruck, **als wäre das Ende der Welt gekommen, weil ich was Dummes angestellt hatte.** In dem Fall hätte Bob Hill einen anderen Spieler am Zeitnehmertisch sitzen gehabt, der für mich ins Spiel gekommen wäre, noch bevor

Welche beiden Ziffern wählt man bei einem Notfall zuerst?

der Ball auf dem Boden gelandet wäre. Dann hätte er mich zur Seitenlinie geholt und mir all das aufgelistet, was ich auf dem Feld keinesfalls machen durfte.

Ich sah also zu Phil Jackson rüber und traute meinen Augen nicht. **Der Mann lachte.** Er fletzte sich auf seinem Stuhl und lachte. Das fand ich cool. Phil Jackson weiß Bescheid. Er weiß, daß ich mit meinen Unbeherrschtheiten einer Mannschaft neuen Elan geben kann. Er weiß, was man tut und was man läßt, sämtliche Aspekte davon, und er weiß, daß ich dem Team etwas bringen kann, das es braucht.

Phil Jackson hat selbst Basketball gespielt, und zwar in den späten sechziger und frühen siebziger Jahren, als noch nicht alle nach der gleichen Pfeife tanzten. Er war einer davon. Er hat zugegeben, daß er LSD genommen hat, und jetzt steht er auf dieses Zen-Zeug, was Coaching und Taktik angeht. Er ist kein Soldat, sondern ein Mensch.

Ich fand gleich zu Anfang heraus, daß er mir alle Freiheiten läßt. Er macht sich keine großen Sorgen von wegen Unruhe, denn wen hat er schließlich all die Jahre trainiert. Die Bulls kennen sich in Sachen Unruhe aus, und sie wissen, wie man trotzdem weiterspielt. **Falls ich loszöge und mir eine Geschlechtsoperation machen ließe, würde er sich vielleicht fragen, was der Scheiß nun wieder soll.** Aber abgesehen davon läßt er die Mannschaft so spielen, wie sie spielen muß.

Zu Saisonbeginn fiel ich wegen einer Wadenmuskelzerrung zwölf Spiele lang aus. Das passierte mir nicht zum erstenmal, und ich wußte gleich, ich würde einen Monat pausieren. Das ist, als brächte man sein Auto in die Werkstatt; nachdem der Mechaniker einem erzählt hat, was kaputt ist, sagt er einem, die Reparatur dauert vier Tage. Das weiß er, weil er es schon oft gemacht hat. Mit meiner Wade ist das genauso. Ich kenne meinen Körper.

Die Bulls drängten mich nicht, bald wieder zu spielen. Am Tag vor meinem Comeback trainierte ich hart – fast auf Hochtouren –, und zwar beinahe zwei Stunden lang. Natürlich wollten daraufhin alle Journalisten von Phil Jackson wissen, ob ich tags darauf, bei einem Heimspiel gegen die New York Knicks, eingesetzt werden sollte.

Und so lautete Jacksons Antwort: "Das liegt ganz bei Dennis. Ich bin mir nicht sicher, ob er zur Zeit schon weiß, wann er bereit ist. Falls er sagt: 'Ich bin einfach noch nicht in der Form, um mit der nötigen Energie zu spielen', dann ist das verständlich."

An dem Abend spielte ich gegen die Knicks und holte zwanzig Rebounds. Wir hatten eine grauenvolle erste Halbzeit, und Michael, Scottie und ich führten uns in der zweiten Hälfte zum Sieg. Was ich auch machte, die Zuschauer in Chicago waren begeistert. Am Ende des dritten Viertels machte ich nach einer Vorlage von Michael einen Korb, der uns bis auf einen Punkt heranbrachte. Gefoult wurde ich auch noch, und **als ich an die Freiwurflinie trat, umarmten sich Michael und ich.** Die Halle tobte; den Fans wurde klar, **was diese Mannschaft mit mir als Spieler leisten konnte.**

Wenn jemand von Phil Jackson wissen wollte, ob ihn irgendwas von dem, was ich so gemacht habe, überrascht hätte, dann antwortete er immer: **"Yeah, mich überrascht, daß er ein Spezialwerkzeug braucht, um seine unter Druck stehenden Ohrringe rauszunehmen."** So ist das mit ihm: Ihn bringt nichts aus der Ruhe.

Als ich bei dem ersten Testspiel zu ihm rüberschaute und ihn lachen sah, weil der Schiri mir ein technisches Foul anhing, und als ich las, was er über mich und meinen Einsatz nach der Verletzungspause gesagt hatte, konnte ich es nicht fassen. Das hatte ich nicht erwartet. Darauf war ich nicht vorbereitet. Jemand versteht mich? **Ein Trainer, der mich versteht?** Dazu fiel mir nur eins ein:

Endlich.

Bei David Letterman

BILDQUELLEN

S. 23, S. 25, S. 27, S. 40: Shirley A. Rodman, mit freundlicher Genemigung; S. 47 rechts: Jerry Wacater/Focus on Sports; S. 47 links, S. 52: Focus on Sports; S. 63: AP/Wide World Photos, Inc.; S. 65: William Archie/Detroit Free Press; S. 67: Shirley A. Rodman, mit freundlicher Genemigung; S. 79: AP/Wide World Photos, Inc.; S. 87: John McDonough/Sports Illustrated; S. 89: John Biever/Sports Illustrated; S. 96: Shirley A. Rodman, mit freundlicher Genemigung; S.110: AP/Wide World Photos, Inc.; S. 120: Rusty Kennedy/AP/Wide World Photos, Inc.; S. 121: Focus on Sports; S. 124: John McDonough/Sports Illustrated; S. 129 oben: AP/Wide World Photos, Inc.; S. 129 unten: Bob Galbraith/AP/Wide World Photos, Inc.; S. 139: Brian Drake/Rim Light Photography; S. 153: Richard Harbus/AP/Wide World Photos, Inc.; S. 170: Focus on Sports; S. 207: Richard Mackson/Sports Illustrated; S. 209: John McDonough /Sports Illustrated; S. 226: Frank Micelotta/Outline; S. 233: M. Gerber/Fotoagentur LGI; S. 238, S. 243: Splash; S. 278: AP/Wide World Photos, Inc.; S. 300: Bill Smith; S. 310: Manny Millan/Sports Illustrated; S. 317: Bill Smith; S. 320: AP/Wide World Photos, Inc.